Hohmann

Richardi · Arbeitsrecht

Fälle und Lösungen
nach höchstrichterlichen
Entscheidungen

Arbeitsrecht

Von

Prof. Dr. Reinhard Richardi
Ordinarius an der Universität Regensburg

4., völlig neubearbeitete Auflage

CFM

C.F. Müller Juristischer Verlag
Heidelberg 1983

CIP-Kurztitelaufnahme der Deutschen Bibliothek

Fälle und Lösungen nach höchstrichterlichen Entscheidungen. — Heidelberg : Müller, Juristischer Verl.

Teilw. mit Erscheinungsort: Karlsruhe. — Teilw. mit d. Erscheinungsorten: Heidelberg, Karlsruhe

Bd. 16. Arbeitsrecht / von Reinhard Richardi. — 4., völlig neubearb. Aufl. — 1983.

ISBN 3-8114-0481-4

NE: Richardi, Reinhard [Mitverf.]

Satz: Lichtsatz Michael Glaese, 6944 Hemsbach
Druck u. buchbinderische Verarbeitung: Druckhaus Darmstadt

ISBN 3-8114-0481-4

Vorwort

Nach einem Wort von *Franz Gamillscheg* ist der Richter der eigentliche Herr des Arbeitsrechts. Demnach sind mehr als die Gesetzestexte die Entscheidungen des Bundesarbeitsgerichts die maßgebliche Rechtsquelle zur Feststellung des geltenden Arbeitsrechts. Auch wenn man im einzelnen Kritik üben wird, muß man anerkennen, daß das Bundesarbeitsgericht Grundlegendes für die Entwicklung einer sozialen Rechtsordnung geleistet hat. Dennoch ist es nicht der Versuchung erlegen, bewährtes dogmatisches Rüstzeug des bürgerlichen Rechts preiszugeben, um ohne jede Bindung an gesetzliche Grundlagen Recht zu schaffen. Dem Studenten und noch dem Referendar bereitet bei der Bearbeitung arbeitsrechtlicher Fälle gerade dieser Umstand, zwischen Skylla und Charybdis den richtigen Weg zu finden, erhebliche Schwierigkeiten. Diese Fallsammlung will daher besonders das Verhältnis von Gesetzesbindung und Rechtsfortbildung im Arbeitsrecht erläutern. Nur am konkreten Sachverhalt lassen sich die wechselseitigen Beziehungen zwischen dem allgemeinen bürgerlichen Recht und dem Arbeitsrecht verdeutlichen und wird der Zusammenhang zwischen den Materien des individuellen und kollektiven Arbeitsrechts sichtbar.

Die Fälle sind der Rechtsprechung des Bundesarbeitsgerichts entnommen. Dabei erschien es zweckmäßig, mehrere Probleme und Problemvarianten zusammenzufassen, um möglichst viele Entscheidungen des Bundesarbeitsgerichts zu berücksichtigen. Vollständigkeit ist wegen des Umfangs des modernen Arbeitsrechts nicht zu erreichen und war deshalb auch gar nicht angestrebt. Die Fallsammlung dient der Vertiefung. Die Lösungen beschränken sich deshalb nicht auf eine knappe rechtliche Begutachtung des Sachverhalts, wie sie in den Staatsexamina erwartet wird, sondern sie verfolgen das Ziel, Kenntnisse im Arbeitsrecht induktiv zu vermitteln. Daher kann auch der Anfänger die Fallsammlung heranziehen, wenn er mit dem Studium des Arbeitsrechts beginnt. Erfahrungsgemäß enthalten Examensklausuren aus dem Arbeitsrecht überwiegend Probleme des Kündigungsrechts und des Kündigungsschutzrechts. Deshalb habe ich diesem Bereich einen verhältnismäßig breiten Raum eingeräumt und am Schluß der Fallsammlung in einem Anhang die rechtlichen Gesichtspunkte zusammengestellt, die bei einem Kündigungsschutzstreit stets zu beachten sind.

Die Stoffabgrenzung habe ich nicht verändert. Nach wie vor sehe ich davon ab, in der Betriebsverfassung einen weiteren Schwerpunkt für die Auswahl der Fälle zu bilden. Entscheidend für diesen Entschluß ist nicht nur, den Umfang des Buches in Grenzen zu halten, sondern vor allem auch, daß nach den geltenden juristischen Ausbildungs- und Prüfungsordnungen das Betriebsverfassungsrecht überwiegend nicht zu den Pflichtfächern in der Ersten Juristischen Staatsprüfung gehört, sondern einen Schwerpunkt der arbeits- und sozialrechtlichen Wahlfachgruppe bildet. Es ist allerdings außerordentlich zu bedauern, daß die für das Verständnis des Arbeitsrechts wichtige Verklammerung zwischen der Betriebsverfassung und dem Einzelarbeitsverhältnis in den Ausbildungs- und Prüfungsordnungen nicht berücksichtigt wird, der Betrieb ohne Betriebsrat also das Modell für die Bestimmung der Pflichtfächer aus dem Arbeitsrecht bildet.

Meine Assistenten haben mich bei der Vorbereitung und den Korrekturen und bei der Anfertigung der Register unterstützt, meine Sekretärin, Frau Dagmar Brand, das Manuskript schnell und zuverlässig geschrieben. Dafür möchte ich ihnen auch an dieser Stelle danken.

Regensburg, im Januar 1982 *Reinhard Richardi*

Inhalt

Abkürzungen

a. A.	anderer Ansicht
aaO.	am angegebenen Ort
Abs.	Absatz
AcP	Archiv für civilistische Praxis
a. E.	am Ende
a. F.	alter Fassung
AFG	Arbeitsförderungsgesetz vom 25. 6. 1969
AnKSchG	Gesetz über die Fristen für die Kündigung von Angestellten vom 9. 7. 1926
Anm.	Anmerkung
AP	Nachschlagewerk des Bundesarbeitsgerichts — Arbeitsrechtliche Praxis
ArbGG	Arbeitsgerichtsgesetz i. F. vom 2. 7. 1979
AR-Blattei	Arbeitsrechtsblattei, Handbuch für die Arbeitsrechtspraxis
ARS	Arbeitsrechtssammlung
Art.	Artikel
Aufl.	Auflage
AuR	Arbeit und Recht, Zeitschrift für Arbeitsrechtspraxis
AVG	Angestelltenversicherungsgesetz vom 28. 5. 1924
BAG	Bundesarbeitsgericht
BAGE	Amtliche Entscheidungssammlung des Bundesarbeitsgerichts
BB	Der Betriebsberater (Zeitschrift)
Bd.	Band
BDA	Bundesvereinigung der Deutschen Arbeitgeberverbände
BenshS	Bensheimer Sammlung
BetrVG	Betriebsverfassungsgesetz vom 15. 1. 1972
BetrVG 1952	Betriebsverfassungsgesetz vom 11. 10. 1952
BGB	Bürgerliches Gesetzbuch
BGBl.	Bundesgesetzblatt
BGHZ	Amtliche Entscheidungssammlung des Bundesgerichtshofes in Zivilsachen
Bl.	Blatt
BUrlG	Bundesurlaubsgesetz vom 8. 1. 1963
BVerfG	Bundesverfassungsgericht
BVerfGE	Amtliche Entscheidungssammlung des Bundesverfassungsgerichts
BVerwGE	Amtliche Entscheidungssammlung des Bundesverwaltungsgerichts

BZRG	Gesetz über das Zentralregister und das Erziehungsregister (Bundeszentralregistergesetz — BZRG) vom 22. 7. 1976
bzw.	beziehungsweise
DAR	Deutsches Arbeitsrecht (Zeitschrift)
DB	Der Betrieb (Zeitschrift)
ders.	derselbe
d.h.	das heißt
Dietz-Richardi, BetrVG	*Richardi, Reinhard:* Betriebsverfassungsgesetz mit Wahlordnung und BetrVG 1952, Kommentar, begründet von *Rolf Dietz*, Bd. I: §§ 1–73, 6. Aufl., München 1981, Bd. II: §§ 74–Schluß, 6. Aufl., München 1982
Diss.	Dissertation
DVBl.	Deutsches Verwaltungsblatt (Zeitschrift)
Einl.	Einleitung
Entsch.	Entscheidung
EzA	Entscheidungssammlung zum Arbeitsrecht
f., ff.	folgende
Fitting-Auffarth-Kaiser, BetrVG	*Fitting-Auffarth-Kaiser:* Betriebsverfassungsgesetz, Handkommentar von *Karl Fitting, Fritz Auffarth* und *Heinz Kaiser*, 13. Aufl., München 1981
Fußn.	Fußnote
Galperin-Löwisch	*Galperin, Hans* und *Löwisch, Manfred:* Kommentar zum Betriebsverfassungsgesetz, 2 Bände, 6. Aufl., Heidelberg 1982
GewO	Reichsgewerbeordnung vom 21. 6. 1869 i.F. vom 1. 1. 1978
GG	Grundgesetz für die Bundesrepublik Deutschland v. 23. 5. 1949
GK-BetrVG	*Fritz Fabricius, Alfons Kraft, Wolfgang Thiele* und *Günther Wiese:* Gemeinschaftskommentar zum Betriebsverfassungsgesetz, Neuwied und Berlin, 1973 ff.
GS	Großer Senat
Hanau-Adomeit	*Hanau, Peter* und *Adomeit, Klaus:* Arbeitsrecht, 6. Aufl., Frankfurt a.M. 1981
Herschel-Steinmann, KSchG	*Herschel, Wilhelm* und *Steinmann, Georg:* Kommentar zum Kündigungsschutzgesetz, 5. Aufl., Heidelberg 1961
HGB	Handelsgesetzbuch
h.L.	herrschende Lehre

h. M.	herrschende Meinung
hrsg.	herausgegeben
Hueck, KSchG	*Hueck, Alfred:* Kündigungsschutzgesetz, Kommentar, 10. Aufl. von *Götz Hueck*, München 1980
Hueck-Nipperdey, Bd. I, II/1, II/2	*Hueck, Alfred* und *Nipperdey, Hans Carl:* Lehrbuch des Arbeitsrechts, I. Bd. von *Alfred Hueck*, 7. Aufl., Berlin und Frankfurt a. M. 1963, II. Bd., 1. Halbband von *Hans Carl Nipperdey*, 7. Aufl., Berlin und Frankfurt a. M. 1967, 2. Halbband von *Hans Carl Nipperdey* unter Mitarbeit von *Franz Jürgen Säcker*, 7. Aufl., Berlin und Frankfurt a. M. 1970
Hueck-Nipperdey, Grundriß	*Hueck, Alfred* und *Nipperdey, Hans Carl:* Grundriß des Arbeitsrechts, 5. Aufl., Berlin und Frankfurt a. M. 1970
insbs.	insbesondere
i. S.	im Sinne
i. V. mit	in Verbindung mit
JöR	Jahrbuch des öffentlichen Rechts der Gegenwart
JurA	Juristische Analysen (Zeitschrift)
JuS	Juristische Schulung (Zeitschrift)
JW	Juristische Wochenschrift (Zeitschrift)
JZ	Juristenzeitung (Zeitschrift)
Kammann-Hess-Schlochauer	*Karl-Udo Kammann, Harald Hess* und *Ursula Schlochauer:* Kommentar zum Betriebsverfassungsgesetz, Neuwied-Darmstadt 1979
Kfz	Kraftfahrzeug
KR	*Friedrich Becker, Gerhard Etzel, Hans-Wolf Friedrich, Karl Gröninger, Wilfried Hillebrecht, Friedhelm Rost, Horst Weigand* und *Manfred Wolf:* Gemeinschaftskommentar zum Kündigungsschutzgesetz und sonstigen kündigungsschutzrechtlichen Vorschriften, Neuwied und Darmstadt 1981
KSchG	Kündigungsschutzgesetz i. F. vom 25. 8. 1969
LAG	Landesarbeitsgericht
Larenz, Bd. I, II	*Larenz, Karl:* Lehrbuch des Schuldrechts, I. Bd. Allgemeiner Teil, 13. Aufl., München 1982, II. Bd. Besonderer Teil, 12. Aufl., München 1981
lit.	litera (Buchstabe)
LohnFG	Lohnfortzahlungsgesetz vom 27. 7. 1969
MDR	Monatsschrift für Deutsches Recht (Zeitschrift)
MitbestG 1976	Gesetz über die Mitbestimmung der Arbeitnehmer vom 4. 5. 1976

MuSchG	Mutterschutzgesetz i.F. vom 18. 4. 1968
n.F.	neue Fassung
Nikisch, Bd. I, II, III	*Nikisch, Arthur:* Arbeitsrecht, I. Bd. Allgemeine Lehren und Arbeitsvertragsrecht, 3. Aufl., Tübingen 1961, II. Bd. Koalitionsrecht, Arbeitskampfrecht und Tarifvertragsrecht, 2. Aufl., Tübingen 1966, III. Bd. Betriebsverfassungsrecht, 2. Aufl., Tübingen 1966
NJW	Neue Juristische Wochenschrift (Zeitschrift)
Nr.	Nummer
OVG	Oberverwaltungsgericht
RAG	Reichsarbeitsgericht
RdA	Recht der Arbeit (Zeitschrift)
RdNr.	Randnummer
Recht	Das Recht (Zeitschrift)
RG	Reichsgericht
RGBl.	Reichsgesetzblatt
RGZ	Amtliche Sammlung der Entscheidungen des Reichsgerichts in Zivilsachen
Richardi, Kollektivgewalt	*Richardi, Reinhard:* Kollektivgewalt und Individualwille bei der Gestaltung des Arbeitsverhältnisses, München 1968
RVO	Reichsversicherungsordnung i.F. vom 15. 12. 1924
s.	siehe
S.	Seite
SAE	Sammlung Arbeitsrechtlicher Entscheidungen
SchwbG	Gesetz zur Sicherung der Eingliederung Schwerbehinderter in Arbeit, Beruf und Gesellschaft (Schwerbehindertengesetz — SchwbG) i.F. vom 29. 4. 1974
Söllner	*Söllner, Alfred:* Arbeitsrecht, 7. Aufl., Stuttgart-Berlin-Köln-Mainz 1981
StGB	Strafgesetzbuch
TVG	Tarifvertragsgesetz i.F. vom 25. 8. 1969
u.a.	unter anderem
vgl.	vergleiche
Vorbem.	Vorbemerkung
WeimRV	Verfassung des Deutschen Reichs (Weimarer Reichsverfassung) vom 11. 8. 1919

z. B.	zum Beispiel
ZfA	Zeitschrift für Arbeitsrecht
ZgStW	Zeitschrift für die gesamten Staatswissenschaften
Zöllner	*Zöllner, Wolfgang:* Arbeitsrecht, 2. Aufl., München 1979
ZPO	Zivilprozeßordnung
ZStW	Zeitschrift für die gesamte Strafrechtswissenschaft
zust.	zustimmend

Fall 1 **Anfechtung eines Arbeitsvertrags — Vorstrafen — Schwangerschaft — Mutterschutz — Mitbestimmung des Betriebsrats**

Ausgangsfälle:

BAG vom 5. 12. 1957 — 1 AZR 594/56, BAGE 5, 159 = AP Nr. 2 zu § 123 BGB *(A. Hueck)* = SAE 1958, 147 *(Osswald)* = NJW 1958, 516 = JZ 1958, 511 *(Steindorff)* = MDR 1958, 372;

BAG vom 22. 9. 1961 — 1 AZR 241/60, BAGE 11, 270 = AP Nr. 15 zu § 123 BGB *(Larenz)* = SAE 1962, 119 *(Molitor)* = AuR 1961, 346 = NJW 1962, 74 = JZ 1962, 224 = MDR 1962, 81;

BAG vom 12. 2. 1970 — 2 AZR 184/69, BAGE 22, 278 = AP Nr. 17 zu § 123 BGB *(Beuthien)* = SAE 1971, 174 *(Löwisch/Krauß)* = NJW 1970, 1565 = BB 1970, 883;

BAG vom 14. 12. 1979 — 7 AZR 38/78, BAGE 32, 237 = AP Nr. 4 zu § 119 BGB *(Mühl)* = SAE 1981, 82 *(Picker)* = AuR 1980, 252 *(Herschel)* = NJW 1980, 1302 = BB 1980, 834 = DB 1980, 739.

Maria Klug war seit dem 1. April 1982 in der Kreditschutzabteilung der Firma Franz Beck als Stenotypistin mit einem Monatsgehalt von 1800,— DM tätig. Bei ihrer Einstellung hatte sie die im Personalfragebogen gestellten Fragen nach Vorstrafen und einer etwa bestehenden Schwangerschaft verneint. Sie war aber 1977 wegen eines Vergehens des unerlaubten Entfernens vom Unfallort unter Zubilligung einer Bewährungsfrist zu einer Freiheitsstrafe von zwei Monaten verurteilt worden. Am 28. Mai 1982 erfuhr der Inhaber der Firma Franz Beck, Hans Beck, von dem Grund der Bestrafung. Ohne den Betriebsrat beteiligt zu haben, schrieb er der zu diesem Zeitpunkt gerade erkrankten Maria Klug, daß er deshalb das Arbeitsverhältnis mit ihr für beendet betrachte. Am 4. Juni 1982 überbrachte die Klug eine ärztliche Bescheinigung, aus der sich ergab, daß sie im vierten Monat schwanger war. Sie verlangte die Zurücknahme der Entlassung. Beck erklärte ihr dagegen, daß er den Arbeitsvertrag wegen Irrtums und arglistiger Täuschung anfechte; denn er hätte sie bei Kenntnis der Vorstrafe und der Schwangerschaft niemals eingestellt.

Rechtsanwalt Stark erhob für Maria Klug am 9. Juni 1982 Klage gegen die Firma Franz Beck vor dem Arbeitsgericht und beantragte Feststellung, daß das Arbeitsverhältnis fortbestehe.

Wie ist die Rechtslage?

LÖSUNG

I. Zulässigkeit der Klage

1. Für Rechtsstreitigkeiten zwischen Arbeitgeber und Arbeitnehmer über das Bestehen oder Nichtbestehen eines Arbeitsverhältnisses sind nach § 2 Abs. 1

Nr. 3 lit. b ArbGG die Arbeitsgerichte ausschließlich zuständig. Diese entscheiden gemäß §§ 2 Abs. 5, 46 Abs. 1 ArbGG im Urteilsverfahren, so daß die Vorschriften der ZPO zur Anwendung kommen, soweit das ArbGG nicht ein anderes bestimmt.

2. Die Parteien können vor den Arbeitsgerichten sich vertreten lassen (§ 11 Abs. 1 Satz 1 ArbGG). Sie können mit der Prozeßvertretung auch einen Rechtsanwalt beauftragen. Nach § 11 Abs. 1 Satz 5 ArbGG 1953 war ein Rechtsanwalt vor den Arbeitsgerichten ohne besondere Zulassung zur Prozeßvertretung nur befugt, wenn der Streitwert mindestens 300 DM betrug. Diese Beschränkung ist durch die ArbGG-Novelle 1979 entfallen. Deshalb ist die Prozeßhandlungsvoraussetzung einer zulässigen Prozeßvertretung gewahrt und die Klage ordnungsgemäß erhoben.

3. Die Klage ist eine Feststellungsklage. Zulässigkeitsvoraussetzung ist daher, daß der Kläger ein rechtliches Interesse an der Feststellung des Rechtsverhältnisses durch richterliche Entscheidung hat (§ 256 Abs. 1 ZPO). Dieses Feststellungsinteresse ist bei einem Streit über das Bestehen oder Nichtbestehen eines Arbeitsverhältnisses stets gegeben. Soweit es um die Rechtswirksamkeit einer Kündigung geht, ergibt es sich schon daraus, daß der Arbeitnehmer, wenn er den allgemeinen Kündigungsschutz genießt (§ 1 Abs. 1 KSchG), innerhalb von drei Wochen nach Zugang der Kündigung Klage beim Arbeitsgericht erheben muß, wenn er geltend machen will, daß eine ordentliche Kündigung sozial ungerechtfertigt ist (§ 4 Satz 1 KSchG) oder daß einer außerordentlichen Kündigung der sie rechtfertigende wichtige Grund fehlt (§ 13 Abs. 1 Satz 2 KSchG); denn anderenfalls gilt die Kündigung, wenn sie nicht aus anderem Grund rechtsunwirksam ist, als von Anfang an rechtswirksam (§§ 7, 13 Abs. 1 Satz 2 KSchG)[1].

4. Die Klage ist also zulässig.

II. Kündigung oder Anfechtung des Arbeitsvertrags?

1. Zweifelhaft kann im vorliegenden Fall sein, ob Becks Erklärung, er betrachte das Arbeitsverhältnis mit der Klug für beendet, als Kündigung oder als Anfechtung des Arbeitsverhältnisses auszulegen ist. Wenn man in ihr eine Kündigung sieht, so greift der besondere Kündigungsschutz nach § 9 MuSchG ein. Danach ist nicht nur die ordentliche, sondern auch die außerordentliche Kündigung gegenüber einer Frau während der Schwangerschaft unzulässig, wenn dem Arbeitgeber die Schwangerschaft innerhalb zweier Wochen nach Zugang der Kündigung mitgeteilt wird[2]. Außerdem hat der Arbeitgeber den Betriebsrat vor jeder Kündigung zu hören; eine ohne Anhörung des Betriebsrats ausgesprochene Kündigung ist unwirksam (§ 102 Abs. 1 Satz 3 BetrVG). Eine Kündigung wäre also schon aus diesen Gründen nichtig.

---

1 Vgl. auch Fall Nr. 8 — S. 90.

2 Vgl. dazu BVerfGE 52, 357 = AP Nr. 7 zu § 9 MuSchG 1968; BVerfG AP Nr. 8 zu § 9 MuSchG 1968.

Da die Anfechtung, wie noch näher auszuführen sein wird, ebenfalls regelmäßig nur zu einer Auflösung des Arbeitsverhältnisses mit ex-nunc-Wirkung führt, muß man hier bei der Auslegung die besonderen Umstände berücksichtigen, die den Beck zu seiner Erklärung veranlassen. Dieser beruft sich auf ein Ereignis vor der Einstellung und erklärt am 4. Juni 1982 ausdrücklich, daß er den Arbeitsvertrag wegen Irrtums und arglistiger Täuschung anfechte. Es liegt also eine Anfechtungserklärung vor.

2. Es stellt sich jedoch die Frage, ob es neben der Kündigung des Arbeitsverhältnisses noch eine Anfechtung der das Arbeitsverhältnis begründenden Willenserklärung gibt. Vereinzelt wird das Rechtsinstitut der Anfechtung als für das Arbeitsvertragsrecht wesensfremd gekennzeichnet und deshalb die Vorschriften des BGB über die Anfechtung nach Aufnahme der Arbeit für schlechthin unanwendbar erklärt; an ihre Stelle sollen die Regeln über die ordentliche und außerordentliche Kündigung treten[3]. Das BAG ist dieser Auffassung zu Recht entgegengetreten:

> ,,Grundsätzlich gelten alle Vorschriften des Allgemeinen Teils des BGB auch für das Arbeitsverhältnis; nur soweit sie mit dem Wesen und dem Inhalt des Arbeitsverhältnisses als eines Rechtsverhältnisses besonderer Art unvereinbar sind, sind sie unanwendbar''[4].

Voraussetzung für diese Annahme ist jedoch, daß das Arbeitsverhältnis durch *Rechtsgeschäft* zustande kommt. Diese Frage war im Schrifttum lange Zeit streitig: Nach der Eingliederungstheorie, deren Hauptvertreter *Nikisch* war, ist Begründungstatbestand des Arbeitsverhältnisses nicht der Arbeitsvertrag, sondern ein *tatsächlicher Akt*, die Einstellung des Arbeitnehmers in den Betrieb oder Haushalt[5]. Eine derartige Betrachtungsweise widerspricht aber der Privatrechtsordnung, die die privatautonome Begründung und Gestaltung von Rechtsverhältnissen von einem Rechtsgeschäft abhängig macht. Nach geltendem Recht unterliegt die Ordnung der Arbeitsverhältnisse dem Grundsatz der Privatautonomie, der hier durch Art. 12 GG sogar verfassungsrechtlich gewährleistet ist. Wenn man weiterhin berücksichtigt, daß der Arbeitsvertrag nach bürgerlichem Recht eine besondere Art des Dienstvertrags ist, verlangt ein gesetzestreues Rechtsdenken, daß das Vertragsprinzip auch für das Arbeitsverhältnis gilt, daß also für seine Begründung wie allgemein im Schuldrecht nach § 305 BGB der Vertrag erforderlich, aber auch ausreichend ist. Daher ist der Vertragstheorie der Vorzug zu geben, nach der das Arbeitsverhältnis durch den Abschluß des *Arbeitsvertrags* begründet wird[6].

Auch *Nikisch* hat seine These, daß das Arbeitsverhältnis erst durch die Eingliederung entstehe, der Arbeitsvertrag aber lediglich die Verpflichtung begründe, diese Eingliederung herbeizuführen, eingeschränkt: Im Regelfall erzeuge bereits der Arbeitsvertrag das Arbeitsverhältnis, das allerdings erst mit der Eingliederung in den Betrieb oder in

---

3 LAG Frankfurt a. M. AP 54 Nr. 85; LAG Baden-Württemberg, DB 1956, 1236; *E. Frey*, AuR 1953, 167ff.; aus neuester Zeit: *Schwerdtner*, Arbeitsrecht I, RdNr. 7ff., S. 21ff.; vgl. auch *Gamillscheg*, AcP Bd. 176, 197 (216ff.). *Siebert*, Faktische Vertragsverhältnisse (1958), S. 72, prägte für diese Auffassung die Bezeichnung: ,,Kündigungstheorie''.

4 BAGE 5, 159 (161).

5 *Nikisch*, Bd. I, 2. Aufl. (1955), S. 140ff.

6 Vgl. *Hueck-Nipperdey*, Bd. I S. 115ff.

den privaten Lebensbereich des Arbeitgebers in den Erfüllungszustand eintrete[7]. Der Gegensatz zwischen der Vertragstheorie und der Eingliederungstheorie auch in ihrer von *Nikisch* modifizierten Form zeigt sich aber, wenn der Arbeitsvertrag an einem Mangel leidet, der seine Nichtigkeit oder Anfechtbarkeit zur Folge hat[8]. Nichtigkeit bedeutet, daß einem Rechtsgeschäft die Rechtsfolgen, die entsprechend dem Willen der Beteiligten eintreten sollen, in jeder Hinsicht versagt bleiben, und eine Anfechtung hat nach § 142 Abs. 1 BGB zur Folge, daß das Rechtsgeschäft als von Anfang an nichtig anzusehen ist. Diese Rechtsfolgen sollen nach *Nikisch* auch für den *Arbeitsvertrag* gelten. Die Anfechtung würde also nach seiner Auffassung den Arbeitsvertrag ex tunc vernichten. Dennoch soll das Arbeitsverhältnis nur mit ex-nunc-Wirkung beendet werden können. Für dieses scheinbar widersprüchliche Ergebnis gibt *Nikisch* die Begründung, „daß ausnahmsweise ein Arbeitsverhältnis auch durch die bloße Eingliederung des Arbeitnehmers in den Betrieb oder den privaten Lebensbereich des Arbeitgebers entstehen kann"[9]. Es sei ein vollgültiges Arbeitsverhältnis, könne aber jederzeit auch ohne Kündigung gelöst werden, da ihm die vertragliche Bindung fehle. Bei einer Anfechtung werde dem Arbeitsverhältnis nachträglich die vertragliche Grundlage entzogen, so daß es rückwirkend den Charakter eines faktischen Arbeitsverhältnisses erhalte, das ausschließlich auf der Eingliederung des Arbeitnehmers in den Betrieb beruhe und daher wegen Wegfalls der vertraglichen Bindung jederzeit gelöst werden könne[10].

Diese begriffliche Konstruktion erklärt weniger, als sie verschleiert, daß es ausschließlich um ein Problem der Reduktion der Nichtigkeits- und Anfechtungsfolgen geht, soweit das Arbeitsverhältnis bereits zur Ausführung gelangt ist. Eine normativ überzeugende Begründung kann dafür nur vom Standpunkt der Vertragstheorie aus gegeben werden.

3. Das Anfechtungsrecht wird nicht durch das Recht zur außerordentlichen Kündigung ersetzt. Beide Gestaltungsrechte bestehen nebeneinander[11]. Soweit die Anfechtung das Arbeitsverhältnis nur für die Zukunft auflöst, ist zwar hinsichtlich dieser Rechtsfolge ein Unterschied zur Kündigung aufgehoben. Die Unterschiede in ihren tatbestandlichen Voraussetzungen und Folgewirkungen werden dadurch aber nicht beseitigt. Das BAG hat dazu in seiner ersten Grundsatzentscheidung markant festgestellt:

> „Aber nur diese Rückwirkung gilt nicht. Im übrigen bleibt das Institut der Anfechtung neben der Kündigung bestehen. Wenn auch beide Rechtsbehelfe im Ergebnis zu einer Auflösung des Vertrages führen, so haben sie doch durchaus verschiedene juristische Funktionen und sind in ihren Voraussetzungen und Wirkungen durchaus voneinander verschieden. Die Kündigung ergreift das Rechtsverhältnis im ganzen, die Anfechtung betrifft die Willenserklärung eines Teils, und nur, weil, wenn eine Willenserklärung fehlt, damit auch das gesamte Vertragsverhältnis entfällt, wirkt sie auf das Vertragsverhältnis ein. Die Anfechtung dient dazu, den Anfechtenden von den Folgen einer Willenserklärung zu befreien, die auf einem Willensmangel beruht; hingegen hat die Kündigung die Aufgabe, ein nachträglich krank oder sinnlos gewordenes Rechtsverhältnis für die Zukunft zu beseitigen (so *Herschel*, BB 1953 S. 1069)"[12].

---

7 *Nikisch*, Bd. I S. 158 ff.
8 *Nikisch*, Bd. I S. 173 ff.
9 *Nikisch*, Bd. I S. 174.
10 *Nikisch*, Bd. I S. 222.
11 Vgl. dazu ausführlich *Picker*, ZfA 1981, 1 ff.
12 BAGE 5, 159 (161).

Dennoch gibt es Bestrebungen, den Unterschied der Anfechtung zur Kündigung einzuebnen[13], und auch das BAG hat sich von seinem Ausgangspunkt höchst bedenklich weit entfernt[14]: Nach § 121 BGB hat die Anfechtung wegen Irrtums unverzüglich, d.h. ohne schuldhaftes Zögern, zu erfolgen. Nach Auffassung des BAG findet die für die außerordentliche Kündigung geltende Vorschrift des § 626 Abs. 2 BGB auf eine Anfechtung wegen Irrtums über eine verkehrswesentliche Eigenschaft des Arbeitnehmers entsprechend Anwendung; sie sei nur dann unverzüglich i.S. des § 121 Abs. 1 BGB erklärt, wenn sie spätestens innerhalb einer Frist von zwei Wochen nach Kenntnis der für die Anfechtung maßgebenden Tatsachen erfolge.

> „Für eine derartige Objektivierung in Form einer zeitlichen Konkretisierung des Begriffes ‚unverzüglich' sprechen folgende Gesichtspunkte: Die außerordentliche Kündigung kann neben der Anfechtung wahlweise zulässig sein, wenn der Anfechtungsgrund im Zeitpunkt der Anfechtungserklärung so stark nachwirkt, daß deswegen die Fortsetzung des Arbeitsverhältnisses unzumutbar ist (BAG AP Nr. 2 und 3 zu § 119 BGB; BAG 24, 401 [407] = AP Nr. 65 zu § 626 BGB [zu III 2 der Gründe]). Die Zuerkennung eines Wahlrechtes zwischen dem Recht zur Anfechtung und dem Recht zur außerordentlichen Kündigung gebietet es, auf beide Gestaltungsrechte weitgehend die gleichen Grundsätze anzuwenden. Abgesehen von der Austauschbarkeit beider Rechtsinstitute besteht insoweit eine funktionelle Identität, als beide rechtliche Gestaltungsmöglichkeiten dem Berechtigten die Möglichkeit einräumen, das Arbeitsverhältnis ohne Bindung an Kündigungsfristen beenden zu können. Die beiden Rechtsinstituten immanente Möglichkeit, durch eine einseitige Willenserklärung eine fristlose Beendigung des Arbeitsverhältnisses herbeiführen zu können, rechtfertigt es, beide Gestaltungsrechte in ihren Ausübungsmodalitäten weitgehend anzugleichen"[15].

Die Konkretisierung des § 121 BGB durch § 626 Abs. 2 BGB erweist sich jedoch als *Derogation* des § 121 BGB durch § 626 Abs. 2 BGB[16]. Völlig verkannt wird, was das BAG bisher in ständiger Judikatur klar herausgestellt hat: Das Anfechtungsrecht und das Recht zur außerordentlichen Kündigung sind begrifflich verschieden, weil sie einen unterschiedlichen Störungstatbestand betreffen, einen voneinander verschiedenen materiellen Geltungsgrund haben und eine andere Ordnungsfunktion im geltenden Recht erfüllen; sie sind deshalb rechtsdogmatisch „wesensverschiedene Instrumente privatautonomer Gestaltung" *(Picker)*[17].

Picker hat in einer ausführlichen Behandlung der Anfechtung von Arbeitsverträgen gezeigt, daß das Institut der *außerordentlichen Kündigung* eine Ausprägung der Rechts-

---

13 Vgl. z.B. *Gamillscheg*, AcP Bd. 176, 197 (216 ff.). Der von der Arbeitsgesetzbuchkommission 1977 vorgelegte „Entwurf eines Arbeitsgesetzbuches — Allgemeines Arbeitsvertragsrecht —" zielt ebenfalls in diese Richtung; in § 17c Abs. 1 heißt es: „Hat sich bei Abschluß des Arbeitsvertrages der Arbeitgeber über eine Eigenschaft des Arbeitnehmers geirrt, die im Verkehr als wesentlich angesehen wird, so kann der Arbeitgeber den Arbeitsvertrag kündigen, sofern die Voraussetzungen für die Kündigung gegeben sind und ihr kein Kündigungsverbot entgegensteht; eine Anfechtung (§ 119 Abs. 2 BGB) ist ausgeschlossen".

14 Vgl. BAGE 32, 237 (244 ff.).

15 BAGE 32, 237 (244 f.).

16 So zutreffend *Picker*, ZfA 1981, 1 (108 ff.).

17 Vgl. dazu ausführlich *Picker*, ZfA 1981, 1 (20 ff.).

figur der *clausula rebus sic stantibus* ist und daher rechtsdogmatisch zur Rechtsfigur des Wegfalls der Geschäftsgrundlage gehört und deshalb den Fall einer *Leistungsstörung* erfaßt. Bei der Anfechtung geht es aber nicht um die Durchführung des Vertrags, sondern um eine in das Recht der Willensmängel einzuordnende Rechtsfigur. Die außerordentliche Kündigung sei eine *extraordinäre Befugnis*, ,,eine gültig vereinbarte vertragliche Bindung zu lösen''; sie sei aus dem Prinzip der Billigkeit legitimiert. Die Anfechtung sei dagegen eingeräumt, ,,um das Prinzip der Vertragsfreiheit als Kernbereich der Privatautonomie zu wahren''.

Das Anfechtungsrecht und das Recht zur außerordentlichen Kündigung sind also nicht funktionell austauschbar. Möglich ist lediglich, daß im konkreten Fall der Anfechtungsgrund zugleich die Voraussetzungen eines wichtigen Grundes für die außerordentliche Kündigung erfüllt. Das rechtfertigt aber nicht die Ersetzung des Anfechtungsrechts durch das Recht zur außerordentlichen Kündigung oder was in der Sache zu demselben Ergebnis führt, eine Angleichung der Ausübungsmodalitäten an das Recht zur außerordentlichen Kündigung. Durch eine derartige Angleichung würde, wie *Picker* zutreffend feststellt, ,,eine gedankliche und dogmatische Klärung verspielt, die für das allgemeine Zivilrecht zu einer selbstverständlichen, nie wieder in Frage gestellten Erkenntnis geworden ist''; sie bedeutet in der Sache die Statuierung einer *Kontrahierungsverpflichtung*[18]. Da aber auch für das Arbeitsverhältnis der Grundsatz der *Abschlußfreiheit* gilt, muß eine Lossagung möglich sein, wenn es auf einer *fehlerhaften Willenserklärung* beruht. Eine Einschränkung ergibt sich nur daraus, daß der Anfechtungsgrund seine Bedeutung für das Arbeitsverhältnis verlieren kann. Tritt dies ein, so verstößt seine Geltendmachung gegen Treu und Glauben[19]. Das ist aber nicht dahin zu verstehen, daß darüber hinaus im Zeitpunkt der Anfechtung ein wichtiger Grund im Sinne des § 626 Abs. 1 BGB vorliegen muß. Es genügt vielmehr, daß der Anfechtungsgrund im Zeitpunkt der Anfechtung seine Bedeutung für das Arbeitsverhältnis noch nicht verloren hat.

4. Mit der erörterten Problematik im Zusammenhang steht die Streitfrage, ob eine Anfechtung des Arbeitsvertrages zulässig ist, wenn die Voraussetzungen des § 9 MuSchG vorliegen. Nach dem Wortlaut dieser Bestimmung ist nur die Kündigung gegenüber der Arbeitnehmerin während der dort genannten Schutzfristen unzulässig. Das BAG kommt deshalb in Übereinstimmung mit der h. L. zu dem Ergebnis, daß die Anfechtung durch das MuSchG nicht ausgeschlossen wird[20]. *Gamillscheg* steht auf dem gegenteiligen Standpunkt: § 9 MuSchG wolle verhindern, ,,daß die Arbeitnehmerin in den dort genannten Zeiträumen ihren Arbeitsplatz durch einseitige Erklärung des Arbeitgebers verliert''[21]. Dieser Auffassung kann man jedoch nur für den Fall folgen, daß allein die Schwangerschaft eine Anfechtung des Arbeitsvertrags ermöglicht, nicht dagegen, wenn die Anfechtungsbefugnis sich aus anderen Gründen ergibt. Die herrschende Meinung verharrt keineswegs, wie *Gamillscheg* meint,

18 So *Picker*, ZfA 1981, 1 (63).
19 Vgl. BAGE 22, 278 (281 f.).
20 BAGE 5, 159 (161); 11, 270 (272) — jeweils mit ausführlichen Angaben aus dem Schrifttum.
21 Festschrift für Molitor (1962), S. 57 (79).

„in einem sonderbaren Begriffskult“[22], wenn sie wie das BAG den Sinn des MuSchG darin sieht, „der werdenden Mutter den Arbeitsplatz und ihre wirtschaftliche Versorgung zu gewährleisten, nicht dagegen die Eingehung eines Arbeitsvertrages selbst, d.h. den Erwerb des Arbeitsplatzes unter allen Umständen und unter Inkaufnahme aller Vertragsmängel zu sichern“[23].

5. Eine Anfechtung des Arbeitsvertrags mit der Klug ist daher zulässig, wenn ein Anfechtungsgrund nach §§ 119, 123 BGB besteht. In diesem Fall ist das Arbeitsverhältnis mit ihr wirksam beendet worden.

III. Anfechtung des Arbeitsvertrags wegen Irrtums

1. Aus dem Sachverhalt ergibt sich nicht, daß Beck beim Abschluß des Arbeitsvertrags über den Inhalt seiner Erklärung oder gar über den Erklärungsakt selbst im Irrtum war. Es liegt deshalb kein Anfechtungsgrund nach § 119 Abs. 1 BGB vor. Beck beruft sich vielmehr darauf, daß er bei der Eingehung des Arbeitsverhältnisses keine Kenntnis von der Vorstrafe und der Schwangerschaft der Klug hatte. Es kann daher eine Anfechtung nach § 119 Abs. 2 BGB in Betracht kommen. Voraussetzung dafür ist, daß es sich um einen Irrtum über solche Eigenschaften der Person handelt, die im Verkehr als wesentlich angesehen werden, und Beck deshalb die Klug bei Kenntnis der Sachlage und bei verständiger Würdigung des Falles nicht eingestellt hätte.

Die Beachtlichkeit des Eigenschaftsirrtums wird wesentlich durch das Rechtsgeschäft bestimmt; maßgebend ist, „was im Verkehr bei Geschäften dieser Art als ein für die Bewertung wesentlicher oder erheblicher Umstand angesehen wird“[24]. Eine weitere Abgrenzung muß dahingehend vorgenommen werden, daß nicht die Fehlbewertung, sondern nur die Unkenntnis der für diese Bewertung maßgeblichen Umstände einen Eigenschaftsirrtum im Sinne des § 119 Abs. 2 BGB darstellt. Nicht falsche Vorstellungen über die Leistungsfähigkeit des Arbeitnehmers, sondern nur der Irrtum über Eigenschaften, deren Vorhandensein oder Fehlen ihn für die übernommene Arbeit nach Ansicht des Verkehrs als ungeeignet erscheinen lassen, berechtigen den Arbeitgeber zur Anfechtung des Arbeitsvertrags nach § 119 Abs. 2 BGB.

2. Vorstrafen stellen keine Eigenschaft eines Arbeitnehmers dar, sondern lassen lediglich den Rückschluß auf eine wesentliche Eigenschaft zu, wie Eignung oder Zuverlässigkeit. Für das Arbeitsverhältnis sind sie nur insoweit von Bedeutung, als dem Arbeitnehmer dadurch die nötige Eignung und Zuverlässigkeit für den übernommenen Arbeitsplatz fehlt[25]. Das wäre hier z.B. der Fall, wenn die Klug Vorstrafen auf vermögensrechtlichem Gebiet hätte, oder da sie wegen eines Vergehens des unerlaubten Entfernens vom Unfallort vorbestraft

---

22 A.a.O., S. 78.
23 BAGE 5, 159 (163).
24 *Larenz*, Allgemeiner Teil des deutschen Bürgerlichen Rechts, 5. Aufl. (1980), S. 348.
25 *Hueck-Nipperdey*, Bd. I S. 193; *Soergel-Hefermehl*, BGB 11. Aufl. (1978), § 119 RdNr. 41; *Ramm*, Die Anfechtung des Arbeitsvertrages (1955), S. 61.

ist, wenn sie als Kraftfahrerin eingestellt worden wäre. Zur übernommenen Tätigkeit fehlt jedoch die Beziehung, so daß die Verurteilung für den hier in Rede stehenden Arbeitsplatz keinen Rückschluß auf mangelnde Eignung oder fehlende Zuverlässigkeit zuläßt.

3. Eine Anfechtung des Arbeitsvertrags wegen Irrtums nach § 119 Abs. 2 BGB ist also nur möglich, wenn Beck sie auf seine Unkenntnis von der Schwangerschaft der Klug stützen kann. Das BAG stellt dazu fest:

> „In aller Regel ist die Schwangerschaft keine verkehrswesentliche Eigenschaft im Sinne des § 119 Abs. 2 BGB. Das folgt schon daraus, daß sie kein Dauerzustand ist"[26].

Etwas anderes soll allerdings dann gelten, wenn die vertraglich übernommene Tätigkeit wegen der Schwangerschaft nicht ausgeübt werden kann, wobei das BAG beispielhaft die Tätigkeit einer Tänzerin, Sportlehrerin oder Vorführdame nennt. Außerdem soll „der Irrtum über eine bestehende Schwangerschaft trotz ihrer vorübergehenden Natur zur Anfechtung des Arbeitsvertrages wegen Irrtums über eine wesentliche Eigenschaft berechtigen, wenn bei einer nur für kürzere Zeit in Aussicht genommenen Beschäftigung die Arbeitnehmerin infolge der Beschäftigungsverbote und Beschäftigungsbeschränkungen des MuSchG für eine im Hinblick auf die vereinbarte Gesamtdauer des Arbeitsverhältnisses erhebliche Zeit ausfällt"[27].

Das Ergebnis, zu dem das BAG kommt, ist richtig, nicht aber die Begründung, die es dafür gibt. Die Rechtsprechung sieht auch sonst Umstände, die nicht von Dauer sind, wie die derzeitige Vermögenslage, Zahlungsfähigkeit oder Kreditwürdigkeit, als wesentliche Eigenschaft einer Person an[28]. Daß die Schwangerschaft ein vorübergehender Zustand ist, kann also nicht der entscheidende Grund dafür sein, eine Anfechtung nach § 119 Abs. 2 BGB auszuschließen. Das zeigen sehr deutlich die Ausnahmen an, die das BAG macht, obwohl auch hier die Anfechtungsmöglichkeit nur wegen der Schwangerschaft eröffnet wird. Gerade wegen des Mutterschutzes ist die Schwangerschaft für das Arbeitsverhältnis stets eine verkehrswesentliche Eigenschaft der Person[29]. Wenn ihre Unkenntnis dennoch nicht zur Anfechtung nach § 119 Abs. 2 BGB berechtigt, so deshalb, weil eine Auflösungsmöglichkeit allein wegen der Schwangerschaft dem Schutzgedanken des MuSchG widerspricht. Soweit die Schwangerschaft generell für das Arbeitsverhältnis als verkehrswesentliche Eigenschaft einer Person anzusehen ist, ergibt sich das gerade daraus, daß wegen dieser Tatsache für das Arbeitsverhältnis besondere Bestimmungen nach dem MuSchG gelten. Das MuSchG würde also eine Anfechtungsmöglichkeit eröffnen, die ohne seine Regelung nicht bestände. Deshalb berechtigt die Schwangerschaft auch nur insoweit nicht zur Anfechtung des Arbeitsvertrags. Wo aber die Schwangerschaft ohne Rücksicht auf die Rege-

26 BAGE 11, 270 (272).
27 BAG AP Nr. 24 zu § 9 MuSchG, Bl. 3 R.
28 Vermögenslage: RGZ 61, 84 (86); Zahlungsfähigkeit und Kreditwürdigkeit: RGZ 66, 385 (389); 105, 206 (208); RG JW 1912, 26 (27); RG Recht 1929 Nr. 2336.
29 Vgl. auch *Hueck-Nipperdey*, Bd. I S. 732f.

lung des MuSchG für das Arbeitsverhältnis eine verkehrswesentliche Eigenschaft der Arbeitnehmerin darstellt, wie in den Fällen, daß die übernommene Tätigkeit wegen der Schwangerschaft nicht ausgeübt werden kann, etwa bei einer Tänzerin, Sportlehrerin oder Vorführdame, oder daß die Arbeitnehmerin in einem befristeten Arbeitsverhältnis für einen erheblichen Teil der Vertragsdauer die übernommene Arbeit nicht ausüben kann, bleibt die Anfechtungsmöglichkeit nach § 119 Abs. 2 BGB bestehen.

Ein solcher Ausnahmefall liegt bei der Klug nicht vor, so daß eine Anfechtung nach § 119 Abs. 2 BGB ausscheidet.

IV. Anfechtung des Arbeitsvertrags wegen arglistiger Täuschung

1. In Betracht kommt weiterhin eine Anfechtung nach § 123 BGB. Danach kann eine Erklärung anfechten, wer zu ihrer Abgabe durch arglistige Täuschung bestimmt worden ist. Täuschung ist jedes Verhalten, durch das bewußt eine unrichtige Vorstellung erregt, bestärkt oder aufrechterhalten wird. Sie kann durch aktives Handeln, aber auch durch Verschweigen erfolgen, wenn eine Rechtspflicht zur Aufklärung besteht. Durch die falsche Beantwortung der im Personalfragebogen gestellten Fragen hat Maria Klug einen Irrtum über den wahren Sachverhalt hervorgerufen, indem sie Tatsachen erklärte, die nicht gegeben waren, und Tatsachen verschwieg, die vorlagen. Die bewußt unwahre Aussage läßt auch den Vorsatz erkennen, auf den Erklärungswillen des Arbeitgebers einzuwirken.

Eine derartige Täuschung braucht aber, wie das BAG zu Recht feststellt[30], nicht notwendig arglistig im Sinne des § 123 BGB zu sein. Entscheidend kommt es vielmehr darauf an, ob es sich um eine falsche Antwort auf eine zulässigerweise gestellte Frage handelt. Indiskrete Befragungen können „als ein Einbruch in die rechtlich zu schützende Individualsphäre des Arbeitnehmers unzulässig und daher ihre wahrheitswidrige Beantwortung nicht arglistig sein"[31].

2. Wenn die Frage nach Vorstrafen im Personalfragebogen unzulässig ist, so stellt ihre wahrheitswidrige Beantwortung keine Arglist dar. Im Mittelpunkt der Überlegungen muß stehen, daß nicht für jede Tätigkeit die Vorstrafe eines Bewerbers ein beachtliches Hindernis sein kann, da anderenfalls die Resozialisierung Vorbestrafter unnötig erschwert wird. Deshalb kann nach Vorstrafen nicht uneingeschränkt gefragt werden, sondern nur, soweit sie für den zu besetzenden Arbeitsplatz von Bedeutung sind. Das BAG führt dazu aus:

> „Je nach Art des zu besetzenden Arbeitsplatzes darf entweder nach Vorstrafen auf vermögensrechtlichem Gebiet (so etwa beim Bankkassierer) oder nach Vorstrafen auf politischem Gebiet (bei Angestellten des Verfassungsschutzamts), nach verkehrsrechtlichen Vorstrafen (beim Chauffeur) usw. gefragt oder auch

30 BAGE 5, 159 (163); 11, 270 (273).
31 BAGE 5, 159 (163).

nicht gefragt werden. Es darf jedenfalls schlechthin nicht ohne sinnvolle Beschränkung auf das für den zu besetzenden Arbeitsplatz wichtige Strafrechtsgebiet gefragt werden"[32].

Bei der Fragestellung muß auch zum Ausdruck kommen, daß strafgerichtliche Verurteilungen nicht mitgenannt zu werden brauchen, wenn sie nicht in das Führungszeugnis aufzunehmen oder zu tilgen sind; denn nach § 51 BZRG darf ein Verurteilter sich in diesem Fall als unbestraft bezeichnen und braucht den der Verurteilung zugrunde liegenden Sachverhalt nicht zu offenbaren. Da die Bestrafung wegen eines Vergehens des unerlaubten Entfernens vom Unfallort mit dem Arbeitsplatz in keinem Zusammenhang stand und außerdem nicht oder nicht mehr in das Führungszeugnis aufgenommen wird (§ 30 Abs. 2 Nr. 5 lit. b bzw. § 32 Abs. 1 Nr. 1 lit. a BZRG), bestand für Maria Klug keine Offenbarungspflicht. Die wahrheitswidrige Beantwortung der Frage nach Vorstrafen ist deshalb keine arglistige Täuschung im Sinne des § 123 BGB und berechtigt Beck nicht zur Anfechtung des Arbeitsvertrags.

3. Dieselben Überlegungen sind auch für die Frage nach einer etwa bestehenden Schwangerschaft maßgebend. Wenn der Arbeitgeber sie nicht stellt, trifft die Arbeitnehmerin grundsätzlich keine Offenbarungspflicht. Eine Ausnahme besteht nur für den Fall, daß sie wegen der Schwangerschaft für die übernommene Tätigkeit völlig ungeeignet ist; in diesem Fall ist deren Verschweigen eine arglistige Täuschung im Sinne des § 123 BGB. Wesentlich anders soll die Rechtslage sich aber nach der Rechtsprechung des BAG gestalten, wenn der Arbeitgeber die Frage nach dem Bestehen einer Schwangerschaft stellt.

Das BAG ist hier anders als im Fall der Vorstrafe eines Stellenbewerbers der Ansicht, daß der Arbeitgeber berechtigt ist, in angemessener Form nach dem Bestehen einer Schwangerschaft zu fragen, „und zwar ohne Rücksicht darauf, welchen Arbeitsplatz die Bewerberin einnehmen soll"[33]. Die Bewerberin sei auch zur wahrheitsgemäßen Antwort verpflichtet. Verneine sie der Wahrheit zuwider diese Frage in Kenntnis der Schwangerschaft, dann sei die darin liegende Täuschung des Arbeitgebers eine solche im Sinne des § 123 BGB, wobei die Kenntnis von solchen Umständen genügen soll, die den sicheren Schluß auf das Bestehen einer Schwangerschaft zulassen. Da nach Auffassung des BAG die Vorlage eines Fragebogens die angemessene Form der Fragestellung wahrt, kann Beck, sofern man dieser Ansicht folgt, den Arbeitsvertrag mit Maria Klug wegen wahrheitswidriger Beantwortung der zulässigerweise gestellten Frage nach der Schwangerschaft gemäß § 123 BGB anfechten[34].

Man wird jedoch eine Offenbarungspflicht der Arbeitnehmerin auf Fragen des Arbeitgebers nur anerkennen können, wenn die Eigenart des Arbeitsverhältnisses, der übernommene Arbeitsplatz oder die Dauer des Arbeitsverhältnisses, es rechtfertigt, sich nach einer Schwangerschaft der Arbeitnehmerin zu

32 BAGE 5, 159 (164).
33 BAGE 11, 270 (273).
34 Ebenso *Hueck-Nipperdey*, Bd. I S. 733; *Bulla-Buchner*, MuSchG, 5. Aufl. (1981), § 5 RdNr. 24; *Hofmann*, ZfA 1975, 1 (38ff.); dagegen *Nikisch*, Bd. I S. 815; *Bulla*, MuSchG, 3. Aufl. (1968), § 5 RdNr. 17; *Ramm*, AuR 1963, 161 (174ff.).

erkundigen. Andernfalls könnte die durch den Schutzgedanken des MuSchG gebotene Einschränkung der Anfechtung wegen Irrtums durch die allgemeine Verwendung eines formularmäßigen Fragebogens beiseite geschoben werden[35]. Auch im Rahmen von § 119 Abs. 2 BGB ist es nicht der Mangel einer verkehrswesentlichen Eigenschaft, sondern der Zweck des MuSchG, der bei einer Schwangerschaft die Anfechtungsmöglichkeit ausschließt. Hätte das BAG das klar erkannt, so hätte es auch zu § 123 BGB keine andere Entscheidung treffen können. Beck kann den Arbeitsvertrag auch nicht nach § 123 BGB anfechten.

4. In diesem Zusammenhang muß außerdem berücksichtigt werden, daß Personalfragebogen nach § 94 Abs. 1 BetrVG der *Zustimmung des Betriebsrats* bedürfen. Dieses Mitbestimmungsrecht dient nicht nur dem Schutz der Persönlichkeitssphäre der Arbeitnehmer, sondern es ist zugleich ein wichtiges Instrumentarium, um über die Begrenzung des Fragerechts zu verhindern, daß der Arbeitgeber seine Auswahlentscheidung von Umständen abhängig macht, die bei objektiver Betrachtung für den Arbeitsplatz keine Bedeutung haben. Wurde der Maria Klug ein Personalfragebogen vorgelegt, der ohne Zustimmung des Betriebsrats aufgestellt wurde und bei dem die fehlende Einigung zwischen Arbeitgeber und Betriebsrat auch nicht durch den Spruch der Einigungsstelle ersetzt wurde, so hat der Arbeitgeber betriebsverfassungswidrig gehandelt. Die Datenerhebung und -erfassung durch den Personalfragebogen ist unzulässig. Arbeitnehmer sind nicht verpflichtet, ihn auszufüllen, auch wenn individualrechtlich die Daten bekanntzugeben sind[36]. Die betriebsverfassungsrechtliche Pflichtwidrigkeit gibt aber keinen Freibrief, durch arglistige Täuschung in ein Arbeitsverhältnis zu gelangen.

5. Folgt man der Auffassung des BAG, daß die unrichtige Beantwortung der Frage nach dem Bestehen einer Schwangerschaft eine arglistige Täuschung darstellt, so war die Firma Franz Beck berechtigt, den Arbeitsvertrag anzufechten.

V. Erklärung und Rechtswirkungen der Anfechtung

1. Da die Anfechtung einer wegen arglistiger Täuschung anfechtbaren Willenserklärung binnen Jahresfrist erfolgen kann, hat die Firma Franz Beck von ihrem Anfechtungsrecht fristgerecht Gebrauch gemacht. Die Anfechtung wird durch Erklärung gegenüber dem Anfechtungsgegner ausgeübt (§ 143 Abs. 1 BGB). Sie ist also auch insoweit ordnungsgemäß erfolgt.

Problematisch kann lediglich sein, ob der Arbeitgeber den Betriebsrat vor einer Anfechtung beteiligen muß. Nach § 102 Abs. 1 Satz 3 BetrVG ist eine ohne Anhörung des Betriebsrats ausgesprochene Kündigung unwirksam. Der Betriebsrat hat aber das Anhörungsrecht nur bei Kündigungen, nicht bei einer Anfechtung. Dagegen kann nur Bedenken erheben, wer die Anfechtung durch

35 Vgl. auch *Ramm* (s. Fußn. 25), S. 67.
36 Vgl. *Dietz-Richardi*, BetrVG, § 94 RdNr. 33f.

die außerordentliche Kündigung ersetzt oder zumindest verlangt, beide Gestaltungsrechte in ihren Ausübungsmodalitäten weitgehend anzugleichen[37]. Da aber die Anfechtung gegenüber der Kündigung ein anderes Gestaltungsrecht ist, bestehen bereits von diesem Ansatz aus Bedenken dagegen, § 102 BetrVG auf die Anfechtung anzuwenden. Bei ihr geht es ausschließlich um die dem Anfechtungsberechtigten eingeräumte Entscheidung über die *Geltung* und *Nicht-Geltung des Rechtsgeschäfts*. Da der Betriebsrat nicht die Einstellung eines bestimmten Bewerbers erzwingen kann, sondern insoweit lediglich nach § 99 BetrVG ein Zustimmungsverweigerungsrecht hat, muß der Arbeitgeber auch in seiner Entscheidung darüber frei sein, ob er den Arbeitsvertrag gelten läßt, nachdem der Anfechtungsgrund aufgedeckt ist. § 102 BetrVG bezweckt nicht, den Arbeitgeber insoweit bei seiner Entscheidungsfindung an eine Stellungnahme des Betriebsrats zu binden[38].

2. Wenn ein Arbeitsverhältnis in Funktion gesetzt ist, Arbeit also bereits geleistet wurde[39], kann grundsätzlich die Nichtigkeit des Arbeitsvertrags nicht mehr mit rückwirkender Kraft geltend gemacht werden[40], und aus dem gleichen Grund wirkt die Anfechtung eines Arbeitsvertrags regelmäßig nur für die Zukunft[41]. Mit dem Schutzprinzip des Arbeitsrechts wäre es nicht vereinbar, den Arbeitnehmer nach Arbeitsantritt auf die Vorschriften über die Herausgabe einer ungerechtfertigten Bereicherung, die §§ 812 ff. BGB, zu verweisen[42]. Der Arbeitnehmer darf sich darauf verlassen, daß er das Arbeitsentgelt für seinen Lebensunterhalt verwenden kann, zumal seine Arbeit unwiderruflich dem Vermögen des Arbeitgebers inkorporiert ist[43].

---

37 Vgl. *Schwerdtner*, Arbeitsrecht I, S. 26f.; *Gamillscheg*, AcP Bd. 176, 197 (218).

38 Vgl. *Dietz-Richardi*, BetrVG, § 102 RdNr. 25; *Picker*, ZfA 1981, 1 (43f.); im Ergebnis, soweit angenommen wird, daß die Pflicht zur Anhörung nicht besteht, wenn der Arbeitgeber das Arbeitsverhältnis durch eine Anfechtung des Arbeitsvertrags auflöst: *Fitting-Auffarth-Kaiser*, BetrVG, § 102 RdNr. 3; *Galperin-Löwisch*, § 102 RdNr. 18; *Kammann-Hess-Schlochauer*, § 102 RdNr. 15; *Kraft*, GK-BetrVG, § 102 RdNr. 10; *Etzel*, KR-BetrVG, § 102 RdNr. 42; *Hueck*, KSchG, § 1 RdNr. 58. Andererseits braucht auch der Arbeitnehmer nicht innerhalb von drei Wochen nach Zugang der Anfechtungserklärung Feststellungsklage beim Arbeitsgericht zu erheben, wenn er geltend machen will, daß der Anfechtungsgrund nicht besteht; § 13 Abs. 1 Satz 2 i. V. mit §§ 4 Satz 1, 7 KSchG findet nicht entsprechend Anwendung, weil die Anfechtung nicht einer außerordentlichen Kündigung gleichgestellt werden kann; offengelassen BAGE 32, 237 (242); jedoch hat das BAG nur deshalb von einer Stellungnahme abgesehen, weil es unter Hinweis auf seine Rechtsprechung zur außerordentlichen Kündigung einen Arbeitnehmer nicht für verpflichtet hält, die Dreiwochenfrist des § 4 Satz 1 KSchG zu wahren, wenn er noch nicht wegen Nichterfüllung der Wartezeit in § 1 Abs. 1 KSchG den allgemeinen Kündigungsschutz hat; vgl. dazu auch Fall Nr. 8 — S. 90; — für eine entsprechende Anwendung des § 4 Satz 1 KSchG: *Hueck-Nipperdey*, Bd. I S. 189; *Nikisch*, Bd. I S. 226; *Hueck*, KSchG, § 1 RdNr. 58; a. A. vor allem *Picker*, ZfA 1981, 1 (104ff.).

39 Nicht zutreffend deshalb BAG AP Nr. 32 zu § 63 HGB.

40 Grundlegend BAGE 5, 58 (65/66) = AP Nr. 2 zu § 125 BGB, Bl. 4; aus dem Schrifttum: *Hueck-Nipperdey*, Bd. I S. 123ff., 183ff.; *Nikisch*, Bd. I S. 173f., 215ff.

41 Grundlegend BAGE 5, 159 (161/162); aus dem Schrifttum: *Brox*, Die Einschränkung der Irrtumsanfechtung (1960), S. 233ff.; *Hueck-Nipperdey*, Bd. I S. 186ff.; *Nikisch*, Bd. I S. 222f. — vgl. dazu auch oben S. 4f.

42 Vgl. aber auch *Beuthien*, RdA 1969, 161ff.

43 *Farthmann*, RdA 1958, 338 (340f.); *Wiedemann*, Das Arbeitsverhältnis als Austausch- und Gemeinschaftsverhältnis (1966), S. 78; *Picker*, ZfA 1981, 1 (53); vgl. auch *Ramm* (s. Fußn. 25), S. 30ff.

Zweifelhaft ist, ob dasselbe auch gilt, wenn der Arbeitnehmer den Arbeitgeber bei Abschluß des Arbeitsvertrags arglistig getäuscht hat. Das BAG hat zwar im Urteil vom 18. 4. 1968 ausdrücklich festgestellt, daß die Anfechtung wegen arglistiger Täuschung in gleicher Weise wie die Anfechtung wegen Irrtums keine rückwirkende Kraft hat, wenn das Arbeitsverhältnis bereits in Funktion gesetzt ist[44]. Nicht gewürdigt wird damit aber, ob das Vertrauen des Arbeitnehmers auch Schutz verdient, wenn er sich selber unlauter verhalten hat. Das wird vielfach deshalb verneint, weil der Grundsatz der Lauterkeit im rechtsgeschäftlichen Verkehr als eine Elementarvoraussetzung für die Privatautonomie den Vorrang vor dem arbeitsrechtlichen Schutzprinzip verdiene; die Anfechtung wegen arglistiger Täuschung soll daher, wie § 142 Abs. 1 BGB es bestimmt, Rückwirkung haben[45]. Diese Auffassung ist im Ansatz zutreffend; sie wird im Ergebnis geteilt, wenn man zwar auch einer Anfechtung wegen arglistiger Täuschung keine Rückwirkung beilegt, den Arbeitgeber aber für berechtigt hält, Ansprüchen des Arbeitnehmers den Einwand der Arglist entgegenzuhalten, wenn wegen der arglistigen Täuschung die Arbeit für ihn wertlos war[46]. Beachtet man aber, daß die Beschränkung der Nichtigkeitsfolge contra legem erfolgt ist, so bedeutet die Wiederherstellung der Rückwirkung nichts anderes, als daß die vom Gesetz bestimmte Rückwirkung der Nichtigkeitsfolge sachgerecht ist, wenn der Arbeitnehmer wegen seines Verhaltens keinen Schutz verdient[47].

Da die Erbringung der Arbeitsleistung bisher durch die Schwangerschaft nicht eingeschränkt war, ist auch hier trotz der arglistigen Täuschung der Ausschluß der ex-tunc-Nichtigkeit aus den gleichen Gründen gerechtfertigt wie bei einer Irrtumsanfechtung. Hier wäre es unangemessen, der Arbeitnehmerin keine Ansprüche zu geben, die über das Bereicherungsrecht hinausgehen.

VI. Ergebnis

Die Klage ist zulässig. Sie ist aber nicht begründet, sofern man der Auffassung des BAG folgt und eine Anfechtung des Arbeitsvertrags wegen arglistiger Täuschung nach § 123 BGB zuläßt. Das Arbeitsverhältnis mit Maria Klug wurde vielmehr in diesem Fall durch die Anfechtungserklärung des Beck wirksam beendet.

---

44 AP Nr. 32 zu § 63 HGB; vgl. dazu die kritische Anm. von *Mayer-Maly*.

45 *Ramm* (s. Fußn. 25), S. 38f.; *ders.*, AuR 1963, 97 (106f.); *Wiedemann* (s. Fußn. 43), S. 79; vgl. auch *Mayer-Maly*, Anm. AP Nr. 32 zu § 63 HGB.

46 Vgl. *Hueck-Nipperdey*, Bd. I S. 186f. Fußn. 8; *Nikisch*, Bd. I S. 226.

47 Vgl. auch *Picker*, ZfA 1981, 1 (61).

Fall 2 **Gestaltungsmittel des Arbeitsverhältnisses — betriebliche Übung — Gleichbehandlungsgrundsatz**

Ausgangsfälle:

BAG vom 8. 11. 1957 — 1 AZR 123/56, BAGE 5, 44 = AP Nr. 2 zu § 242 BGB Betriebliche Übung *(Denecke)* = AR-Blattei Kündigung I B Entsch. 1 *(Molitor)* = MDR 1958, 373;

BAG vom 13. 10. 1960 — 5 AZR 284/50, AP Nr. 30 zu § 242 BGB Gleichbehandlung *(G. Hueck)* = AR-Blattei Betriebsübung Entsch. 1 = SAE 1962, 100 *(Reckenfelderbäumer)*;

BAG vom 5. 7. 1968 — 3 AZR 134/67, AP Nr. 6 zu § 242 BGB Betriebliche Übung *(Richardi)* = SAE 1969, 21 *(Seiter)* = AR-Blattei Betriebsübung Entsch. 3.

Lesenswert vor allem:

BAG vom 5. 2. 1971 — 3 AZR 28/70, BAGE 23, 213 = AP Nr. 10 zu § 242 BGB Betriebliche Übung *(Buchner)* = AR-Blattei Betriebsübung Entsch. 5 *(Seiter)* = BB 1971, 822 = DB 1971, 1117.

Die Orchestermitglieder des Städtischen Theaters erhielten mindestens seit 1952 ohne Widerrufsvorbehalt vom zehnten Monat ihrer Tätigkeit an eine Zulage in Höhe von 15,— DM für die Vorstellung. Am 28. 5. 1982 teilte die Stadt dem Orchestervorstand mit, daß die Zahlung der Zulage von der Aufsichtsbehörde beanstandet worden sei; sie könne deshalb ab sofort nicht mehr gezahlt werden. Dementsprechend wurde verfahren. Fiedler, der seit 1970 dem Orchester angehört, ist damit nicht einverstanden. Er verlangt, daß ihm auch in Zukunft die Zulage gewährt wird. Auch Pfeifer, der seit dem 21. 10. 1981, und Streicher, der seit dem 1. 7. 1982 zum Orchester gehört, sind der Auffassung, daß sie vom zehnten Monat ihrer Tätigkeit an einen Anspruch auf die Zulage haben. Pfeifer war zunächst nur zur Aushilfe für die Dauer von längstens sechs Monaten eingestellt, dann aber am 21. 6. 1982 endgültig als Orchestermitglied übernommen worden, nachdem man ihn auch in der Zwischenzeit weiterbeschäftigt hatte. In dem neuen Dienstvertrag ist bestimmt, daß Pfeifer rückwirkend zum 21. 10. 1981 die Stellung eines ordentlichen Orchestermitglieds haben soll.

Wie ist die Rechtslage?

LÖSUNG

I. Der Anspruch des Fiedler

1. Anspruchsgrundlage ist § 611 Abs. 1 BGB, der auch für das Arbeitsverhältnis gilt, da der Arbeitsvertrag im System des BGB sich nur als besondere Art des Dienstvertrags darstellt. Ob ein Anspruch auf die Zulage besteht, hängt nach dieser Bestimmung von einer entsprechenden Vereinbarung zwischen

dem Arbeitgeber und dem Arbeitnehmer ab. Daneben kommen für das Arbeitsverhältnis aber noch weitere Gestaltungsfaktoren in Betracht. Beim Arbeitsvertrag müssen deshalb die das Arbeitsverhältnis *begründende* Funktion und die dessen Inhalt *gestaltende* Funktion besonders sorgfältig unterschieden werden. ,,Es ist eines der hervorstechendsten Merkmale des Arbeitsverhältnisses, daß diejenigen Faktoren, die es in das Leben rufen, nicht auch die Faktoren sind, die ihm seinen Inhalt geben" *(Sinzheimer)*[1]. Tarifvertrag und Betriebsvereinbarung können ebenfalls den Inhalt des Arbeitsverhältnisses ordnen. Sie haben als kollektivrechtliche Gestaltungsfaktoren Vorrang vor dem Individualvertrag, soweit er nicht zugunsten des Arbeitnehmers von ihrer Regelung abweicht[2]. Für eine tarifvertragliche Regelung oder eine Betriebsvereinbarung über die Zulage ist im Sachverhalt nichts vorgetragen. Man kann auch nicht davon ausgehen, daß dem Fiedler die Leistung der Zulage durch eine einzelvertragliche Abrede ausdrücklich zugesichert war. Die Zulage wurde vielmehr allen Orchestermitgliedern gewährt. Es stellt sich daher die Frage, ob Fiedler auf Grund der *betrieblichen Übung* einen Anspruch gegen seinen Arbeitgeber hat.

2. Die im Betrieb seit dem Jahre 1952 bestehende, auf die Zahlung einer Zulage gerichtete Übung bildet, wie das BAG in seinem Urteil vom 13. 10. 1960 bemerkt, keine selbständige Anspruchsgrundlage[3]. Das BAG verwirft damit die Auffassung einer normativ wirkenden betrieblichen Übung, wie sie seit einer vielbeachteten Entscheidung des RAG — ARS 33, 172ff. — vielfach vertreten wurde[4].

a) Das RAG hatte damals bei der regelmäßigen Gewährung bestimmter Leistungen das Recht des Arbeitnehmers, ,,unter denselben Voraussetzungen in derselben Weise behandelt zu werden wie die übrigen auch", daraus begründet, daß in der Betriebsgemeinschaft aus der Fürsorgepflicht des Arbeitgebers ,,bereits konkrete Ordnungen erwachsen sind, mögen sie sich auch nur in einer feststehenden tatsächlichen Handhabung äußern, ohne die Gestalt bestimmter Einrichtungen oder geschriebener Satzungen angenommen zu haben"[5]. Ausdrücklich wurde betont, daß diese Berechtigung keiner Herleitung aus besonderen ausdrücklich oder stillschweigend getroffenen Vereinbarungen bedarf. Das Urteil bezieht sich in erster Linie auf den Gleichbehandlungsgrundsatz[6]. Dennoch hat man die Konstruktion des RAG auf die betriebliche Übung übertragen und deren rechtserzeugende Wirkung anerkannt, indem man die vom RAG angenommene konkrete Ordnung des Betriebes als *Rechtsquelle* ansah[7].

---

1 *Sinzheimer*, Grundzüge des Arbeitsrechts, 2. Aufl. (1927), S. 144.

2 Vgl. für den Tarifvertrag: § 4 Abs. 3 TVG; für die Betriebsvereinbarung: § 77 Abs. 4 BetrVG; hinsichtlich des Günstigkeitsprinzips *Dietz-Richardi*, BetrVG, § 77 RdNr. 98ff.

3 BAG AP Nr. 30 zu § 242 BGB, Gleichbehandlung, Bl. 1 R.

4 LAG Bremen, SAE 1951, 141; AP 54 Nr. 132; *Denecke*, DAR 1940, 141ff.; *ders.*, Anm. AP Nr. 2 zu § 242 BGB Betriebliche Übung; *Fechner*, ZgStW Bd. 102, 78 (88ff.); *Galperin-Siebert*, BetrVG, 4. Aufl. (1963), § 1 RdNr. 126; vgl. auch *Bötticher*, RdA 1953, 161 (162f.); *Zeuner*, BB 1957, 647ff.

5 ARS 33, 172 (176).

6 *Seiter*, Die Betriebsübung (1967), S. 30f.

7 *Denecke*, DAR 1940, 141ff.; vgl. auch *Fechner*, ZgStW Bd. 102, 78 (88ff.): Betriebliche Übung als Bestimmungsfaktor für die überindividuelle Ordnung des Betriebes, die aus sich selbst heraus Rechtswirkungen entfalte; *Galperin-Siebert* (s. Fußn. 4), § 1 RdNr. 126: Betriebliche Übung als einheitlicher Tatbestand, der innerhalb eines geschlossenen Rechtskreises allein aus seiner Zweckbestimmung heraus normativ zu wirken vermag.

Diese Rechtsquellentheorie widerspricht dem geltenden Recht; sie beruht auf der in den dreißiger Jahren häufig vertretenen, in einem Rechtsstaat aber nicht mehr vertretbaren These, daß bestimmte *konkrete Ordnungen*, wie die der Familie und des Betriebes, unmittelbar Rechtswirkungen entfalten[8].

b) Der betrieblichen Übung normative Wirkung beizulegen, indem man sie als betriebliches *Gewohnheitsrecht* anerkennt, ist ebenfalls nicht möglich[9]. Die Entstehung von Gewohnheitsrecht ist an strenge Voraussetzungen gebunden. Sie sind nicht schon deshalb gegeben, weil es sich um eine jahre- und jahrzehntelange Übung handelt. Zumindest am Rechtsgeltungswillen oder an der Rechtsüberzeugung, je nachdem, welcher Theorie zum Gewohnheitsrecht man folgen will[10], wird es stets fehlen. Man kann, um zu einer normativen Wirkung zu gelangen, die betriebliche Übung auch nicht als ein stillschweigendes Abkommen auf betrieblicher Ebene ansehen und dem Begriff der *Betriebsvereinbarung* unterstellen; denn diese kommt nach § 77 Abs. 2 BetrVG nur schriftlich zustande und setzt die Beschlußfassung durch den Betriebsrat voraus.

c) Dem BAG ist deshalb darin zu folgen, wenn es feststellt:

> „Der betrieblichen Übung kommt keine normative Wirkung zu. Sie ist auch nicht als betriebliches Gewohnheitsrecht eine Rechtsquelle eigener Art. Vielmehr gestaltet die Übung die einzelnen Arbeitsverhältnisse. Aus ihr erwachsen vertragliche Ansprüche der Arbeitnehmer auf die üblich gewordenen Leistungen"[11].

3. Die betriebliche Übung kann nur auf individualrechtlicher Ebene Rechtswirkungen entfalten. Bestritten ist, wie die Verbindlichkeit *rechtsdogmatisch* zu erklären ist[12].

a) Die Vertragstheorie sieht in der betrieblichen Übung den Tatbestand einer *stillschweigenden Vereinbarung*[13].

> „Die rechtliche Bedeutung der betrieblichen Übung beruht auf der Möglichkeit, ihren Inhalt zur Grundlage einer ausdrücklichen oder stillschweigenden vertraglichen Vereinbarung zu machen oder sie als Konkretisierung der Treue- und Fürsorgepflicht zur Vertragsauslegung und Vertragsergänzung heranzuziehen"[14].

b) In der modernen Dogmatik wird dagegen zutreffend darauf abgestellt, daß der Tatbestand einer Willenserklärung fehlt; es ist vielmehr ein unzulässiges *venire contra factum proprium*, wenn der Arbeitgeber sich durch einseitige Erklärung von betriebsüblichen Leistungen lossagt, obwohl die Arbeitnehmer

---

8 *Carl Schmitt*, Über die drei Arten des rechtswissenschaftlichen Denkens (1934); vgl. dazu allgemein *Rüthers*, Die unbegrenzte Auslegung — Zum Wandel der Privatrechtsordnung im Nationalsozialismus (1968), S. 277 ff., insbes. zum Arbeitsverhältnis, S. 379 ff.

9 BAGE 5, 44 (45).

10 Vgl. dazu *Enneccerus-Nipperdey*, Allgemeiner Teil des Bürgerlichen Rechts, 1. Halbband, 15. Aufl. (1959), S. 264 ff.

11 BAGE 23, 213 (219).

12 Vgl. dazu den Überblick in BAGE 23, 213 (218).

13 Vgl. vor allem *A. Hueck*, Festschrift für Heinrich Lehmann (1956), Bd. II, S. 633 (636 f.); *Hueck-Nipperdey*, Bd. I S. 150 f.

14 BAG AP Nr. 30 zu § 242 BGB Gleichbehandlung, Bl. 1 R; so zuletzt auch noch BAG, AP Nr. 11 zu § 242 BGB Betriebliche Übung, Bl. 2 V.

sich auf deren Erbringung verlassen haben und nach Treu und Glauben auch darauf verlassen durften, daß die Leistungen fortgesetzt werden. Dem Arbeitgeber wird nach dieser Auffassung sein Verhalten und der durch dieses Verhalten erzeugte *Vertrauenstatbestand* als *Haftungsgrund zugerechnet*[15].

Allgemein betrachtet geht es bei der rechtlichen Bedeutung der betrieblichen Übung um die Frage, ob und inwieweit eine tatsächlich praktizierte Regelung *Rechtsfolgen* hat. Ihre Beantwortung verlangt, die Beziehung zu dem Instrumentarium herzustellen, das die Rechtsordnung für die Gestaltung des Arbeitsverhältnisses anerkennt. Da die kollektivrechtlichen Gestaltungsfaktoren schon wegen ihrer Formgebundenheit ausscheiden, verbleibt als Beziehungspunkt nur der *Individualvertrag*[16]. Die Schwierigkeiten, vor die die Vertragstheorie gestellt ist, ergeben sich daraus, daß bei der betrieblichen Übung ein Erklärungstatbestand, wie die Willenserklärung ihn voraussetzt, fehlt[17]. Die Bindung an eine betriebliche Übung oder sonst im Betrieb geltende allgemeine Arbeitsbedingungen kann deshalb für Arbeitnehmer, die im Betrieb bereits beschäftigt werden, nicht mehr mit den Mitteln der Rechtsgeschäftslehre begründet werden. Wenn man dennoch von einer ,,stillschweigenden Willenserklärung" spricht, so handelt es sich um eine Fiktion, deren Wert ausschließlich darin besteht, daß rechtsgeschäftliche Rechtsfolgen auch in diesen Fällen anerkannt werden. Jedoch enthält auch die Rechtsgeschäftslehre Elemente der Vertrauenshaftung; denn schon bei der Willenserklärung, der für die Rechtsgeschäftslehre die zentrale Bedeutung zukommt, brauchen Wille und Erklärung sich nicht zu decken. Eine Erklärung wird schon dann als Willenserklärung bewertet, wenn ihrem Inhalt ein rechtsgeschäftlicher Wille entnommen werden kann. Einen Schritt weiter bedeutet es, wenn man ein bestimmtes Verhalten einer Person als Willenserklärung zurechnet, weil sich aus ihm nach Treu und Glauben auf einen entsprechenden Willen schließen läßt. Bei der betrieblichen Übung muß man allerdings davon ausgehen, daß eine Bindung vom Arbeitgeber nicht gewollt ist, sondern in der Schwebe bleiben soll. Ein derartiger Zwischenzustand ist aber unerträglich, wenn die Arbeitnehmer sich darauf verlassen, daß die Leistungen fortgesetzt werden.

Die betriebliche Übung geht daher über die Bedeutung einer betrieblichen Verkehrssitte hinaus, wie das BAG bereits in einer früheren Entscheidung festgestellt hat:

> ,,Es gilt vielmehr das gleiche, was für die Verwirkung eines Anspruchs anzunehmen ist. Dort ist durch das Verhalten des Gläubigers der Schuldner dazu veran-

15 Vgl. vor allem *Seiter*, Die Betriebsübung (1967); *Canaris*, Die Vertrauenshaftung im deutschen Privatrecht (1971), S. 254ff.; zustimmend *Zöllner*, S. 58f.

16 *Hilger*, Das betriebliche Ruhegeld (1959), S. 51ff., will neben der Betriebsvereinbarung in der *Gesamtzusage* des Arbeitgebers einen weiteren kollektivrechtlichen Gestaltungsfaktor auf betrieblicher Ebene anerkennen; sie sei eine einseitige kollektivrechtliche Verpflichtungserklärung, a.a.O., S. 68ff. Die Annahme eines zusätzlichen kollektiven Gestaltungsfaktors auf betrieblicher Ebene ist aber weder mit den Grundsätzen des Betriebsverfassungsrechts noch mit den allgemeinen Rechtsgrundsätzen vereinbar, die das Arbeitsverhältnis beherrschen; vgl. dazu ausführlich *Richardi*, Kollektivgewalt, S. 302ff.

17 Dasselbe gilt für andere Erklärungsversuche der Bindungswirkung einer betrieblichen Übung — wie den von *Bötticher*, RdA 1953, 161 (162f.), nach dem der Arbeitgeber durch seine Erklärung oder durch sein Verhalten eine Norm setzt, an die er als Inhaber des Betriebs gebunden ist —, wie für den von *Hilger* (s. Fußn. 16), S. 68ff.; nach der die betriebliche Übung als durch schlüssiges Verhalten zustande gekommene einseitige kollektivrechtliche Verpflichtungserklärung Rechtswirkungen entfaltet — und wie für den Erklärungsversuch von *Nikisch*, Bd. I S. 263f., der die Verbindlichkeit der betrieblichen Übung auf eine darin liegende, durch schlüssiges Verhalten erfolgte Erklärung des Arbeitgebers zur Konkretisierung der ihm obliegenden Fürsorgepflicht zurückführt.

laßt, darauf zu vertrauen, daß der Gläubiger Ansprüche aus dem Rechtsverhältnis nicht mehr geltend machen wird, und dieses Vertrauen des Schuldners wird dadurch geschützt, daß dem gleichwohl geltend gemachten Anspruch des Gläubigers der von Amts wegen zu berücksichtigende Einwand der Verwirkung entgegensteht. Hier kann der Gläubiger darauf vertrauen, daß der Schuldner eben wegen seiner gleichbleibenden vorbehaltlosen Praxis auch in Zukunft diese Praxis beibehalten wird"[18].

Zurechnungsgrund ist also nicht die *Willenserklärung* als Mittel privatautonomer Gestaltung, sondern die *Vertrauenshaftung*. Entscheidend ist, ob es ein unzulässiges *venire contra factum proprium* darstellt, wenn der Arbeitgeber sich durch einseitige Erklärung von betriebsüblichen Leistungen lossagt. Der Grundsatz der Unzulässigkeit des *venire contra factum proprium* hat hier eine *rechtsbegründende* Funktion. In Parallele des aus dem gleichen Rechtsgedanken entwickelten Instituts der Verwirkung kann man von einer „Erwirkung" *(Hanau)* sprechen[19].

4. Im vorliegenden Fall ist zu berücksichtigen, daß Fiedler erst 1970 Mitglied des Orchesters wurde, also zu einem Zeitpunkt, als die Übung schon bestand. Einen Anspruch auf üblicherweise gewährte Leistungen haben jedoch, wie das BAG erkannt hat[20], nicht nur diejenigen Arbeitnehmer, die seit Einführung der betrieblichen Übungen in den Diensten des Arbeitgebers bzw. seiner Rechtsvorgänger gestanden haben, sondern auch diejenigen Arbeitnehmer, die erst zu einem späteren Zeitpunkt in das Orchester eingetreten sind. Dabei kann in vorliegendem Fall offenbleiben, ob die rechtliche Bindung an die betriebliche Übung bereits mit der Begründung des Arbeitsverhältnisses entsteht, weil auch ein neu eintretender Arbeitnehmer darauf vertraut und vertrauen kann, daß die allgemein im Betrieb herrschende Übung ihm gegenüber ebenfalls angewendet wird, oder ob sie erst dann anzuerkennen ist, wenn der Arbeitnehmer auf Grund der ihm erbrachten ständigen und vorbehaltlosen Gewährung einer Leistung damit rechnen kann, daß die Leistung auch in Zukunft fortgesetzt wird. Da Fiedler bereits seit 1970 dem Orchester angehört, erfüllt er die Voraussetzungen, die die strengeren Anforderungen an den Vertrauensschutz stellen, so daß er damit rechnen kann, daß die Leistungen ihm auch in Zukunft erbracht werden.

5. Fiedler könnte weiterhin geltend machen, daß er einen Anspruch auch auf Grund des *Gleichbehandlungsgrundsatzes* erworben hat.

a) Der Grundsatz der gleichmäßigen Behandlung der Arbeitnehmer im Betrieb gehört zu den wesentlichen Prinzipien des individuellen Arbeitsrechts[21]. Er verbietet überall dort, wo der Arbeitgeber nach bestimmten, von ihm selbst gesetzten Regeln verfährt, die willkürliche Schlechterstellung einzelner Arbeitnehmer. Die Rechtsgrundlage seiner Geltung ist umstritten; man begründet

18 BAGE 5, 44 (47).
19 *Hanau*, AcP Bd. 165, 220 (261); vgl. auch *Canaris* (s. Fußn. 15), S. 387 ff.
20 BAGE 5, 44 (47).
21 *Hueck-Nipperdey*, Bd. I S. 417 ff.; *Nikisch*, Bd. I S. 498 ff.; *Zöllner*, S. 146 ff.; grundlegend *G. Hueck*, Der Grundsatz der gleichmäßigen Behandlung im Privatrecht (1958).

die Pflicht zur Gleichbehandlung aus dem Bestehen eines Gemeinschaftsverhältnisses[22], aus dem Vollzug einer selbst gesetzten Norm des Arbeitgebers[23] oder aus der Machtposition des Arbeitgebers im Verhältnis zum einzelnen Arbeitnehmer[24]. Einigkeit besteht seit der grundlegenden Entscheidung des RAG — ARS 33, 172, insbes. 176f. — nur insoweit, als seine Geltung nicht von einer ausdrücklich oder stillschweigend getroffenen Vereinbarung abhängt.

b) Schon deshalb muß die Anwendung des Gleichbehandlungsgrundsatzes streng von der rechtlichen Bindung auf Grund betrieblicher Übung unterschieden werden[25]. Die betriebliche Übung ist eine gleichmäßige Behandlung *in der Zeit*, während der Gleichbehandlungsgrundsatz als Anspruchsgrundlage heranzuziehen ist, wenn es um das Problem der gleichmäßigen Behandlung *in der Person* geht[26]. Er wird gerade dann aktuell, wenn der Arbeitgeber Leistungen gewährt, ohne zu ihnen rechtlich verpflichtet zu sein, sei es auch nur auf Grund einer betrieblichen Übung. Nimmt er von einer solchen freiwilligen Leistung ohne sachlichen Grund einzelne Arbeitnehmer aus, so haben diese einen Rechtsanspruch auf die Leistung, die er den anderen Arbeitnehmern bereits gewährt hat.

c) Im vorliegenden Fall kann man einen Anspruch auf Grund des Gleichbehandlungsgrundsatzes nicht anerkennen[27]. Er wäre nur dann gegeben, wenn Fiedler anders als die übrigen Orchestermitglieder nicht die Zulage erhalten hätte. Hier aber ist er ebenfalls in ihren Genuß gekommen, und es geht lediglich um den „Zwang zur zeitlichen Fortsetzung zuvor geübten Verhaltens" *(Bötticher)*[28].

6. Ein weiteres Problem stellt sich mit der Frage, ob die rechtliche Verpflichtung aus der betrieblichen Übung nicht deshalb hinfällig geworden ist, weil die Zahlung der Zulage von der Aufsichtsbehörde beanstandet wurde. Da die Unterhaltung eines Theaters in den eigenen Wirkungskreis der Gemeinde fällt, erstreckt die Staatsaufsicht sich nur auf die Rechtmäßigkeit[29]. Die Beanstandung ist ein *Verwaltungsakt*[30]; er vermag unmittelbar Rechtswirkungen *nur* gegenüber der Stadt, *nicht* gegenüber Dritten zu entfalten[31]. Da ein gesetz-

---

22 So vor allem *G. Hueck* (s. Fußn. 21), S. 127ff., 169ff.

23 So vor allem *Bötticher*, RdA 1953, 161ff.

24 *Söllner*, S. 217; *Raiser*, JZ 1959, 421 (422).

25 *G. Hueck* (s. Fußn. 21), S. 72f.; *Seiter* (s. Fußn. 6), S. 105ff.

26 *Bötticher*, RdA 1953, 161.

27 Nicht zutreffend deshalb BAGE 5, 44 (48).

28 *Bötticher*, RdA 1953, 161 (163).

29 Vgl. z.B. Art. 83 Abs. 1, Abs. 4 Satz 2 Bayer. Verfassung.

30 BVerwGE 17, 87 (91); OVG Lüneburg, DVBl. 1964, 367; *Gönnenwein*, Gemeinderecht (1963), S. 180, 215.

31 Ebenso BAGE 5, 44 (50); bei der Stellungnahme des Rechnungshofs handelte es sich dort lediglich um einen internen Verwaltungsvorgang. Daß hier ein Verwaltungsakt vorliegt, erklärt sich aus dem geschützten Rechtskreis der Gemeinden im Verhältnis zum Staat, soweit es sich um Selbstverwaltungsangelegenheiten handelt; in Bayern stehen die Gemeinden dem Staat auch als selbständige Rechtsträger gegenüber, soweit sie im übertragenen Wirkungskreis staatliche Aufgaben wahrnehmen; vgl. Art. 120 Gemeindeordnung (*Mang-Maunz-Mayer-Obermayer*, Staats- und Verwaltungsrecht in Bayern, 4. Aufl. [1975], S. 218, 482f.).

liches Verbot im Sinne des § 134 BGB nicht besteht, kann die Beanstandung die vertraglichen Verpflichtungen der Stadt gegenüber ihren Arbeitnehmern nicht berühren.

Die Rechtslage könnte sich jedoch ändern, wenn man in der Mitteilung der Stadt an den Orchestervorstand vom 28. 5. 1982 eine *Kündigung der betrieblichen Übung* zu sehen hätte. Eine kollektive Kündigung der betrieblichen Übung wird vereinzelt zugelassen, vor allem, wenn man deren Rechtsverbindlichkeit auf einen besonderen kollektivrechtlichen Gestaltungsfaktor mit normativer Wirkung zurückführt[32]. Mit der Kündigung wäre die Rechtsquelle beseitigt, so daß diese nicht mehr auf den Inhalt des Arbeitsverhältnisses einwirken könnte. Spätestens an dieser Stelle zeigt sich, daß dieser Erklärungsversuch dogmatisch nicht brauchbar ist, weil er letztlich den Arbeitnehmer in seinem Vertrauen auf die Fortsetzung der bisherigen Handhabung nicht schützt. Eine Kollektivkündigung der betrieblichen Übung ist deshalb unzulässig.

Verankert man die Rechtsverbindlichkeit der betrieblichen Übung auf der Ebene des einzelnen Arbeitsverhältnisses, so handelt es sich um eine *Teilkündigung*[33]. Eine Teilkündigung ist aber, soweit der Arbeitsvertrag sie nicht vorsieht, unzulässig, weil die einzelnen Teile des Arbeitsvertrages nicht isoliert, sondern regelmäßig in einem inneren Zusammenhang stehen[34]. Das gilt auch im Hinblick auf die betriebliche Übung, wenn man die tatsächliche Handhabung wie eine rechtsgeschäftliche Regelung dem Arbeitgeber auf Grund des Vertrauensschutzes der Arbeitnehmer zurechnet.

7. Fiedler kann also verlangen, daß ihm auch in Zukunft die Zulage gewährt wird.

II. Der Anspruch des Pfeifer

1. Pfeifer kann einen Anspruch auf die Zulage nur deshalb erworben haben, weil sie bisher allen Orchestermitgliedern vom zehnten Monat ihrer Tätigkeit an gewährt wurde. Zu klären ist daher, welche rechtliche Bedeutung eine betriebliche Übung für *neu eingestellte Arbeitnehmer* hat. Anders als Fiedler war Pfeifer bisher noch nicht in den Genuß der Vergünstigung gekommen. Die betriebliche Übung bestand zwar bei seinem Eintritt in das Orchester. Bevor er die nach ihr vorausgesetzten Bedingungen erfüllte, um die Vergünstigung zu erhalten, hatte die Arbeitgeberin ihre bisherige Übung aber aufgegeben. Bei dieser Fallgestaltung kommt es also entscheidend darauf an, welcher Zeitpunkt für die rechtliche Bindung des Arbeitgebers maßgebend ist.

Vier Möglichkeiten bieten sich an: der Eintritt des Arbeitnehmers in den Betrieb, die Kenntniserlangung des Arbeitnehmers vom Bestehen der Übung im Betrieb, die Gewährung der Erstzuwendung oder eine mehrmalige Gewährung, so daß sich aus der betrieblichen Übung eine Individualübung gegen-

---

32 Vgl. vor allem *Denecke*, Anm. AP Nr. 2 zu § 242 BGB Betriebliche Übung.
33 BAGE 5, 44 (50).
34 Vgl. dazu *G. Hueck*, RdA 1968, 201 ff.

über dem Arbeitnehmer ergibt[35]. Das BAG stellt darauf ab, daß der neu eingestellte Arbeitnehmer im allgemeinen damit rechnen darf, die unter bestimmten Voraussetzungen gewährten Leistungen zu erhalten, sobald er die Voraussetzungen erfüllt[36]. Es begründet seine Auffassung mit der Überlegung, daß Vergünstigungen solcher Art sich in der Regel schnell herumsprechen und für den Entschluß, eine Arbeit anzunehmen und beizubehalten, eine erhebliche Rolle spielen. Aus demselben Gesichtspunkt hatte bereits das RAG in der Ausgangsentscheidung vom 15. 6. 1929 zur betrieblichen Übung den Anspruch auf eine Weihnachtsgratifikation anerkannt, obwohl der Arbeitnehmer bisher noch nicht in den Genuß dieser bisher üblicherweise freiwillig gewährten Leistung gekommen war[37].

2. Für *neu eingestellte Arbeitnehmer* kann deshalb der Geltungsgrund noch im *Arbeitsvertrag* erblickt werden[38]. Den Maßstab für die Vertragsauslegung gibt jedoch auch in diesem Fall die Vertrauenshaftung, wobei hier für die rechtliche Bewertung des Vertrauenstatbestands ausschlaggebend ist, daß der Arbeitgeber im Rahmen eines Arbeitsverhältnisses überall dort, wo er nach einer bestimmten Regel verfährt, zur Wahrung des Gleichbehandlungsgebots verpflichtet ist: Soweit Leistungen unter bestimmten Voraussetzungen im Betrieb allgemein gewährt werden, kann, nachdem das Arbeitsverhältnis begründet wurde, der Arbeitnehmer verlangen, so gestellt zu werden wie die anderen Arbeitnehmer in vergleichbarer Lage.

Zwar besteht, wie bereits betont wurde, zwischen der Bindung aus *betrieblicher Übung* und der Bindung nach dem *Gleichbehandlungsgrundsatz* ein Unterschied. Wenn aber bei neu eingestellten Arbeitnehmern nicht erst das Vertrauen darauf, daß übliche Leistungen auch in Zukunft fortgesetzt werden, sondern bereits das Vertrauen darauf geschützt ist, daß auch er in den Genuß der üblicherweise gewährten Vergünstigungen kommt, so wirkt hier der *Gleichbehandlungsgrundsatz* ein; erst seine Anerkennung bestimmt die rechtliche Relevanz des Vertrauenstatbestandes[39]. Will der Arbeitgeber eine rechtliche Bindung verhindern, so muß er die Geltung der betrieblichen Übung beim Abschluß des Arbeitsvertrags ausschließen. Der Gleichbehandlungsgrundsatz wird dadurch nicht verletzt, weil das Prinzip der Vertragsfreiheit Vorrang hat[40].

3. Soweit aus dem Arbeitsvertrag sich nicht Gegenteiliges ergibt, kann der Arbeitnehmer vom Zeitpunkt seiner Einstellung an darauf vertrauen, daß auch er die allgemein üblichen Leistungen erhalten wird, sobald er die Voraussetzungen erfüllt. Wesentlich ist jedoch, daß zu diesem Zeitpunkt der Ver-

---

35 *Seiter* (s. Fußn. 6), S. 102.

36 BAG AP Nr. 6 zu § 242 BGB Betriebliche Übung, Bl. 1 R; bestätigt in BAGE 23, 213 (222).

37 BenshS 6, 203 (204). Vgl. dazu, daß ein Rechtsanspruch entsteht, wenn eine Weihnachtsgratifikation in drei aufeinanderfolgenden Jahren vorbehaltlos gewährt wird: BAGE 2, 302 (304) = AP Nr. 3 zu § 611 BGB Gratifikation, Bl. 1 R; *Hueck-Nipperdey*, Bd. I S. 308; *Nikisch*, Bd. I S. 412 Fußn. 47.

38 So vor allem *Canaris* (s. Fußn. 15), S. 255f.

39 Vgl. auch BAGE 23, 213 (219).

40 *G. Hueck* (s. Fußn. 21), S. 252f.; *ders.*, Anm. AP Nr. 30 zu § 242 BGB Gleichbehandlung.

trauenstatbestand auch gegeben war. Daran bestehen im vorliegenden Fall Zweifel. Pfeifer war zunächst nur zur Aushilfe für die Dauer von längstens sechs Monaten eingestellt; er konnte also nicht damit rechnen, daß er vom zehnten Monat seiner Tätigkeit an die betriebliche Zulage erhalten würde. Die Parteien setzten zwar nach Ablauf der sechs Monate das Arbeitsverhältnis fort, aber erst am 21. 6. 1982 wurde Pfeifer endgültig als Orchestermitglied übernommen. Zu diesem Zeitpunkt hatte die Arbeitgeberin bereits ihre bisherige Praxis eingestellt. Man könnte deshalb zu dem Ergebnis kommen, daß Pfeifer nicht mehr damit rechnen konnte, in den Genuß der Vergünstigung zu kommen. Der neue Dienstvertrag enthält aber die Bestimmung, daß Pfeifer rückwirkend zum 21. 10. 1981 die Stellung eines ordentlichen Orchestermitglieds haben soll. Er soll demnach so gestellt werden, als wäre schon damals ein Arbeitsverhältnis auf unbestimmte Zeit begründet worden, so daß auch für die betriebsüblich gewährten Leistungen dieser Zeitpunkt maßgebend ist.

4. Pfeifer kann also verlangen, daß ihm vom zehnten Monat seiner Tätigkeit an die Zulage gezahlt wird.

III. Der Anspruch des Streicher

1. Man könnte auch hier an einen Anspruch aus betrieblicher Übung denken. Da Streicher bisher noch nicht die Vergünstigung erhalten hatte, ist Voraussetzung für eine rechtliche Bindung des Arbeitgebers, daß er bei seiner Einstellung damit rechnen durfte, die Zulage zu erhalten, sobald er die Voraussetzungen erfüllt. Es muß zu diesem Zeitpunkt die betriebliche Übung bestanden haben. Am 1. 7. 1982 war die Leistung der Zulagen aber bereits eingestellt, wobei es ausschließlich auf die tatsächliche Handhabung ankommt, nicht darauf, ob sie mit rechtsverbindlicher Wirkung für die bisher begünstigten Arbeitnehmer beseitigt war. Ein Vertrauenstatbestand war nicht gegeben, so daß es keiner besonderen Vereinbarung zwischen dem Arbeitgeber und dem Arbeitnehmer bedurfte, um die Geltung der betrieblichen Übung für neu begründete Arbeitsverhältnisse auszuschließen. Streicher konnte bei seiner Einstellung nicht darauf vertrauen, in den Genuß der Zulage zu kommen. Ein Anspruch aus betrieblicher Übung scheidet daher aus.

2. Streicher kann jedoch einen Rechtsanspruch auf die Zulage erworben haben, wenn der Arbeitgeber ihm gegenüber die Pflicht zur Gleichbehandlung verletzt hat. Grundlage der rechtlichen Bindung ist hier nicht ein Vertrauenstatbestand wie bei der Rechtsverbindlichkeit einer betrieblichen Übung, sondern Voraussetzung für die Anwendung des Gleichbehandlungsgrundsatzes ist allein, daß der Arbeitgeber im betrieblichen Bereich nach einer Regel verfährt, insbesondere also Leistungen unter bestimmten Voraussetzungen allgemein gewährt. Die Pflicht zur Gleichbehandlung wird nicht durch jede ungleiche Behandlung der Arbeitnehmer, sondern nur durch eine solche willkürlichen Charakters verletzt. Der Arbeitgeber darf Arbeitnehmer, die sich in einer vergleichbaren Lage befinden, nicht aus sachfremden Gründen unterschiedlich behandeln. Da eine Abweichung von der arbeitsrechtlichen Gleichbehandlung

zugunsten eines Arbeitnehmers zulässig ist, also nicht eine Besserstellung einzelner Arbeitnehmer ausgeschlossen wird, verbietet der Gleichbehandlungsgrundsatz nur „die willkürliche Schlechterstellung einzelner Arbeitnehmer aus sachfremden Gründen gegenüber anderen in vergleichbarer Lage befindlichen Arbeitnehmern"[41]. Streicher kann also keinen Anspruch daraus ableiten, daß einzelne Arbeitnehmer ihm gegenüber bevorzugt sind, sondern er kann ihn nur darauf stützen, daß er willkürlich von einer allgemeinen Regelung ausgeschlossen wurde und deshalb benachteiligt wird.

Voraussetzung für einen Anspruch auf die Zulage wegen Verletzung des Gleichbehandlungsgrundsatzes ist, daß Streicher sich in einer tatsächlich und rechtlich vergleichbaren Lage gegenüber den anderen Arbeitnehmern des Betriebs befindet und die Schlechterstellung auf einem willkürlichen Handeln des Arbeitgebers beruht, das auf unsachliche Gründe zurückzuführen ist. Diese Voraussetzungen sind nicht gegeben: Streicher befindet sich nicht in einer vergleichbaren Lage mit den Arbeitnehmern, deren Vertrauen auf die betriebliche Übung zu einer rechtlichen Bindung des Arbeitgebers geführt hat. Die Differenzierung ist auch nicht willkürlich, da es keine sachfremde Unterscheidung ist, wenn der Arbeitgeber die Übung generell für die Zukunft abbricht, so daß die bisher betriebsüblichen Leistungen nur noch diejenigen Arbeitnehmer erhalten, die bereits auf Grund der Vertrauensbindung einen Rechtsanspruch haben.

Streicher hat also nicht auf Grund des Gleichbehandlungsgrundsatzes einen Anspruch auf die Leistung der Zulage.

41 BAG AP Nr. 4 zu § 242 BGB Gleichbehandlung, Bl. 1 R.

Fall 3 **Arbeitsentgelt trotz Nichtleistung von Arbeit:**

1. Gehaltsfortzahlung im Krankheitsfall, bei einer Kur und während der Schonzeit — Arbeitsverhältnis als Austausch- und Gemeinschaftsverhältnis — Arbeiter und Angestellte — Verhältnis des § 616 BGB zu § 63 HGB und § 133c GewO — Anspruch bei wiederholter Arbeitsverhinderung

2. Betriebsrisikolehre — Arbeitspflicht und Übertragung anderer Arbeit — Streikarbeit — Risikoverteilung bei Arbeitskämpfen

Ausgangsfälle:

1. BAG vom 24. 2. 1961 — 1 AZR 165/59, BAGE 11, 12 = AP Nr. 22 zu § 63 HGB *(A. Hueck)* = SAE 1961, 233 *(Gotzen)* = AR-Blattei Krankheit des Arbeitnehmers Entsch. 43.

2. BAG vom 25. 7. 1957 — 1 AZR 194/56, AP Nr. 3 zu § 615 BGB Betriebsrisiko *(A. Hueck)* = SAE 1957, 181 *(Kauffmann)* = AuR 1958, 125 *(E. Frey)* = AR-Blattei Arbeitskampf II Entsch. 8 = DB 1957, 922. Leitentscheidungen zur Betriebsrisikolehre: BAG vom 8. 2. 1957 — 1 AZR 338/55, BAGE 3, 346 = AP Nr. 2 zu § 615 BGB Betriebsrisiko *(A. Hueck)* = SAE 1957, 169 *(Nikisch)* = AuR 1958, 119 *(E. Frey)* = AR-Blattei Arbeitskampf II Entsch. 7 *(Bulla)* = NJW 1957, 687; BAG vom 22. 12. 1980 — 1 ABR 2/79 und 1 ABR 76/79, BAGE 34, 331 und 355 = AP Nr. 70 und 71 zu Art. 9 GG Arbeitskampf *(Richardi)* = EzA § 615 BGB Betriebsrisiko Nr. 7 und 8 *(Ehmann/Schnauder)* = SAE 1981, 197 und 205 *(Konzen)* = AR-Blattei Arbeitskampf I Entsch. 18 und 19 *(Hanau)* = NJW 1981, 937 und 942 = BB 1981, 609 und 669 = DB 1981, 321 und 327.

Meisel war als Meister bei der Firma Weber & Co, einer Weberei, angestellt. Er gehörte dem Betriebsrat an und war als Warenkontrolleur tätig. Vom 9. 6. 1982 bis zum 14. 8. 1982 war er wegen einer Krankheit arbeitsunfähig. Am 15. 9. 1982 trat er eine von der Bundesversicherungsanstalt für Angestellte bewilligte Kur zur Aufrechterhaltung und Wiederherstellung seiner Gesundheit an; im Anschluß daran wurde ihm eine Schonzeit von 7 Tagen verordnet, in der er der Arbeit fernblieb.

Während seiner Kur war ein großer Teil der Belegschaft wegen Meinungsverschiedenheiten über die Erhöhung des Akkordlohns in den Streik getreten. Als Meisel sich am 13. 10. 1982 zur Arbeit meldete, forderte die Firma Weber & Co ihn auf, die Arbeit eines Webers am Webstuhl zu verrichten, da sie keine Möglichkeit habe, ihn anders als mit Streikarbeit zu beschäftigen. Meisel lehnte diese Arbeit ab. Er verlangte die Zahlung seines Gehalts vom 15. 9. 1982 an auch für die Zeit, in der er nicht gearbeitet hatte.

Wie ist die Rechtslage?

LÖSUNG

I. Der Anspruch auf Gehaltszahlung während der Kur und der Schonzeit

1. Der Arbeitsvertrag ist im System des BGB eine besondere Art des Dienstvertrages[1]. Der Pflicht des Arbeitnehmers zur Dienstleistung steht die Pflicht des Arbeitgebers zur Lohnzahlung gegenüber[2]. Der Arbeitsvertrag ist daher insoweit ein gegenseitiger Vertrag im Sinne der §§ 320ff. BGB[3]. Wird die Leistung infolge eines Umstandes unmöglich, der von keiner Seite zu vertreten ist, so entfällt nach § 323 Abs. 1 BGB die Pflicht zur Gegenleistung. Für das Arbeitsverhältnis folgt daraus als Grundsatz, daß der Arbeitnehmer seinen Lohnanspruch verliert, wenn er die Arbeitsleistung nicht erbringt. Arbeitsleistung und Vergütung stehen also in einem synallagmatischen Verhältnis; es gilt der Satz: ,,Ohne Arbeit kein Lohn''[4].

Dieser Grundsatz, der sich aus der Unterstellung des Arbeitsverhältnisses unter das allgemeine bürgerliche Recht ergibt, kennzeichnet das Arbeitsverhältnis als ein auf den Austausch von Arbeit und Lohn gerichtetes Schuldverhältnis. Er erfährt aber wesentliche Ausnahmen, soweit durch ihn dem Arbeitnehmer die Gefahr für zufällige Leistungshindernisse auferlegt wird. Im vorliegenden Fall wird man insbesondere an § 616 Abs. 1 BGB denken, nach dem der Arbeitnehmer des Anspruchs auf die Vergütung nicht dadurch verlustig wird, daß er für eine verhältnismäßig nicht erhebliche Zeit durch einen in seiner Person liegenden Grund ohne sein Verschulden an der Dienstleistung verhindert wird. Dieser Anspruch auf Fortzahlung des Lohns trotz Nichtleistung der Arbeit sprengt den Rahmen des Arbeitsverhältnisses als eines auf Austausch von Arbeit und Lohn gerichteten Schuldverhältnisses. Das BAG stellt fest, ,,daß gerade hier als maßgebendes Prinzip die personalrechtliche Struktur des Arbeitsverhältnisses zur Geltung kommt''[5]. Diese Begründung hängt auf das engste damit zusammen, daß das Arbeitsverhältnis bis vor kurzem überwiegend als *personenrechtliches Gemeinschaftsverhältnis* bezeichnet wurde[6]. Gegen diese Qualifizierung bestehen aber erhebliche rechtsdogmatische Bedenken; denn die Kennzeichnung als personenrechtliches Gemeinschaftsverhältnis ist so wenig eindeutig auf bestimmte Rechtsfolgen bezogen, daß sich allein daraus nichts über die Anwendbarkeit bestimmter Rechtssätze ergibt[7]. Völlig unklar ist insbesondere die Abgrenzung zu den schuldrechtlichen Elementen des Arbeitsverhältnisses. Da die Kennzeichnung des Arbeitsverhältnisses als eines personenrechtlichen Gemeinschaftsverhältnisses sich im Schrifttum während der dreißiger Jahre durchgesetzt hat, steht der Begriff außerdem unter dem Verdacht, als Begründungsformel für eine extreme Gemeinschaftsideologie bei der rechtlichen Ausgestal-

1 *Hueck-Nipperdey*, Bd. I S. 133; *Nikisch*, Bd. I S. 161 f.; *Söllner*, AcP Bd. 167, 132 (136).

2 Anders *Nikisch*, Bd. I S. 325 f., S. 610 f.

3 BAGE 8, 285 (297) = AP Nr. 21 zu § 616 BGB, Bl. 6 R; *Hueck-Nipperdey*, Bd. I S. 133; *Nikisch*, Bd. I S. 161; *Söllner*, S. 218; *Zöllner*, S. 104.

4 BAGE 8, 285 (296) = AP Nr. 21 zu § 616 BGB, Bl. 6 R; *Hueck-Nipperdey*, Bd. I S. 324; ausführlich *Söllner*, AcP Bd. 167, 132 ff.

5 BAGE 8, 285 (297) = AP Nr. 21 zu § 616 BGB, Bl. 6 R.

6 *Hueck-Nipperdey*, Bd. I S. 129; *Nikisch*, Bd. I S. 169; vgl. auch *Wiedemann*, Das Arbeitsverhältnis als Austausch- und Gemeinschaftsverhältnis (1966).

7 Das betont vor allem auch *A. Hueck* für den Begriff des personenrechtlichen Rechtsverhältnisses; vgl. *Hueck-Nipperdey*, Bd. I S. 130 Fußn. 9a.

tung des Arbeitsverhältnisses zu dienen[8]. Andererseits wirkt es zu dürr und wird weder der Tatsache gerecht, daß das Arbeitsverhältnis durch die Eingliederung der Person des Arbeitnehmers in die vom Arbeitgeber organisierte Arbeitsleistung geprägt wird, noch entspricht es der Entfaltung des sozialen Gedankens im Arbeitsrecht, wenn man sich darauf beschränkt, das Arbeitsverhältnis als ein *Dauerschuldverhältnis* zu bezeichnen[9].

Für die Rechtsnatur des Arbeitsverhältnisses ist vielmehr maßgebend, daß die Verwirklichung sozialer Gedanken Rechtsbeziehungen zwischen dem Arbeitgeber und Arbeitnehmer geschaffen hat, die das Arbeitsverhältnis nicht lediglich als schuldrechtliches Austauschverhältnis erscheinen lassen, sondern im Treue- und Fürsorgegedanken ihre Grundlage haben[10]. Durch sie wird bei Störungen im Leistungsvollzug des Arbeitsverhältnisses die für den gegenseitigen Vertrag maßgebliche Risikoverteilung durchbrochen.

2. Meisel hat seine Arbeitsleistung nicht erbringen können, weil er sich einer Kur unterzog. Anspruch auf Lohn für diese Zeit würde nach dem Satz „Ohne Arbeit kein Lohn" entfallen. Er kann also nur auf Grund einer Bestimmung gegeben sein, die die *sozialen Pflichten* des Arbeitgebers konkretisiert.

a) Auszugehen ist von § 616 Abs. 1 BGB. Gerade für die Arbeitsverhinderung durch *Krankheit* ist diese Grundregel aber durch Sondervorschriften verdrängt, soweit deren Anwendungsbereich geht. Seit den Notverordnungen des Reichspräsidenten zur Sicherung von Wirtschaft und Finanzen vom 1. 12. 1930 (RGBl. I S. 517) und 5. 6. 1931 (RGBl. I S. 279) besteht für den Anspruch auf Lohnfortzahlung im Krankheitsfall ein grundsätzlicher Unterschied zwischen *Angestellten* und *Arbeitern*. Angestellte haben seit dem 3. 12. 1930 für den Fall unverschuldeter Krankheit auch bei Dienstverhinderung von erheblicher Dauer einen unabdingbaren Anspruch auf die Weiterzahlung ihres Gehalts für die Dauer von sechs Wochen[11]. Für Arbeiter blieb es zunächst bei der dispositiven Regelung des § 616 Abs. 1 BGB; erst durch das Gesetz zur Verbesserung der wirtschaftlichen Sicherung der Arbeiter im Krankheitsfalle vom 26. 6. 1957 / 12. 7. 1961 (BGBl. 1961 I S. 913) erhielten sie vom Arbeitgeber einen Zuschuß zu dem von der Sozialversicherung gewährten Krankengeld für die Dauer von sechs Wochen, so daß sie insgesamt auf Grund des Krankengeldes und des Arbeitgeberzuschusses ihren Nettoarbeitsverdienst erreichten. Durch das Gesetz über die Fortzahlung des Arbeitsentgelts im Krankheitsfalle (Lohnfortzahlungsgesetz) vom 27. 7. 1969 (BGBl. I S. 946), in Kraft seit dem 1. 1. 1970, ist die Rechtsstellung der Arbeiter im Krankheitsfall an die der Angestellten angeglichen worden. Dennoch gilt auch heute noch

---

8 *Radke*, AuR 1965, 302 (305 ff.); *Ramm*, Kritische Justiz 1968, 108 (119); *Schnorr v. Carolsfeld*, RdA 1969, 238; vgl. dazu auch *Rüthers*, Die unbegrenzte Auslegung (1968), S. 382, 390; *Schwerdtner*, Fürsorgetheorie und Entgelttheorie im Recht der Arbeitsbedingungen (1970), S. 22 ff.; *E. Wolf*, Das Arbeitsverhältnis — Personenrechtliches Gemeinschaftsverhältnis? (1970).

9 So z. B. *Söllner*, S. 206.

10 Vgl. dazu den Bericht über Entwicklungstendenzen der Treue- und Fürsorgepflicht von *Richardi*, in: *Tomandl*, Treue- und Fürsorgepflicht im Arbeitsrecht (1975), S. 41 ff.

11 Ausführlich unterrichtet über die Entwicklung BAGE 8, 314 (326 ff.) = AP Nr. 22 zu § 616 BGB, Bl. 6 R ff.; vgl. auch BAGE 15, 121 (124 f.) = AP Nr. 25 zu § 133 c GewO, Bl. 2 und R.

verschiedenes Recht für Arbeiter und für Angestellte[12]. Vor allem bei den Angestellten ist nach der beruflichen Gliederung eine unterschiedliche Rechtsgrundlage in den §§ 63 HGB, 133c GewO und 616 BGB gegeben, die auch inhaltlich leicht differieren. Deshalb muß zur Auffindung der hier maßgeblichen Bestimmung zunächst festgestellt werden, ob Meisel Angestellter oder Arbeiter ist.

b) Der Unterschied zwischen Angestellten und Arbeitern ist historisch bedingt. Er ist soziologisch noch außerordentlich wirksam, obwohl er unter normativem Aspekt fragwürdig ist. Die Überlegung, daß der Angestellte überwiegend geistige Arbeit, der Arbeiter überwiegend körperliche Arbeit leistet, ist als juristisches Kriterium wenig brauchbar; vor allem verzeichnet sie die Bedeutung der Abgrenzung für das Arbeitsrecht. Man muß vielmehr die historische Entwicklung berücksichtigen. Die Anfänge der Gruppenbildung liegen im 19. Jahrhundert. Handlungsgehilfen und später auch Personen, die einen technischen Arbeitsvorgang leiteten oder beaufsichtigten oder die mit höheren technischen Dienstleistungen betraut waren, hatten im Verhältnis zu den Fabrikarbeitern eine bevorzugte Rechtsstellung. Sie erhielten als Vergütung ein Monatsgehalt, und die gesetzliche Regelung in §§ 59ff. HGB für Handlungsgehilfen und §§ 133aff. GewO für Betriebsbeamte, Werkmeister und Techniker enthielt für sie erheblich längere Kündigungsfristen und eine günstigere Regelung für die Gehaltsfortzahlung im Krankheitsfall. Ein einheitlicher Begriff des *Angestellten* wurde aber erst ausgebildet, als durch das Angestelltenversicherungsgesetz vom 20. 12. 1911 eine besondere Rentenversicherung für diesen Personenkreis geschaffen wurde. Er ist auch für das Arbeitsrecht maßgebend, soweit es diese Gruppenbildung berücksichtigt. Da Arbeiter ist, wer nicht zur Gruppe der Angestellten gehört, ist also für die Unterscheidung allein maßgebend, wer Angestellter ist: *Arbeiter ist, wer nicht Angestellter ist*[13].

Für den Angestelltenbegriff wird regelmäßig das *Angestelltenversicherungsgesetz* zugrunde gelegt. Aber auch dort fehlt eine Begriffsbestimmung; sie wird vielmehr vorausgesetzt und in § 3 AVG lediglich durch eine beispielhafte Aufzählung bestimmter Berufsgruppen erläutert[14]. Meisel gehört als Meister und Warenkontrolleur nach § 3 Abs. 1 Nr. 1 AVG zu den Angestellten. Für einen Anspruch auf Gehaltsfortzahlung während der Kur kommt deshalb als Rechtsgrundlage entweder § 63 HGB, § 133c GewO oder § 616 BGB in Betracht. § 63 HGB gilt für Handlungsgehilfen, § 133c GewO für technische Angestellte, die in einem Gewerbeunternehmen beschäftigt sind, und § 616 BGB für sonstige Angestellte. Der Unterschied zwischen den Bestimmungen

---

12 Für Arbeitnehmer, die in einem *Berufsausbildungsverhältnis* stehen, gilt § 12 Abs. 1 lit. b und c des Berufsbildungsgesetzes vom 14. 8. 1969 (BGBl. I S. 1112).

13 *Hueck-Nipperdey*, Bd. I S. 70.

14 Eine Ergänzung, die ebenfalls nicht erschöpfend ist, enthält das durch eine Rechtsverordnung des Reichsarbeitsministers erlassene Berufsgruppenverzeichnis vom 8. 3. 1924 (RGBl. I S. 274), abgeändert durch Rechtsverordnungen vom 4. 2. und 15. 7. 1927 (RGBl. I S. 58 und 222).

ist nicht erheblich, kann aber im Einzelfall zu anderen Entscheidungen führen[15].

3. Den weitestgehenden Anspruch gewährt § 63 HGB. Voraussetzung für seine Anwendung ist, daß es sich um einen *Handlungsgehilfen* handelt. Handlungsgehilfe ist nach der Legaldefinition in § 59 HGB, wer in einem Handelsgewerbe zur Leistung kaufmännischer Dienste gegen Entgelt angestellt ist. Meisel ist zwar in einem Handelsgewerbe angestellt, da die Firma Weber & Co nach § 1 Abs. 2 Nr. 1 HGB Kaufmann ist. Da er aber keine kaufmännischen Dienste verrichtet, ist er *nicht* Handlungsgehilfe. Als Anspruchsgrundlage kommt deshalb nur § 133c GewO in Betracht. Nach dem Wortlaut dieser Bestimmung behält der Angestellte bei einer Verhinderung durch *unverschuldetes Unglück* seinen Anspruch auf die vertragsmäßigen Leistungen des Arbeitgebers bis zur Dauer von sechs Wochen auch dann, wenn das Dienstverhältnis aus Anlaß dieser Verhinderung von dem Arbeitgeber gekündigt worden ist. Es war jedoch schon zu dem Vorläufer dieser Regelung, dem § 133c Abs. 2 a.F. GewO, in Rechtsprechung und Schrifttum allgemein anerkannt, daß, wenn der Anspruch sogar bei Auflösung des Arbeitsverhältnisses besteht, er erst recht bei Fortsetzung des Arbeitsverhältnisses gegeben sein muß[16].

Hinsichtlich der tatbestandlichen Voraussetzung ist die Rechtslage keine andere als die der Handlungsgehilfen nach § 63 HGB.

a) Der Angestellte muß durch unverschuldetes *Unglück* an der Verrichtung seiner Dienste verhindert sein. Als Unglück kommt vor allem eine Krankheit in Betracht[17]. Eine Heilbehandlung kann man dagegen nicht als Unglück be-

---

15 Folgende Unterschiede sind zu beachten:

1. § 63 HGB und § 133c GewO lassen genügen, daß der Angestellte durch *unverschuldetes Unglück* an der Leistung seiner Dienste verhindert wird, während in § 616 Abs. 2 BGB der Anspruch des Angestellten auf Fortzahlung seines Arbeitsentgelts nur im *Krankheitsfall* für die Dauer von sechs Wochen zwingend festgelegt ist.
2. Bei § 133c GewO und § 616 BGB, nicht dagegen bei § 63 HGB ist der Angestellte verpflichtet, sich den Betrag anrechnen zu lassen, welcher ihm für die Zeit der Verhinderung aus einer auf Grund gesetzlicher Verpflichtung bestehenden Kranken- oder Unfallversicherung zukommt. Da jedoch nach § 189 RVO der Anspruch auf Kranken- und Hausgeld bei Fortzahlung des Arbeitsentgelts ruht, hat das nur noch praktische Bedeutung, wenn die Krankenkasse Krankenhauspflege gewährt.
3. § 63 HGB und § 133c GewO können auch nicht durch Tarifvertrag zum Nachteil der Angestellten abgeändert werden, während § 616 Abs. 2 BGB zuläßt, daß durch Tarifvertrag eine andere Dauer als die Zeit von sechs Wochen bestimmt wird.

16 BAGE 11, 12 (13 f.); 15, 121 (122) = AP Nr. 25 zu § 133c GewO, Bl. 1 R; BAGE 20, 90 (91 f.) = AP Nr. 27 zu § 133c GewO, Bl. 1 R; *Hueck-Nipperdey*, Bd. I S. 344 Fußn. 95; *Nikisch*, Bd. I S. 623; *Staudinger-Nipperdey-Neumann*, BGB, Bd. II/3, 11. Aufl. (1958), § 616 RdNr. 81.

17 BAGE 3, 37 (38) = AP Nr. 2 zu § 63 HGB, Bl. 1 R; *Hueck-Nipperdey*, Bd. I S. 344; *Nikisch*, Bd. I S. 624. Unglück sind weiterhin Krankheit oder Tod naher Angehöriger, vor allem aber der Sportunfall (BAGE 5, 307 = AP Nr. 5 zu § 63 HGB); nicht dagegen die Schwangerschaft (RAGE 11, 306 [307] = ARS 42, 389 [393]; *Hueck-Nipperdey*, Bd. I S. 342; *Nikisch*, Bd. I S. 624; *Staudinger-Nipperdey-Neumann* [s. Fußn. 16], § 616 RdNr. 76), anders nur Schwangerschaftsbeschwerden, die über das übliche Maß hinausgehen und dadurch die Arbeitsfähigkeit beeinträchtigen (*Hueck-Nipperdey*, Bd. I S. 343 Fußn. 90).
Das Unglück muß *unverschuldet* sein. Das ist bei einem Sportunfall zu bejahen, sofern das Verhalten des Arbeitnehmers nicht die Regeln eines seiner Leistungsfähigkeit entsprechenden

zeichnen. Dennoch hat das BAG entschieden, daß eine von der Bundesversicherungsanstalt für Angestellte bewilligte Kur auch dann unter § 133c GewO (§ 63 HGB, § 616 BGB) fällt, wenn der Angestellte nicht arbeitsunfähig ist[18]. Für den Begriff des Unglücks genügt ein Ereignis, das für den Angestellten ein Leid oder Mißgeschick bedeutet[19]. Es liegt hier im regelwidrigen Körperzustand des Arbeitnehmers, der für die Bewilligung des Heilverfahrens Anlaß und unmittelbare Grundursache war. Nach § 13 AVG kann nämlich ein Heilverfahren nur dann bewilligt werden, wenn „die Erwerbsfähigkeit eines Versicherten infolge von Krankheit oder anderen Gebrechen oder Schwäche seiner körperlichen oder geistigen Kräfte gefährdet oder gemindert ist und die Erwerbsfähigkeit voraussichtlich erhalten, wesentlich gebessert oder wiederhergestellt werden kann". Liegen diese Voraussetzungen vor, so braucht, wie das BAG entschieden hat, die Kur nicht von der Bundesversicherungsanstalt für Angestellte gewährt zu sein, sondern sie kann auch auf Veranlassung anderer Stellen, wie z.B. des Gesundheitsamtes oder auch des Privatarztes, durchgeführt werden[20]. Reine Erholungsbedürftigkeit genügt dagegen nicht; das folgt einmal aus dem Begriff des Unglücks, zum anderen aus der Einrichtung des Erholungsurlaubs, „der seinem Sinn und Zweck nach darauf gerichtet ist, dem bei jedem Arbeitnehmer nach der Berufsarbeit eines Urlaubsjahres bestehenden Erholungsbedürfnis des Arbeitnehmers zu dienen"[21].

b) Voraussetzung für den Anspruch ist weiterhin, daß gerade durch das unverschuldete Unglück der Arbeitnehmer an der Dienstleistung *verhindert* ist. Ob das der Fall ist, kann zweifelhaft erscheinen, wenn der Arbeitnehmer eine Kur antritt. Eine Dienstverhinderung liegt jedoch nicht erst dann vor, wenn die Arbeitsleistung unmöglich ist, sondern sie ist bereits gegeben, „wenn dem Arbeitnehmer die Leistung der Dienste nach Treu und Glauben nicht zuzumuten ist, wenn er also ein Recht zur Nichtleistung der Arbeit wegen entgegenstehender berechtigter gewichtiger Eigeninteressen hat"[22]. Während der Arbeiter nach § 1 LohnFG den Anspruch auf Lohnfortzahlung nur bei *Arbeitsunfähigkeit* infolge Krankheit hat, verlangen § 63 HGB, § 133c GewO und § 616 BGB für den Anspruch des Angestellten auf Gehaltsfortzahlung *nicht*, daß der Angestellte durch das Unglück oder die Krankheit *arbeitsunfähig* geworden ist. Es reicht vielmehr aus, daß ihm die Arbeitsleistung nicht *zugemutet* werden kann, wenn ihm eine Kur zur Erhaltung, wesentlichen Besse-

---

vernünftigen Sportbetriebs verletzt (BAGE 5, 307 [309] = AP Nr. 5 zu § 63 HGB, Bl. 1 R; vgl. auch BAG AP Nr. 18, Nr. 39 und Nr. 42 zu § 1 LohnFG). Die Arbeitsunfähigkeit nach einem mißglückten Selbstmordversuch beruht regelmäßig ebenfalls nicht auf einem Verschulden, da die freie Willensbestimmung bei Selbstmordhandlungen, wenn nicht ausgeschlossen, so doch in der Regel zumindest erheblich gemindert ist (so BAGE 31, 331 = AP Nr. 44 zu § 1 LohnFG unter Aufgabe von BAGE 24, 472 = AP Nr. 25 zu § 1 LohnFG und BAG AP Nr. 34 zu § 31 LohnFG). Ein Verschulden nimmt dagegen das BAG bei einer durch Trunk- oder Drogensucht hervorgerufenen Erkrankung an (BAGE 24, 477 = AP Nr. 26 zu § 1 LohnFG).

18 BAGE 10, 183 = AP Nr. 21 zu § 63 HGB; BAGE 11, 12 = AP Nr. 22 zu § 63 HGB; BAGE 15, 121 = AP Nr. 25 zu § 133c GewO.

19 BAGE 10, 183 (184) = AP Nr. 21 zu § 63 HGB, Bl. 1 R.

20 BAGE 11, 64 (68) = AP Nr. 23 zu § 63 HGB, Bl. 3.

21 BAGE 11, 64 (69) = AP Nr. 23 zu § 63 HGB, Bl. 4.

22 BAGE 11, 12 (16).

rung oder Wiederherstellung seiner bereits gefährdeten Erwerbsfähigkeit bewilligt wird[23].

Ein Arbeiter hatte demgegenüber nach dem Arbeiterkrankheitsgesetz während der Kur einen Anspruch auf den Krankengeldzuschuß nur dann, wenn er gleichzeitig infolge Krankheit arbeitsunfähig war[24]. Diese Unterschiedlichkeit ist durch § 7 LohnFG für den Fall beseitigt, daß ein Träger der Sozialversicherung, eine Verwaltungsbehörde der Kriegsopferversorgung oder ein sonstiger Sozialleistungsträger eine Vorbeugungs-, Heil- oder Genesungskur bewilligt. Nach wie vor hat ein Arbeiter aber während der einer Kur sich anschließenden ärztlich verordneten Schonzeit den Anspruch auf Fortzahlung des Arbeitsentgelts nur, soweit er arbeitsunfähig ist, § 7 Abs. 4 LohnFG. Für den Anspruch des Angestellten ist das dagegen nicht Voraussetzung; er hat ihn also auch während der *Schonzeit*, weil ohne sie der Zweck der Kur gefährdet werden kann[25].

c) Die Pflicht des Arbeitgebers zur Weitergewährung der Bezüge ist in § 133c GewO wie auch in § 63 HGB und § 616 Abs. 2 BGB auf die Dauer von sechs Wochen beschränkt. Im vorliegenden Fall stellt sich daher die Frage, ob Meisel es sich anrechnen lassen muß, daß er bereits vom 9. 6. 1982 bis zum 14. 8. 1982 wegen einer Krankheit arbeitsunfähig war. Der Anspruch auf Gehaltsfortzahlung nach § 133c GewO ist auch bei wiederholter Arbeitsverhinderung gegeben, wenn diese durch ein neues unverschuldetes Unglück des Arbeitnehmers eintritt[26]. Lediglich wenn es ihn während einer noch bestehenden Arbeitsverhinderung auf Grund eines früheren Unglücks trifft, entsteht kein Anspruch auf Zahlung für eine weitere Sechswochenfrist, da eine erneute *Arbeitsverhinderung* nicht eintritt, so daß bei entsprechender Dauer der durch das frühere und das neue Unglück bewirkten Arbeitsverhinderung nur die Sechswochenfrist ausgeschöpft werden kann[27]. Hier hatte aber Meisel seine Arbeit bereits wiederaufgenommen, als er die Kur antrat.

Der Anspruch auf Gehaltsfortzahlung entsteht nur, wenn die wiederholte Arbeitsverhinderung auf einem *neuen* unverschuldeten Unglück beruht. Das wird man hier bejahen, wenn die Kur nicht wegen der erlittenen Krankheit bewilligt wurde. Soll sie dagegen deren Überwindung ermöglichen, so besteht die gleiche Rechtslage wie bei wiederholten Erkrankungen, die auf dasselbe Grundleiden zurückzuführen sind. Ein neues unverschuldetes Unglück ist nicht nur dann anzunehmen, wie das BAG zu § 63 HGB erkannt hat,

> „wenn das Grundleiden, auf das die einzelnen Krankheitsfälle zurückzuführen sind, im medizinischen Sinne völlig ausgeheilt ist und nunmehr eine medizinisch neue Erkrankung eintritt. Vielmehr liegt auch dann ein neues Unglück vor, wenn das Grundleiden zwar vom medizinischen Standpunkt aus nicht völlig ausgeheilt, praktisch eine Ausheilung der Krankheit aber doch deshalb anzunehmen

23 BAGE 11, 12 (16).
24 BAGE AP Nr. 15, 16 und 17 zu § 1 ArbKrankhG.
25 BAGE 15, 121 (123) = AP Nr. 25 zu § 133c GewO, Bl. 1 R.
26 BAGE 20, 90 (93f.) = AP Nr. 27 zu § 133c GewO, Bl. 2; für § 63 HGB vgl. BAGE 3, 37 (38) = AP Nr. 2 zu § 63 HGB, Bl. 1.
27 BAGE 20, 90 (94) = AP Nr. 27 zu § 133c GewO, Bl. 2.

ist, weil der Handlungsgehilfe zwischen den beiden Erkrankungen im Sinne des Arbeitslebens längere Zeit voll arbeitsfähig war"[28].

Meisel hatte jedoch seine Arbeit nur für einen Monat wiederaufgenommen. Wenn ihm die Kur wegen seiner Krankheit bewilligt wurde, kann die Arbeitsverhinderung nicht auf ein neues Unglück zurückgeführt werden. In diesem Fall könnte Meisel also sein Gehalt während der Kur und der ihm verordneten Schonzeit nicht verlangen.

4. Zu keinem anderen Ergebnis kommt man, wenn man die Rechtsgrundlage für den Anspruch Meisels in § 616 BGB sieht. Diese Bestimmung wird durch die Sondervorschriften des HGB und der GewO, die das Vorliegen eines Unglücks voraussetzen, lediglich ergänzt und erweitert, *nicht* aber ausgeschlossen[29]. Soweit also diese Sondervorschriften für die von ihnen erfaßten Arbeitnehmer nicht gelten, kommt § 616 BGB zur Anwendung.

Nach § 616 Abs. 1 BGB wird der Arbeitnehmer seines Anspruchs auf die Vergütung nicht dadurch verlustig, daß er für eine verhältnismäßig nicht erhebliche Zeit durch einen in seiner Person liegenden Grund ohne sein Verschulden an der Dienstleistung verhindert wird. Diese Vorschrift des § 616 Abs. 1 BGB wird durch § 616 Abs. 2 BGB dahin ergänzt, daß der Anspruch eines *Angestellten* auf Vergütung für den *Krankheitsfall* nicht durch Vertrag ausgeschlossen und beschränkt werden kann, wobei als verhältnismäßig nicht erheblich eine Zeit von sechs Wochen gilt, wenn nicht durch Tarifvertrag eine andere Dauer bestimmt ist. Nach dem Wortlaut dieser Bestimmung, der an die Regelung des § 616 Abs. 1 BGB anknüpft, soll der Anspruch auf Fortzahlung der Vergütung nur bestehen, wenn die Arbeitsverhinderung nicht mehr als sechs Wochen dauert. Nach der Entstehungsgeschichte des § 616 Abs. 2 BGB und der ähnlichen Regelung in § 63 HGB und § 133c GewO sollen aber, wie der Große Senat des BAG ausführlich begründet hat[30], alle Angestellten für den Fall unverschuldeter Krankheit auch bei einer Dienstverhinderung von *erheblicher Dauer* die Fortzahlung ihres Gehalts für die ersten sechs Wochen verlangen können.

Für die Bewilligung der Kur und der anschließenden Schonzeit war ein regelwidriger Körperzustand Anlaß und Ursache, so daß die Arbeitsverhinderung auf einen Krankheitsfall zurückgeführt werden kann[31]. Auch der Begriff der Dienstverhinderung ist in § 616 BGB ebenso zu bestimmen wie in § 63 HGB und § 133c GewO. Es kommt nicht darauf an, daß der Arbeitnehmer arbeitsunfähig ist, so daß ihm die Arbeitsleistung unmöglich wird, sondern es reicht aus, daß sie ihm nach Treu und Glauben nicht zuzumuten ist.

Für den in § 616 Abs. 2 BGB zwingend festgelegten Anspruch auf Gehaltsfortzahlung für die Dauer von sechs Wochen gilt dasselbe wie für den An-

---

28 BAGE 3, 37 (38f.) = AP Nr. 2 zu § 63 HGB, Bl. 1 R; vgl. auch BAGE 9, 283 (287ff.) = AP Nr. 23 zu § 1 ArbKrankhG, Bl. 2 Rff. Eine gesetzliche Regelung des Problems findet sich für Arbeiter nunmehr im § 1 Abs. 1 Satz 2 LohnFG, einer höchst unglücklich formulierten, sprachlich kaum verständlichen Bestimmung.

29 *Hueck-Nipperdey*, Bd. I S. 342.

30 BAGE 8, 314 (326ff.) = AP Nr. 22 zu § 616 BGB, Bl. 7ff.; vgl. auch *Isele*, JuS 1961, 87ff.

31 Vgl. auch BAGE 11, 12 (17f.).

spruch aus § 133c GewO. Er ist nur begründet, wenn die durch die Kur bedingte Arbeitsverhinderung auf einer *neuen* Erkrankung beruht. Anderenfalls entfällt insoweit der Anspruch auch nach § 616 BGB. Er könnte dann nur noch aus dem rechtlichen Gesichtspunkt gegeben sein, daß es sich insgesamt um eine Arbeitsverhinderung „für eine verhältnismäßig nicht erhebliche Zeit" *im Sinne des § 616 Abs. 1 BGB* handelt. Diese Regelung, die auch nur dispositiven Charakter hat, wird aber nur in ganz seltenen Ausnahmefällen eingreifen, wenn die Arbeitsverhinderung insgesamt länger als sechs Wochen andauert.

II. Der Anspruch auf Gehaltszahlung während des Streiks

1. Der Arbeitnehmer hat wegen der gegenseitigen Abhängigkeit von Leistung und Gegenleistung einen Anspruch auf Lohn grundsätzlich nur, wenn er arbeitet. Meisel konnte als Warenkontrolleur seine Arbeitsleistung aber nicht erbringen, weil die Firma Weber & Co bestreikt wurde. Er hätte aber als Weber beschäftigt werden können. Deshalb stellt sich die Frage, ob er die Arbeitsunmöglichkeit zu vertreten hat, weil er es abgelehnt hat, die Arbeit am Webstuhl zu übernehmen.

Meisel hätte die Nichtleistung der Arbeit zu vertreten, wenn er auf Grund des Arbeitsverhältnisses verpflichtet ist, die ihm gebotene Arbeit zu übernehmen. Der Arbeitnehmer ist nach § 611 BGB nur zur Leistung der „versprochenen Dienste" verpflichtet. Das Wesen des Arbeitsverhältnisses wird aber gerade dadurch geprägt, daß der Arbeitnehmer seine Arbeit in einer persönlichen Abhängigkeit vom Arbeitgeber erbringt; er leistet *fremdbestimmte Arbeit*. Deshalb kann der Arbeitgeber im Rahmen der durch Kollektivvertrag oder Einzelvertrag gezogenen Grenzen die Arbeitspflicht durch Weisungen konkretisieren. Welche Arbeit ein Arbeitnehmer auf Verlangen des Arbeitgebers verrichten muß, hängt von der Verkehrssitte ab; andere Arbeiten braucht er nicht zu übernehmen. Man wird sagen können, daß einem Meister regelmäßig nicht die Tätigkeit eines Arbeiters, einem Warenkontrolleur in einer Weberei regelmäßig nicht die Arbeit eines Webers am Webstuhl zugemutet werden kann. Etwas anderes gilt nur dann, wenn eine *besondere Notlage* vorliegt. Die Treuepflicht des Arbeitnehmers verlangt von ihm, daß er dann auch Arbeiten übernimmt, die er sonst nicht zu verrichten braucht[32]. Eine derartige Notlage ist für den Arbeitgeber stets gegeben, wenn er bestreikt wird.

---

32 So die traditionelle rechtsdogmatische Begründung von *A. Hueck* bei *Hueck-Nipperdey*, Bd. I S. 200. In der neueren Literatur wird dagegen vielfach darauf verzichtet, neben der Arbeitspflicht eine besondere Treuepflicht des Arbeitnehmers anzuerkennen; vgl. *Söllner*, S. 212; *Hanau/Adomeit*, S. 137. In der Tat kann man auf die Begründung aus der Treuepflicht verzichten, wenn man erkennt, daß der Arbeitnehmer mit seiner Arbeitsleistung im Rahmen der arbeitsteiligen Organisation einen Beitrag zum Betriebserfolg zu erbringen verpflichtet ist. Diese rechtsdogmatische Einordnung darf aber nicht zur Folge haben, daß die Arbeitspflicht zu einer Dienstpflicht ausgeweitet wird, deren Inhalt der Arbeitgeber nach billigem Ermessen bestimmen kann, um den Betriebserfolg zu sichern; vgl. dazu auch *Richardi*, in: *Tomandl*, Treue- und Fürsorgepflicht im Arbeitsrecht, 1975, S. 41 (64ff.).

Dennoch stellt sich die Frage, ob ein arbeitswilliger Arbeitnehmer verpflichtet ist, *Streikarbeit* zu leisten. Dabei wird zwischen direkter und indirekter Streikarbeit unterschieden[33]. Unter indirekter Streikarbeit versteht man die Fortsetzung der bisherigen Arbeit. Zu ihr bleibt der Arbeitnehmer verpflichtet, da ihre Einstellung Streikbeteiligung darstellt. Das Problem stellt sich also nur bei direkter Streikarbeit, die dann vorliegt, ,,wenn von einem Arbeitnehmer Verrichtungen gefordert werden, die bisher von den Streikenden erledigt wurden und die lediglich wegen des Streiks ihm, in dessen bisherigen Arbeitskreis sie an sich nicht fallen, übertragen werden''[34]. Ein derartiger Fall ist hier gegeben. Das BAG hat dazu entschieden:

> ,,Zur Übernahme einer solchen Arbeit ist der Arbeitnehmer regelmäßig nicht verpflichtet, auch wenn in andersgearteten besonderen Fällen derartige Arbeit von ihm verlangt werden könnte. Der Senat steht auf dem Standpunkt, daß die Solidarität der Arbeitnehmer untereinander und namentlich in einem bestimmten Betrieb auch von der Rechtsordnung berücksichtigt werden muß. Es ist dem Arbeitnehmer nicht zuzumuten, den Streikenden in den Rücken zu fallen. Es würde sich bei der direkten Streikarbeit um eine unmittelbare Beeinträchtigung der Aussichten des Streiks handeln, die den in den Kreisen der Arbeitnehmer mit Recht herrschenden Anschauungen widerspricht, wie auch umgekehrt die Arbeitgeber eine Verletzung der Solidarität in ihrem Bereich als ungerechtfertigt und anstößig empfinden''[35].

Die Solidarität der Arbeitnehmer ist zwar kein Rechtsgrundsatz, aber eine soziologische Gegebenheit, die hier bei der Frage, ob dem Arbeitnehmer die Übernahme von Streikarbeit zuzumuten ist, Berücksichtigung finden muß.

Meisel war also nicht verpflichtet, Streikarbeit zu leisten. Er hat die Nichtleistung der Arbeit nicht zu vertreten. Der Lohnanspruch entfällt daher nicht wegen unberechtigter schuldhafter Arbeitsverweigerung Meisels.

2. Da Meisel seine Arbeitsleistung nicht erbringen konnte, weil die Firma Weber & Co bestreikt wurde, stellt sich die Frage, ob er dennoch sein Gehalt verlangen kann.

a) Wenn der Arbeitgeber mit der Annahme der Arbeitsleistung in Verzug kommt, so behält der Arbeitnehmer nach § 615 BGB seinen Vergütungsanspruch, ohne zur Nachleistung verpflichtet zu sein; er muß sich nur dasjenige anrechnen lassen, was er durch die Nichtleistung der Arbeit erspart, was er anderweitig erwirbt oder zu erwerben böswillig unterläßt. Ob der Arbeitgeber in Annahmeverzug ist, bestimmt sich nach §§ 293ff. BGB. Er gerät in Verzug, wenn er die ihm angebotene Leistung nicht annimmt (§ 293 BGB). Jedoch muß der Schuldner in der Lage sein, die Leistung zu bewirken. Ist er dazu außerstande, so kommt der Gläubiger nicht in Annahmeverzug (§ 297 BGB)[36].

Bei der durch den Teilstreik bedingten Betriebsstörung kann der Arbeitnehmer seine Arbeitsleistung nicht erbringen. Es handelt sich um eine *Unmöglich-*

---

33 *Hueck-Nipperdey*, Bd. I S. 203f.
34 BAG AP Nr. 3 zu § 615 BGB Betriebsrisiko, Bl. 2.
35 BAG AP Nr. 3 zu § 615 BGB Betriebsrisiko, Bl. 2.
36 Lehrreich BAG AP Nr. 29 zu § 615 BGB.

keit der Leistung, die weder der Arbeitgeber noch der Arbeitnehmer zu vertreten hat. Demzufolge wird der Arbeitnehmer nach § 275 BGB zwar von der Verpflichtung zur Leistung frei; er verliert aber nach § 323 BGB auch seinen Anspruch auf Lohn. Diese Rechtsfolgenanordnung berücksichtigt nicht, daß der Arbeitgeber den Arbeitsprozeß organisiert und leitet. Deshalb hat man den Versuch unternommen, die Betriebsstörung als *Annahmeunmöglichkeit* einzuordnen: Der Arbeitnehmer sei nur verpflichtet, dem Arbeitgeber mit seiner Arbeitskraft zur Verfügung zu stehen[37]. Ihm sei daher die geschuldete Leistung möglich; der Leistungsvollzug scheitere daran, daß der Arbeitgeber die ihm obliegende Mitwirkungshandlung nicht vornehmen könne. Dieser kommt demnach in Annahmeverzug, so daß er nach § 615 BGB zur Zahlung des Lohns verpflichtet ist. Damit wird aber der Tatbestand nicht zutreffend qualifiziert. Das Ergebnis hängt von der für das Problem der Lohnzahlung bei Betriebsstörungen letztlich willkürlich begrifflichen Bestimmung der Leistungspflicht des Arbeitnehmers ab. Mit der Konstruktion einer Unmöglichkeit der Annahme wird das materielle Problem der Gefahrenverteilung verdeckt, wer bei einer Unmöglichkeit der Arbeitsleistung infolge einer Betriebsstörung das Arbeitsentgeltrisiko zu tragen hat[38].

b) Das Reichsgericht war wegen dieses Meinungsstands in dem für die Betriebsrisikolehre grundlegenden Kieler Straßenbahnerfall vom 6. 2. 1923 zu der Überzeugung gelangt, daß die Problematik der Lohnzahlung bei Betriebsstörungen mit den Mitteln der bürgerlich-rechtlichen Dogmatik nicht überzeugend gelöst werden kann[39]. Man dürfe, um zu einer befriedigenden Lösung des Streites zu gelangen, überhaupt nicht von den Vorschriften des Bürgerlichen Gesetzbuchs ausgehen, sondern müsse den Gedanken der sozialen Arbeits- und Betriebsgemeinschaft zugrunde legen. Rechtsprechung und Schrifttum sind dieser Auffassung gefolgt; sie nehmen für die Regelung des sog. Betriebsrisikos eine *Lücke im Gesetz* an[40] und haben deshalb eine *arbeitsrechtliche Lösung* entwickelt, die *Sphärentheorie*[41]. Ihr hat das BAG sich zunächst angeschlossen[42]:

> ,,Besteht somit hinsichtlich der Regelung des Betriebsrisikos eine Lücke im Gesetz, so ergibt sich die Lösung aus den in der bisherigen Entwicklung durch Rechtsprechung und Wissenschaft herausgearbeiteten Grundsätzen. Sie beruhen auf den allgemeinen Grundgedanken des Arbeitsrechts und auf den Prinzipien unserer Wirtschaftsverfassung, die auch das geltende Arbeitsrecht beherrschen.
>
> Danach gilt in erster Linie der Grundsatz, daß der Arbeitgeber das Betriebsrisiko trägt. Der Arbeitgeber muß, wenn die Arbeit aus im Betrieb liegenden Gründen nicht geleistet werden kann, gleichwohl den vollen Lohn weiterzahlen. Das folgt

---

37 Vgl. *Nikisch*, Bd. I S. 270ff., 599.

38 Vgl. *Hueck-Nipperdey*, Bd. I S. 349f.; ausführlich *Picker*, JZ 1979, 285 (290ff.).

39 RGZ 106, 272 (275f.).

40 BAGE 3, 346 (348); *Hueck-Nipperdey*, Bd. I S. 350.

41 Vgl. zu ihr grundlegend RAG BenshSlg. Bd. 3, 116ff.; *Hueck-Nipperdey*, Bd. I S. 350f.; *Boehmer*, Grundlagen der bürgerlichen Rechtsordnung, Bd. II/2 (1952), S. 190f.; dazu ausführlich *Biedenkopf*, Die Betriebsrisikolehre als Beispiel richterlicher Rechtsfortbildung (1970).

42 So ausdrücklich in AP Nr. 3 zu § 615 BGB Betriebsrisiko, Bl. 2 R.

daraus, daß der Arbeitgeber, der den Betrieb und die betriebliche Gestaltung organisiert, leitet, die Verantwortung trägt und die Erträge bezieht, seinen Arbeitnehmern dafür einstehen muß, daß der Betriebsorganismus in Funktion bleibt und die Arbeitsmittel zur Verfügung stehen, die dem Arbeitnehmer die Arbeit und damit die Erzielung des Lohnes ermöglichen"[43].

Eine Ausnahme soll nur dann gelten, wenn die Betriebsstillegung den Betrieb so schwer trifft, daß bei Zahlung der vollen Löhne die Existenz des Betriebes gefährdet wird[44].

Sucht man nach einer Begründung dafür, daß grundsätzlich der Arbeitgeber das sogenannte Betriebsrisiko trägt, so ergibt sie sich nach der Sphärentheorie daraus, daß für die Folgen eines Ereignisses derjenige einzustehen hat, in dessen Sphäre es fällt. Der Arbeitgeber trägt die Gefahr, wenn die Ereignisse, die die Arbeitsleistung unmöglich machen, ,,aus dem Bereich des Unternehmens selbst, aus der von ihm beherrschten oder doch beeinflußten oder beeinflußbaren Gefahrenzone kommen"[45], z. B. Unterbrechung der Strom- oder Gasversorgung, Mangel an Kohlen oder Rohmaterial, Brand einer Fabrik, Bruch einer Maschine, Überschwemmung, übermäßiger Frost, aber auch bei einer Tanzkapelle das behördliche Spielverbot aus Anlaß eines Brandunglücks, obwohl das nicht in seinem eigentlichen Einflußbereich liegt[46]. Er muß die Risiken tragen, die durch die besondere Art des Betriebes bedingt sind[47].

Nach der Sphärentheorie steht der Arbeitgeber den Arbeitnehmern nur insoweit für Betriebsstörungen ein, als sie in seine Sphäre fallen. Das BAG kam deshalb zu dem Ergebnis:

> ,,Der Grundsatz der Tragung des Betriebsrisikos durch den Arbeitgeber kann keine Anwendung finden, wenn die Unmöglichkeit der Beschäftigung auf das Verhalten von Arbeitnehmern zurückzuführen ist"[48].

Das gilt vor allem für den Fall, daß ein Streik die Betriebsstörung herbeiführt[49]. Dabei soll es keine Rolle spielen, ob die Betriebsstörung durch einen Teilstreik im eigenen Betrieb[50] oder durch einen Streik der Arbeitnehmer eines anderen Betriebs veranlaßt ist[51] und ob es sich um einen sog. wilden Streik handelt[52].

c) Mit der Sphärentheorie kann nicht erklärt werden, daß der Arbeitgeber das Betriebsrisiko trägt, und es kann mit ihr auch nicht das Lohnverweigerungs-

---

43 BAGE 3, 346 (348).
44 BAG AP Nr. 15 zu § 615 BGB Betriebsrisiko; vgl. dazu kritisch *Biedenkopf* (s. Fußn. 41), S. 14ff. Die Kritik ist letzlich nicht begründet; denn die Alternative heißt nicht: ,,Lohn oder nicht Lohn", sondern: ,,Arbeitsplatzverlust oder Beibehaltung des Arbeitsplatzes unter Verkürzung des Lohns wegen zeitweiliger Unmöglichkeit der Beschäftigung". Hier in diesem Zusammenhang ist zu beachten, daß in Fällen dieser Art ein Ausgleich über das Kurzarbeitergeld in Betracht kommt (§§ 63ff. AFG).
45 BAG AP Nr. 3 zu § 615 BGB Betriebsrisiko, Bl. 3.
46 BAG AP Nr. 15 zu § 615 BGB Betriebsrisiko, Bl. 2 R.
47 So auch BAG AP Nr. 15 zu § 615 BGB Betriebsrisiko, Bl. 2 R.
48 BAG AP Nr. 3 zu § 615 BGB Betriebsrisiko, Bl. 3.
49 Vgl. BAGE 3, 346 (348f.); BAG AP Nr. 3 zu § 615 BGB Betriebsrisiko, Bl. 3; *Hueck-Nipperdey*, Bd. I S. 352; *Nikisch*, Bd. I S. 605ff.
50 So schon der Fall in RGZ 106, 272; weiterhin BAG AP Nr. 3 zu § 615 BGB Betriebsrisiko.
51 So der Fall in BAGE 3, 346.
52 BAG AP Nr. 3 zu § 615 BGB Betriebsrisiko, Bl. 3 R.

recht bei arbeitskampfbedingten Betriebsstörungen begründet werden[53]. Mit der Vorstellung einer *Solidarität aller Arbeitnehmer* wird ein Rechtsprinzip eingeführt, das sonst dem Arbeitsrecht nicht bekannt ist[54]. Nur soweit ein Arbeitnehmer sich in der Gewerkschaft organisiert, haben die im Arbeitskampf erstrittenen Tarifverträge für ihn unmittelbar Rechtsgeltung[55]. Bei einer durch Streik bedingten Betriebsstörung kann deshalb einem arbeitswilligen Arbeitnehmer nicht der Gedanke der Solidarität entgegengehalten werden, um seinen Lohnanspruch abzuwenden. Etwas anderes kann, wenn man von kollektivrechtlichen Zuordnungskriterien ausgeht, nur bei einem gewerkschaftlichen Streik in Erwägung gezogen werden, wenn der Arbeitnehmer, der nicht beschäftigt werden kann, Mitglied der streikführenden Gewerkschaft ist[56]. Mit dieser Differenzierung setzt man sich aber in Widerspruch mit dem für das Arbeitskampfrecht maßgeblichen Grundsatz, daß eine Aussperrung, die gezielt nur die Mitglieder einer streikenden Gewerkschaft erfaßt, nichtorganisierte Arbeitnehmer jedoch verschont, die positive Koalitionsfreiheit der organisierten Arbeitnehmer und den Bestandsschutz der Gewerkschaften verletzt und daher nach Art. 9 Abs. 3 Satz 2 GG rechtswidrig ist[57].

d) Mit der Annahme einer Lücke im Gesetz und ihre Schließung durch eine eigenständige arbeitsrechtliche Lösung hat man verdeckt, daß die Betriebsrisikotragung bürgerlich-rechtlich einen Unterfall der *Substratsgefahrtragung des Dienstherrn* darstellt[58]. Das BGB gibt zwar keine ausdrückliche Regelung; aber ein Blick zurück in die Pandektenwissenschaft des 19. Jahrhunderts zeigt, daß die durch das Arbeitssubstrat bedingten Risiken der Arbeitgeber zu tragen hat. Dieses Rechtsprinzip ist zwar nicht in einem besonderen Rechtssatz niedergelegt worden; es ist aber gleichwohl in das BGB rezipiert worden, weil die Gesetzesverfasser dem Annahmeverzug im Dienstvertrag eine weite Auslegung zugrunde gelegt hatten. Das Institut des Annahmeverzugs hat deshalb, wie *Picker* feststellt, „*auch* die Funktion, *in Unmöglichkeitsfällen die Gefahr zu verlagern*"[59]. Trotz einer Unmöglichkeit des Arbeitsvollzugs haben bei Betriebsstörungen die Arbeitnehmer den Anspruch auf Fortzahlung des Arbeitsentgelts nach § 615 BGB. Für die Richtigkeit dieser These spricht auch die Gefahrtragungsnorm in § 645 BGB, die zwar ausdrücklich nur für den Werkvertrag gilt, aber, worauf *Söllner* aufmerksam gemacht hat, bereits im Recht der auch das Arbeitsverhältnis umfassenden *locatio conductio* des gemeinen Rechts vorgezeichnet war und deshalb auch hier anwendbar ist[60].

---

53 Ebenso nunmehr auch BAGE 34, 331 (340f.).

54 Vgl. dazu *Ramm*, RdA 1968, 412 (416); *Wiedemann*, RdA 1969, 321 (326, 333); *Richardi*, RdA 1970, 65 (70); vor allem auch *Biedenkopf* (s. Fußn. 41), S. 18ff.

55 Lies §§ 3 Abs. 1, 4 Abs. 1 TVG!

56 So *Jorns*, Das Betriebsrisiko (1957), S. 155ff.; *Biedenkopf* (s. Fußn. 41), S. 20f.; *Richardi*, RdA 1970, 65 (70).

57 Vgl. BAGE 33, 195 = AP Nr. 66 zu Art. 9 GG Arbeitskampf.

58 Vgl. dazu und zum folgenden *Picker*, JZ 1979, 285 (290ff.).

59 *Picker*, JZ 1979, 285 (293).

60 *Söllner*, AcP Bd. 167, 132 (141ff., insbes. 143); vgl. auch *Fabricius*, Leistungsstörungen im Arbeitsverhältnis (1970), S. 72f., 83 und *Richardi*, ZfA 1974, 3 (14f.).

Diese Gefahrtragungsnorm erfährt eine Durchbrechung, wenn die Betriebsstörung durch einen Arbeitskampf verursacht wird. Das BAG hat bereits in seiner ersten Grundsatzentscheidung zu diesem Problem den Zusammenhang mit dem Arbeitskampfrecht erkannt:

> „Das Prinzip der Kampfparität oder Waffengleichheit würde gestört, wenn Angehörige des den Arbeitskampf nicht betreibenden Sozialpartners zur Leistung gezwungen werden könnten, für die sie nur auf Grund von Kampfmaßnahmen des anderen Sozialpartners keine Gegenleistungen erhalten. Der Kampfpartei würde zu Unrecht ein Teil des Kampfrisikos abgenommen, das sie sonst in Betracht ziehen muß, wenn durch ihren Streik in anderen Betrieben nicht gearbeitet werden kann und Lohnausfälle entstehen. Es wäre möglich — ebenso wie beim Teilstreik durch Schlüsselkräfte — durch einen ‚billigen Streik', z. B. in einem Versorgungsbetrieb mit der Folge der Unterbrechung zahlreicher anderer Betriebe einen sehr starken Druck auszuüben, ohne Risiko, da die Arbeitgeber in diesen Betrieben den Lohn auszahlen müßten (solange sie nicht aussperren)"[61].

Das BAG hat in seinem Beschluß vom 22. 12. 1980 — 1 ABR 2/79 — diesen Begründungsansatz weitergeführt, indem es feststellt:

> „Vom allgemeinen Betriebs- und Wirtschaftsrisiko im Grundsatz scharf zu unterscheiden ist das besondere Risiko, das legitime Arbeitskämpfe darstellen (Arbeitskampfrisiko)"[62].

Nach Ansicht des BAG ist bei Störungen, die auf einem Streik in einem anderen Betrieb beruhen und die Fortsetzung des Betriebs ganz oder teilweise unmöglich oder wirtschaftlich unzumutbar machen, zu beachten:

> „Soweit die Fernwirkungen eines Streiks für die kämpfenden Parteien Bedeutung gewinnen, weil sie deren Verhandlungsstärke beeinflussen, müssen sie im Arbeitskampfrecht berücksichtigt werden. Insoweit kann den betroffenen Arbeitgebern das Beschäftigungs- und Lohnrisiko nicht aufgebürdet werden, weil sie sonst stärker belastet würden als die unmittelbar bestreikten Arbeitgeber. Insgesamt ergäbe sich ein wesentlicher kampftaktischer Vorteil für die Gewerkschaft. Diese könnten sich darauf beschränken, besonders wichtige Schlüsselbetriebe oder kleine Funktionseliten in einen Teilstreik zu führen, ohne die erheblichen Fernwirkungen einer solchen Kampftaktik mit Lohneinbußen erkaufen zu müssen; gleichzeitig stünden die bestreikten Arbeitgeber u. U. unter dem latenten oder sogar realen Druck der mittelbar betroffenen Arbeitgeber, den Forderungen der Gewerkschaften nachzugeben"[63].

Die Begründung aus der *Kampfparität* hat zur Folge, daß nach Ansicht des BAG eine Durchbrechung des Betriebsrisikos des Arbeitgebers nur insoweit gerechtfertigt ist, „wie die Fernwirkungen eines Arbeitskampfes unmittelbar oder mittelbar zu einer Störung des Kräfteverhältnisses führen können"[64]. Der Arbeitgeber hat demnach das Recht zur Lohnverweigerung nur bei Paritätsrelevanz für die Kampfparteien. Das BAG differenziert andererseits aber nicht mehr danach, ob die Betriebsstörung auf einem Streik oder auf einer

---

61 BAGE 3, 346 (350).
62 BAGE 34, 331 (339).
63 BAGE 34, 331 (342f.).
64 BAGE 34, 331 (346).

Aussperrung beruht. Wörtlich heißt es in dem anderen Beschluß vom 22. 12. 1980 — 1 ABR 76/79:

„Der Senat kann seine Rechtsprechung für die hier allein interessierenden legitimen Abwehraussperrungen nicht aufrechterhalten. Diese haben lediglich die Funktion, ein Kampfübergewicht der angreifenden Gewerkschaft auszugleichen“[65].

e) Für das Verständnis der vom BAG neu geschaffenen Arbeitskampfrisikolehre ist wesentlich, daß das BAG das Arbeitskampfrisiko nicht nur auf den Fall bezieht, daß der Arbeitgeber die Belegschaft infolge einer arbeitskampfbedingten Betriebsstörung nicht beschäftigen kann, sondern es stellt diesem Fall gleich, daß die Fortsetzung des Betriebs wegen des Streiks wirtschaftlich sinnlos wird, also eine *arbeitskampfbedingte Absatzschwierigkeit* eingetreten ist. Diese Gleichstellung ist rechtsdogmatisch nicht zutreffend; sie ist dem bürgerlichen Recht fremd. Das Problem der Gefahrenverteilung setzt die Unmöglichkeit der Arbeitsleistung voraus. Wenn dagegen der Arbeitgeber den Arbeitnehmer beschäftigen kann, ihm dies aber wegen Auftrags- oder Absatzmangels wirtschaftlich sinnlos erscheint, muß Ausgangspunkt für die rechtliche Beurteilung sein, daß die Arbeitsleistung erbracht werden kann. Deshalb fehlt bereits der Tatbestand einer Leistungsstörung. Wenn dennoch der Arbeitgeber das Recht hat, die Beschäftigung zu verweigern, ohne zur Fortzahlung des Arbeitsentgelts verpflichtet zu sein, so steht dies diametral im Gegensatz zu § 615 BGB. Das BAG hat deshalb für den Fall arbeitskampfbedingter Absatzschwierigkeiten dem Arbeitgeber ein *Gestaltungsrecht* eingeräumt, das sich aus dem bürgerlichen Recht nicht begründen läßt und bisher auch nicht als Instrumentarium des Arbeitskampfrechts vorgesehen war. Nach bürgerlichem Recht trägt nämlich der Gläubiger das Risiko, daß er die ihm geschuldete Leistung wirtschaftlich verwerten kann. Wenn ihm dies infolge eines Arbeitskampfes nicht möglich ist, erhält er kein Recht, die Gegenleistung zu verweigern; es handelt sich nicht um eine Leistungsstörung aus dem Arbeitsverhältnis. Gibt man für das Arbeitsverhältnis dem Arbeitgeber gleichwohl ein Leistungsverweigerungsrecht, so kann es wie das Recht zur Aussperrung nur aus kollektivrechtlichen Zurechnungskriterien begründet werden. Von diesem Ansatz aus erscheint es folgerichtig, auf die Paritätsrelevanz abzustellen.

Für die Fälle der *Arbeitsunmöglichkeit*, die infolge einer arbeitskampfbedingten Betriebsstörung eintreten, benötigt der Arbeitgeber kein kampfrechtlich strukturiertes Gestaltungsrecht zur Verweigerung der Beschäftigung, sondern es geht hier ausschließlich um das Problem der *Risikotragung*. Wenn insoweit nicht die sonst für eine Betriebsstörung maßgebliche Gefahrtragungsnorm gilt, ist dafür rechtsdogmatisch nicht die *Beeinflussungsmöglichkeit* des Arbeitskampfes, sondern umgekehrt die *Eingriffsmöglichkeit* des Arbeitskampfes in den Leistungsvollzug eines Arbeitsverhältnisses der entscheidende Gesichtspunkt[66]. Für die individualrechtlichen Beziehungen zwischen Arbeit-

---

65 BAGE 34, 355 (362).
66 Vgl. dazu ausführlich *Richardi*, Festschrift für Strasser (1983), S. 451 (457 ff.).

geber und Arbeitnehmer, die nicht an einem Arbeitskampf beteiligt sind, ist nicht einzusehen, daß ihre Rechtsposition von einer Paritätsrelevanz für die Kampfparteien abhängen soll. Wenn also die Institutionalisierung des Arbeitskampfes zu einer Durchbrechung des Grundsatzes führt, daß der Arbeitgeber die Substratsgefahr trägt, kann man diese Gefahrtragungsnorm nicht auf den Fall beschränken, daß die Betriebsstörung das Kräfteverhältnis der kampfführenden Parteien beeinflussen kann.

3. Im vorliegenden Fall geht es nicht um die Fernwirkungen eines Arbeitskampfes auf mittelbar betroffene Betriebe, sondern es handelt sich um einen Teilstreik im eigenen Betrieb. Nach dem Begründungszusammenhang gilt die vom BAG entwickelte Arbeitskampfrisikolehre aber auch für diesen Fall. Bei einem Teilstreik ist eine Paritätsrelevanz stets anzunehmen. Das BAG hat seine Arbeitskampfrisikolehre allerdings für die Fernwirkungen eines legitimen Arbeitskampfes entwickelt. Hier ist dagegen die Betriebsstörung durch einen wilden Streik herbeigeführt. Deshalb ist zweifelhaft, ob das BAG auch für diesen Fall noch seine Rechtsprechung aufrechterhält, daß kein Anspruch auf die Gehaltszahlung besteht. Vom hier vertretenen Standpunkt aus ist dagegen ausschlaggebend, daß die sonst in den Betriebsrisikofällen maßgebliche Gefahrtragungsnorm keine Anwendung auf arbeitskampfbedingte Betriebsstörungen findet; für sie gilt vielmehr der sonst durch die Betriebsrisikotragung verdrängte § 323 BGB[67]. Da die Firma Weber & Co die Arbeitsunmöglichkeit nicht zu vertreten hat, entfällt der Anspruch auf die Gegenleistung.

4. Meisel hat keinen Anspruch auf Gehaltszahlung während des Streiks.

Fall 4 **Weihnachtsgratifikation — Rückzahlungsvorbehalt bei vorzeitiger Kündigung — Rückzahlungsklausel im Tarifvertrag — tarifdispositives Richterrecht**

Ausgangsfälle:

BAG vom 10. 5. 1962 — 5 AZR 452/61, BAGE 13, 129 = AP Nr. 22 zu § 611 BGB Gratifikation *(Nikisch)* = SAE 1962, 177 *(Molitor)* = AuR 1963, 347 *(Trieschmann)* = NJW 1962, 1537;

BAG vom 10. 5. 1962 — 5 AZR 353/61, AP Nr. 23 zu § 611 BGB Gratifikation *(Nikisch)* = BB 1962, 758;

BAG vom 11. 6. 1964 — 5 AZR 472/63, BAGE 16, 107 = AP Nr. 36 zu § 611 BGB Gratifikation *(Trieschmann)* = AuR 1965, 158 = DB 1964, 1267;

BAG vom 31. 3. 1966 — 5 AZR 516/65, BAGE 18, 217 = AP Nr. 54 zu § 611 BGB Gratifikation *(Biedenkopf)* = SAE 1966, 231 *(E. Wolf)* = DB 1966, 906.

Im Jahre 1981 zahlte die Webstuhlfabrik Augustin Lentz an ihre Arbeitnehmer wie in den Vorjahren eine freiwillige, nach dem Familienstand und der

67 So zutreffend *Picker*, JZ 1979, 285 (293).

Dauer der Betriebszugehörigkeit gestaffelte Weihnachtsgratifikation. Die Bekanntmachung über die Gewährung der Gratifikation war am 6. 12. 1981 am Schwarzen Brett ausgehängt und enthielt wie früher den Hinweis, daß aus der Ausschüttung der Gratifikation keine Rechtsansprüche für die Zukunft hergeleitet werden könnten. Außerdem war folgendes vermerkt: „Die Weihnachtsgratifikation ist zugleich eine Treueprämie. Sie ist daher zurückzuzahlen, falls der Betriebsangehörige vor dem 1. 4. 1982 auf eigenen Wunsch oder aus seinem Verschulden ausscheidet." Der Monteur Meier, der eine Weihnachtsgratifikation in Höhe von 300,— DM erhalten hatte, kündigte zum 15. 2. 1982, der Buchhalter Back, der wegen seiner langjährigen Zugehörigkeit zum Betrieb ein 13. Monatsgehalt als Weihnachtsgratifikation bekommen hatte, zum 31. 3. 1982. Die Firma Augustin Lentz hat in beiden Fällen die Gratifikation von den noch offenstehenden Restlohnforderungen einbehalten.

1. War die Firma Augustin Lentz dazu berechtigt?

2. Wie wäre es, wenn der Anschlag am Schwarzen Brett einer Bestimmung im Tarifvertrag entsprach, den der örtliche Arbeitgeberverband mit der IG Metall geschlossen hatte?

LÖSUNG

I. Erste Frage

1. Durch die Einbehaltung der Gratifikation von der Restlohnforderung macht die Firma Augustin Lentz einen auf Geld gehenden Anspruch geltend. Die Ausübung des Zurückbehaltungsrechts ist daher als *Aufrechnungserklärung* anzusehen[1]. Sie bewirkt, daß die Forderungen, soweit sie sich decken, als in dem Zeitpunkt erloschen gelten, in welchem sie zur Aufrechnung geeignet einander gegenübergetreten sind (§ 389 BGB). Die Aufrechnung findet jedoch nach § 394 Satz 1 BGB nicht gegen eine Forderung statt, soweit diese unpfändbar ist. Arbeitseinkommen unterliegt nur im Rahmen der §§ 850 – 850 i ZPO der Pfändung. Vor allem die Pfändungsgrenzen in § 850 c ZPO sind zu beachten. Nur soweit die Lohnforderung sie überschreitet, ist eine Aufrechnung gegen sie zulässig[2]. Meier und Back können also ihren Lohn, soweit er der Pfändung nicht unterliegt, auch dann von der Firma Augustin Lentz verlangen, wenn sie zur Rückzahlung der Gratifikation verpflichtet sind. Die

1 RGZ 83, 138 (140); 85, 108 (110, 114); 123, 6 (8); BGHZ 38, 122 (129); BGH NJW 1974, 367 (368); *Selb*, in: Staudinger, BGB, 12. Aufl. (1979), § 273 RdNr. 2, 30; *Reimer Schmidt*, in: *Soergel-Siebert*, BGB, 10. Aufl. (1967), § 273 RdNr. 22.

2 Für den Fall, daß Meiers letzter Wochennettolohn 300,— DM und Backs Monatsnettogehalt 1500,— DM betrug, könnte, wie sich aus der Tabelle zu § 850c Abs. 2 ZPO (Anlage 2 zu § 850c ZPO, zuletzt neu gefaßt mit Wirkung vom 1. 4. 1978 durch Gesetz vom 28. 2. 1978, BGBl. I S. 333) ergibt, wenn beide Arbeitnehmer keine gesetzlichen Unterhaltspflichten zu erfüllen haben, gegen Meier nur bis zu einem Betrag von 119,70 DM und gegen Back nur bis zu einem Betrag von 658,70 DM, bei einer Unterhaltspflicht für drei Personen gegen Meier sogar nur bis zu einem Betrag von 8,10 DM und gegen Back lediglich bis zu einem Betrag von 95,10 DM aufgerechnet werden.

Firma Augustin Lentz kann von ihnen dann nur die *Zahlung* des Betrages verlangen, der wegen der Unpfändbarkeit des Arbeitseinkommens nicht einbehalten werden darf.

Voraussetzung für eine Aufrechnung wenigstens in den Grenzen der Pfändungsmöglichkeit der Lohnforderung ist, daß Meier und Back überhaupt verpflichtet sind, die Gratifikation zurückzuzahlen. Ein Anspruch der Firma Augustin Lentz kann sich aus dem Rückzahlungsvorbehalt ergeben, den sie bei der Gewährung der Weihnachtsgratifikation gemacht hat.

2. Meier und Back hatten keinen Rechtsanspruch auf die Weihnachtsgratifikation. Sie haben ihn auch nicht auf Grund betrieblicher Übung erworben[3]. Eine Rechtsbindung des Arbeitgebers tritt nur ein, wenn die Sonderzuwendung vorbehaltlos wiederholt gezahlt wurde, bei einer Weihnachtsgratifikation regelmäßig dann, wenn sie in drei aufeinanderfolgenden Jahren gewährt worden war[4]. Der Arbeitgeber kann jedoch durch einen entsprechenden Hinweis auf den freiwilligen Charakter der Zuwendung eine Bindung für die Zukunft ausschließen[5]. Das ist hier geschehen. Die Firma Augustin Lentz war also im Jahre 1981 gegenüber ihren Arbeitnehmern nicht verpflichtet, eine Weihnachtsgratifikation zu zahlen. Es handelt sich vielmehr um eine *freiwillige* Leistung.

Damit stellt sich die Frage, ob es zulässig ist, eine freiwillig gewährte Weihnachtsgratifikation mit einer Rückzahlungsverpflichtung für den Fall zu verbinden, daß der Arbeitnehmer vor einem bestimmten Zeitpunkt aus dem Arbeitsverhältnis ausscheidet. Das BAG hat hierzu erkannt:

> „Wenn ein Arbeitgeber nicht verpflichtet ist, eine Weihnachtsgratifikation zu gewähren, er aber freiwillig eine solche seinen Arbeitnehmern zukommen läßt, ist er nach dem *Grundsatz der Vertragsfreiheit* auch in der Lage, bei der freiwilligen Gewährung einen Rückzahlungsvorbehalt der hier in Rede stehenden Art zu vereinbaren"[6].

---

3 Vgl. dazu oben Fall 2 — S. 14ff.

4 BAGE 2, 302 (304) = AP Nr. 3 zu § 611 BGB Gratifikation, Bl. 1 R; *Hueck-Nipperdey*, Bd. I S. 308; *Nikisch*, Bd. I S. 412 Fußn. 47.

5 BAG AP Nr. 4, 7 und 86 zu § 611 BGB Gratifikation; *Hueck-Nipperdey*, Bd. I S. 309; *Nikisch*, Bd. I S. 411f.

6 BAGE 13, 129 (133); ebenso schon BAGE 9, 250 (256) = AP Nr. 15 zu § 611 BGB Gratifikation, Bl. 4. Von der Festlegung eines Rückzahlungsvorbehalts ist zu unterscheiden, daß Arbeitnehmer in gekündigter Stellung von der Gratifikationsgewährung ausgenommen werden; vgl. z.B. BAGE 19, 300 (302) = AP Nr. 58 zu § 611 BGB Gratifikation. Eine derartige Ausschlußklausel gilt aber nicht für Arbeitnehmer, deren Arbeitsverhältnis der Arbeitgeber aus betriebsbedingten Gründen gekündigt hat; vgl. BAG AP Nr. 84 zu § 611 BGB Gratifikation; bestätigt BAG AP Nr. 86 zu § 611 BGB Gratifikation. Fraglich ist deshalb auch, für welche Kündigungsfälle eine Rückzahlungspflicht vereinbart werden kann. Das BAG hat zunächst festgestellt, daß eine Rückzahlungsklausel für eine Weihnachtsgratifikation im Zweifel dahin auszulegen sei, daß sie nicht für eine betriebsbedingte Kündigung gilt (BAG AP Nr. 72 und 73 zu § 611 BGB Gratifikation). Das BAG ist dann einen Schritt weitergegangen und hat festgestellt, daß eine Bindungsklausel nicht den Fall erfassen kann, daß der Arbeitgeber das Arbeitsverhältnis aus betriebsbedingten Gründen kündigt (BAG AP Nr. 84 zu § 611 BGB Gratifikation; bestätigt durch BAG AP Nr. 86 zu § 611 BGB Gratifikation mit Anm. von *Schwerdtner*). Es verstößt gegen den Rechtsgedanken des § 162 BGB, wenn der Arbeitgeber dem Arbeitnehmer unmöglich macht, die Voraussetzungen zu erfüllen, um die Gratifikation behalten zu können, ohne daß dafür ein Grund in dessen Person vorliegt (vgl. auch *Schwerdtner*, Anm. AP Nr. 72 zu § 611 BGB Gratifikation, Bl. 6).

Dieser Ausgangspunkt ist zutreffend. Das Wesen der Gratifikation steht ihm nicht entgegen[7]. Sie ist zwar, auch wenn sie freiwillig gezahlt wird, Arbeitsvergütung und keine Schenkung; bei ihrer Gewährung muß daher der Grundsatz der Gleichbehandlung der Arbeitnehmer beachtet werden. Den Arbeitgeber trifft aber keine Rechtspflicht, sie zu zahlen. Wenn es ihm freisteht, ob er überhaupt eine Gratifikation seinen Arbeitnehmern zukommen läßt, dann kann er nach dem Grundsatz der Vertragsfreiheit in den Grenzen der §§ 134, 138 BGB auch einen entsprechenden Rückzahlungsvorbehalt vereinbaren.

3. Damit ist jedoch noch nicht der Einwand entkräftet, daß eine dem Arbeitnehmer auferlegte Verpflichtung, die Weihnachtsgratifikation beim Ausscheiden aus dem Arbeitsverhältnis zurückzuzahlen, eine *Kündigungserschwerung* darstellt, die mit dem früher in § 67 HGB, §§ 122, 133 aa GewO zwingend festgelegten Gebot gleicher Kündigungsfristen und seit dem Inkrafttreten des Ersten Arbeitsrechtsbereinigungsgesetzes vom 14. 8. 1969 am 1. 9. 1969 mit der in § 622 Abs. 5 BGB enthaltenen Regelung in Widerspruch steht, daß für die Kündigung des Arbeitsverhältnisses durch den Arbeitnehmer einzelvertraglich keine längere Frist vereinbart werden darf als für die Kündigung durch den Arbeitgeber. Durch diese Regelung soll der Arbeitnehmer in seiner Kündigungsfreiheit geschützt werden. Mit ihr wäre es nicht verträglich, wenn er mit einem schrankenlosen Rückzahlungsvorbehalt bei der Gewährung einer Weihnachtsgratifikation belastet würde. Zwar wird die Kündigungsmöglichkeit für den Arbeitnehmer nicht eingeschränkt, sondern er muß lediglich die Weihnachtsgratifikation zurückzahlen; er kann kündigen, erleidet nur einen Vermögensnachteil. Aber gerade dadurch kann er in die Lage versetzt werden, sich eine Kündigung nicht mehr leisten zu können[8]. Die Rückzahlungsklausel kann deshalb den Charakter einer selbständigen Vertragsstrafe annehmen[9]. Sie ist in analoger Anwendung des § 344 BGB unwirksam; denn die Bestimmung in § 622 Abs. 5 BGB soll verhindern, daß die Kündigung dem Arbeitnehmer im Verhältnis zum Arbeitgeber einseitig erschwert wird[10]. Das BAG will dagegen in der Rückzahlungsverpflichtung keinen einseitigen Vermögensnachteil aus Anlaß der Kündigung erblicken, sondern nur die „Rückgängigmachung eines Vermögens*vorteils*", auf dessen „*Er*halten" kein und auf dessen „*Be*halten" nur ein auflösend bedingter Anspruch bestand[11]. Das Problem läßt sich jedoch nicht so einfach lösen, wie es den Anschein hat. Das BAG selbst hat darauf hingewiesen,

> „daß derartige Rückzahlungsklauseln keineswegs für den Arbeitgeber die Möglichkeit eröffnen, einen Gratifikationsempfänger für unbestimmte oder ungebührlich lange Zeit der Rückzahlungspflicht für den Fall der Kündigung zu unterwerfen"[12].

7 BAGE 13, 129 (132); 16, 107 (111 f.); *Nikisch*, BB 1962, 1332.

8 *Hefermehl*, Anm. AP Nr. 15 zu § 611 BGB Gratifikation, Bl. 5 R.

9 Vgl. auch *Bötticher*, AuR 1965, 161 (165).

10 Diesen Zweck verfolgte auch das zwingend festgelegte Gebot gleicher Kündigungsfristen in § 67 HGB, §§ 122 und 133 aa GewO; vgl. aber auch *Hueck-Nipperdey*, Bd. I S. 569.

11 BAGE 9, 250 (253) = AP Nr. 15 zu § 611 BGB Gratifikation, Bl. 2 R.

12 BAGE 13, 129 (133); ebenso auch BAGE 9, 250 (255) = AP Nr. 15 zu § 611 BGB Gratifikation, Bl. 2 R.

Die Rückgewährung eines Vermögensvorteils für den Fall der Kündigung wirkt sich für den Arbeitnehmer als Vermögensnachteil aus, sobald er kündigt[13]. Darin liegt der wesentliche Unterschied zu einer Treueprämie, in deren Genuß der Arbeitnehmer nicht kommt, wenn er vorzeitig aus dem Arbeitsverhältnis ausscheidet. Es liegt also ein Normenkonflikt vor: Einerseits kann der Arbeitgeber die Voraussetzungen bestimmen, unter denen er freiwillig Sonderleistungen gewährt und damit auch verbinden, daß sie zurückzuzahlen sind, wenn der Arbeitnehmer vor einem bestimmten Zeitpunkt kündigt. Andererseits kann er mit ihm keine Vereinbarung treffen, durch die einseitig die Kündigungsmöglichkeit des Arbeitnehmers erschwert wird. Man wird daher das berechtigte Interesse des Arbeitgebers, mit einer Sonderleistung nicht nur die bereits erbrachten Dienstleistungen, sondern auch die zukünftige Mitarbeit zu prämiieren, und das zwingend geschützte Interesse der Arbeitnehmer, nicht einseitig mit einer Kündigungserschwerung belastet zu werden, gegeneinander abwägen müssen. Den Maßstab wird man darin zu erblicken haben, ob die Einhaltung der Rückzahlungsklausel dem Arbeitnehmer *zuzumuten* ist. Dem BAG ist deshalb zu folgen, wenn es feststellt:

> „Das durchaus legale Anliegen des Arbeitgebers, unter finanziellen Opfern mit einer unter Rückzahlungsvorbehalt gewährten freiwilligen Weihnachtsgratifikation eine stärkere Bindung des Arbeitnehmers an den Betrieb zu erreichen, muß dann weichen, wenn die Einhaltung des Rückzahlungsvorbehalts dem Arbeitnehmer nicht mehr zuzumuten ist“[14].

Die Begründung sieht der Fünfte Senat des BAG vor allem in der *Fürsorgepflicht* des Arbeitgebers, die ihm verbiete, den Arbeitnehmer zu überfordern[15]. Der Erste Senat des BAG will bei freiwilligen Sonderzuwendungen des Arbeitgebers die Schranken für eine Rückzahlungsverpflichtung im Falle der Kündigung aus *Art. 12 GG* herleiten[16]. Beide rechtlichen Gesichtspunkte vermögen jedoch keine befriedigende dogmatische Erklärung zu geben. Der Rückgriff auf die Fürsorgepflicht dient auch hier lediglich als Begründungsschablone für als sinnvoll erkannte Rechtsfolgen[17]; vor allem verbietet sie nicht, daß Arbeitgeber und Arbeitnehmer einzelvertragliche Abreden treffen, auch wenn diese nicht im Interesse des Arbeitnehmers liegen[18]. Grundlage der unmittelbaren Anwendung des Art. 12 GG ist die höchst umstrittene These,

---

13 *Nikisch*, BB 1962, 1332 (1333); *Bötticher*, AuR 1965, 161 (165).

14 BAGE 13, 129 (133f.).

15 BAGE 13, 129 (133, 134); zustimmend *A. Hueck*, Anm. AP Nr. 25 zu Art. 12 GG, Bl. 7 R; *Nikisch*, BB 1962, 1332 (1334); *ders.*, Anm. AP Nr. 22 und 23 zu § 611 BGB Gratifikation, Bl. 3.

16 BAGE 13, 168 = AP Nr. 25 zu Art. 12 GG; AP Nr. 26 zu Art. 12 GG; grundsätzlich zustimmend *Gamillscheg*, RdA 1968, 407 (408) = Anm. AP Nr. 63 zu § 611 BGB Gratifikation, Bl. 4 R.

17 Die Fürsorgepflicht ist nur dort eine Kategorie mit hinreichend rechtsdogmatischer Präzision, wo man sie auf den Pflichtenkreis des Arbeitgebers beschränkt, der den Eintritt des Arbeitnehmers unter *fremde Organisationsgewalt* zum Gegenstand hat; vgl. *Richardi*, in: *Tomandl*, Treue- und Fürsorgepflicht im Arbeitsrecht (1975), S. 41 (60ff.); s. auch Fall 6 — S. 65f.

18 *E. Wolf*, Anm. AP Nr. 1 zu § 611 BGB Urlaub und Gratifikation, Bl. 5; *Molitor*, SAE 1962, 180f.; *Gamillscheg*, RdA 1968, 407 (408) = Anm. AP Nr. 63 zu § 611 BGB Gratifikation, Bl. 4.

daß die Grundrechte unmittelbare Wirkung im Privatrecht haben[19]. Wenn man Bedenken insoweit zurückstellt, kann das Ergebnis außerdem nur sein, daß jede Rückzahlungsvereinbarung als Erschwerung der Kündigung des Arbeitnehmers verfassungsrechtlich verboten und deshalb unwirksam ist[20]. Gerade diese Folgerung zieht der Erste Senat des BAG jedoch nicht:

> Eine vertragliche Kündigungsbeschränkung für den Arbeitnehmer, insbesondere die Bindung seines Kündigungsrechts an Zahlungspflichten, sei mit Art. 12 GG vereinbar, „wenn sie unter Berücksichtigung aller Umstände des Einzelfalles nach Treu und Glauben dem Arbeitnehmer zuzumuten ist und vom Standpunkt eines verständigen Betrachters aus einem begründeten und zu billigenden Interesse des Arbeitgebers entspricht“[21].

Der maßgebliche Rechtsgedanke ergibt sich aus dem Verbot einseitiger Kündigungserschwerungen zu Lasten des Arbeitnehmers[22]. Es handelt sich insoweit um eine Konkretisierung des arbeitsrechtlichen Schutzprinzips[23]. Sie ist notwendig, damit das Grundrecht des Art. 12 GG auch im Bereich der abhängigen Arbeit zur Geltung kommt. Aus Art. 12 GG folgt also nur, wie *Gamillscheg* zutreffend feststellt, „*daß* der Vertragsfreiheit Grenzen gezogen sind“[24]. Solange das Gesetz schweigt, muß daher der Richter im Wege der *Rechtsfortbildung* feststellen, *wo* diese Grenzen liegen.

4. Für die Frage, welche Bindungsdauer für den Arbeitnehmer zumutbar ist, soll nach Auffassung des BAG entscheidend sein, wie hoch die Gratifikation ist. Es stellt fest:

> „Einem Arbeitnehmer, der eine eindrucksvolle Gratifikation erhält, ist durchaus zuzumuten, die ihm zustehenden Kündigungsmöglichkeiten innerhalb der in der Rückzahlungsklausel vorgesehenen Zeit nicht auszuüben, falls er die Gratifikation behalten will. Ein Arbeitnehmer dagegen, der nur eine geringe Gratifikation erhält, wird unter Umständen mit einer einen längeren Zeitraum umfassenden Rückzahlungsklausel regelmäßig überfordert“[25].

Diese Konkretisierung der Zumutbarkeitsformel erschien dem Fünften Senat des BAG aber noch zu allgemein, um eine einheitliche Rechtsprechung zu den außerordentlich verbreiteten Rückzahlungsklauseln bei Weihnachtsgratifikationen zu gewährleisten. Der Senat hat deshalb für die Fälle, in denen die

---

19 Das BAG vertritt im Anschluß an *Nipperdey* diese Auffassung in ständiger Rechtsprechung: BAGE 1, 185 (193 ff.) = AP Nr. 2 zu § 13 KSchG, Bl. 4; BAGE 4, 240 (243) = AP Nr. 16 zu Art. 3 GG, Bl. 2; BAGE 4, 274 (276) = AP Nr. 1 zu Art. 6 Abs. 1 GG Ehe und Familie, Bl. 1 R; BAGE 13, 168 (174 f.) = AP Nr. 26 zu Art. 12 GG, Bl. 3 R f. Das Bundesverfassungsgericht will dagegen im Lüth-Urteil nur eine mittelbare Einwirkung der Grundrechte in das Privatrecht anerkennen, BVerfGE 7, 198 (205 ff.); vgl. auch *Maunz-Dürig-Herzog*, Kommentar zum Grundgesetz, Art. 1 Abs. 3 RdNr. 127 ff.

20 So in der Tat *Reuter*, RdA 1973, 345 (349); kritisch gegenüber einer unmittelbaren Anwendung des Art. 12 GG: *A. Hueck*, Anm. AP Nr. 25 zu Art. 12 GG, Bl. 7 R; *Bötticher*, SAE 1963, 7 (9 f.); *Isele*, SAE 1963, 12.

21 BAGE 13, 168 (179).

22 *Hueck-Nipperdey*, Bd. I S. 570.

23 *Blomeyer-Buchner*, Rückzahlungsklauseln im Arbeitsrecht (1969), S. 19.

24 RdA 1968, 407 (408) = Anm. AP Nr. 63 zu § 611 BGB Gratifikation, Bl. 4 R.

25 BAGE, 13, 129 (135).

Weihnachtsgratifikation einen Monatsbezug des Arbeitnehmers nicht übersteigt, folgende *allgemeine Richtlinien* aufgestellt[26]:

a) Erhält der Arbeitnehmer einen Monatsbezug und hat er bis zum 31. März des darauffolgenden Jahres nur eine Kündigungsmöglichkeit, wie es nach § 622 Abs. 1 BGB in der Regel für Angestellte der Fall ist, dann ist ihm in aller Regel zuzumuten, diese eine Kündigungsmöglichkeit auszulassen, wenn er die Gratifikation behalten will.
b) Erhält der Arbeitnehmer einen Monatsbezug und hat er bis zum 31. März des darauffolgenden Jahres mehrere Kündigungsmöglichkeiten, dann ist ihm wegen der Höhe der ihm gewährten Weihnachtsgratifikation zuzumuten, den Betrieb erst nach dem 31. März zum nächst zulässigen Kündigungstermin zu verlassen, wenn er die Gratifikation behalten will.
c) Erhält der Arbeitnehmer einen Betrag, der 100,— DM übersteigt, jedoch nicht einen Monatsbezug erreicht, so ist ihm regelmäßig zuzumuten, eine Rückzahlungsklausel einzuhalten, die bis zum 31. März des darauffolgenden Jahres reicht.
d) Erhält ein Arbeitnehmer als Weihnachtsgratifikation nur einen Betrag, der 100,— DM nicht übersteigt, dann kann damit regelmäßig überhaupt keine Rückzahlungsklausel verbunden werden.

Diese Richtlinien sind kompliziert formuliert; die ihnen zugrunde liegende Abgrenzung ist aber leicht faßbar: Erhält der Arbeitnehmer als Gratifikation einen Monatsbezug, so kann er erst nach dem 31. März des darauffolgenden Jahres aus dem Arbeitsverhältnis ausscheiden, wenn er die Gratifikation behalten will. Erhält er nicht einen Monatsbezug, so reicht die Bindungswirkung bis zum 31. März, wobei Voraussetzung ist, daß sie den Kleinbetrag von ursprünglich 100,— DM, der vom BAG wegen des Geldwertverfalls für 1978 mittlerweile bereits auf 200,— DM festgesetzt ist[27], übersteigt. Mit einer Gratifikation, die nur bis zu diesem Betrag reicht, kann regelmäßig überhaupt keine Rückzahlungsklausel verbunden werden. Ergänzend hat das BAG festgelegt, daß ein Arbeitnehmer bei einer Gratifikation, die ein Monatsgehalt übersteigt, aber nicht ein zweifaches Monatsgehalt erreicht, durch eine Rückzahlungsklausel jedenfalls dann nicht über den 30. Juni des folgenden Jahres hinaus an den Betrieb gebunden werden kann, wenn er bis dahin mehrere Kündigungsmöglichkeiten hatte[28].

Wendet man diese Richtlinien hier an, so ergibt sich, daß Meier lediglich zuzumuten ist, eine Rückzahlungsklausel einzuhalten, die bis zum 31. 3. 1982 reicht. Back hat dagegen einen Monatsbezug erhalten. Da er Angestellter ist, hat er, sofern die Regelkündigungsfrist des § 622 Abs. 1 BGB gilt, bis zum 31. 3. 1982 nur eine Kündigungsmöglichkeit. Aber auch wenn mehrere Kündi-

---

26 Sie gelten nach BAGE 13, 204 = AP Nr. 24 zu § 611 BGB Gratifikation auch für vom Arbeitgeber freiwillig gewährte Abschluß- und Treueprämien. Diese Methode richterlicher Rechtsfortbildung ist im Schrifttum heftig kritisiert worden; vgl. *Larenz*, Kennzeichen geglückter richterlicher Rechtsfortbildungen (1965), S. 11 f.; *Wieacker*, JZ 1963, 175 f.; *Isele*, SAE 1963, 12; *E. Wolf*, Anm. AP Nr. 1 zu § 611 BGB Urlaub und Gratifikation, Bl. 7; ablehnend auch *Söllner*, § 31 I 4, S. 219. Sie rechtfertigend dagegen *Hueck-Nipperdey*, Bd. I S. 313 Fußn. 65 b; *Herschel*, DB 1967, 245 f.; *Gamillscheg*, RdA 1968, 407 ff. = Anm. AP Nr. 63 zu § 611 BGB Gratifikation; *Richardi*, Gedächtnisschrift für Dietz (1973), S. 269 (288 ff.).

27 BAG vom 17. 3. 1982 — 5 AZR 1185/79, Presseinformation in BB 1982, 558.

28 BAG AP Nr. 99 zu § 611 BGB Gratifikation.

gungsmöglichkeiten bestehen, ist ihm, weil er einen Monatsbezug erhalten hat, zuzumuten, den Betrieb erst nach dem 31. März zum nächst zulässigen Kündigungstermin zu verlassen, wenn er die Gratifikation behalten will. Die Rückzahlungsvereinbarung mit Back ist also wirksam, nicht dagegen die mit Meier.

5. Wenn die Rückzahlungsvereinbarung unwirksam ist, stellt sich das Problem, ob das auch für die Vereinbarung über die Zuwendung der Weihnachtsgratifikation gelten muß. Selbst wenn man davon ausgeht, daß das Rechtsgeschäft hier aus mehreren Teilen besteht[29], ist bei Teilnichtigkeit nach § 139 BGB im Zweifel das ganze Rechtsgeschäft nichtig. Der Arbeitgeber könnte also nach Bereicherungsgrundsätzen die Weihnachtsgratifikation zurückfordern, wobei ihm der Arbeitnehmer nicht einmal den Wegfall der Bereicherung entgegenhalten könnte, wie aus § 820 Abs. 1 Satz 1 i.V. mit §§ 818 Abs. 4, 292, 989 BGB folgt. Dieses Ergebnis ist nicht sinnvoll, weil mit ihm erreicht wird, was gerade vermieden werden sollte. Das BAG beschränkt deshalb die Nichtigkeit der Abrede auf die Rückzahlungsverpflichtung[30]. Es beruft sich auf § 139 BGB, nach dem die Teilnichtigkeit ausnahmsweise nicht zur Nichtigkeit des ganzen Rechtsgeschäfts führt, wenn anzunehmen ist, daß es auch ohne den nichtigen Teil vorgenommen worden wäre.

§ 139 BGB ist eine Bestimmung, die auf den hypothetischen Parteiwillen abstellt. Auf ihn kann es aber nicht ankommen, wenn ein Zweck zum Schutz der Arbeitnehmer nur in bestimmten Grenzen mit dem Rechtsgeschäft verfolgt werden darf[31]. Wird es dennoch vorgenommen, soll lediglich der mißbilligte Zweck nicht eintreten dürfen. Es wäre ein völlig untaugliches Mittel, in diesem Fall die Wirksamkeit des Rechtsgeschäfts vom hypothetischen Parteiwillen abhängig zu machen. Der geschützte Arbeitnehmer stände vor derselben Alternative, als wäre die Abrede über die Rückzahlungsverpflichtung wirksam. Deshalb kann § 139 BGB keine Anwendung finden[32]. Wie sonst bei der Nichtigkeit einzelner Bestimmungen eines Arbeitsvertrags wird auch hier das Rechtsgeschäft im ganzen nicht von der Unwirksamkeit der Abrede über die Rückzahlungsverpflichtung berührt, weil anderenfalls der Arbeitnehmer erst recht geschädigt wäre.

Im vorliegenden Fall darf aber nicht unberücksichtigt bleiben, daß Meier eine Rückzahlungsklausel, die bis zum 31. 3. 1982 reicht, hätte einhalten müssen. Das ist nicht geschehen, da er bereits zum 15. 2. 1982 aus dem Arbeitsverhältnis ausschied. In diesem Fall kann ihm die Unwirksamkeit der Rückzahlungsklausel nicht zugute kommen. Das BAG stützt dieses Ergebnis auf die Erwägung, der Arbeitgeber hätte die Rückzahlungsklausel bei Kenntnis der Un-

---

29 Das wird zu Recht bestritten: *Bötticher*, AuR 1965, 161 (168); *Neumann-Duesberg*, JZ 1964, 185 (187); *E. Wolf*, Anm. AP Nr. 1 zu § 611 BGB Urlaub und Gratifikation, Bl. 6 und 6 R.

30 BAGE 13, 129 (137); BAGE 13, 204 (210) = AP Nr. 24 zu § 611 BGB Gratifikation, Bl. 3.

31 Vgl. auch *Gamillscheg*, RdA 1968, 407 (409) = Anm. AP Nr. 63 zu § 611 BGB Gratifikation, Bl. 5 R.

32 *Nikisch*, Anm. AP Nr. 22 und 23 zu § 611 BGB Gratifikation, Bl. 4 R; vgl. auch *Bötticher*, AuR 1965, 161 (168); *Söllner*, Einseitige Leistungsbestimmung im Arbeitsverhältnis (1966), S. 57f.

gültigkeit mit einem gültigen Inhalt gewollt[33]. Der hypothetische Parteiwille sollte jedoch auch hier nicht ins Spiel gebracht werden. Maßgebend ist vielmehr der Rechtsgedanke, der in §§ 74a Abs. 1 HGB, 133f Abs. 1 GewO zu einer Beschränkung unzulässiger Wettbewerbsverbote auf das richtige Maß geführt hat[34].

6. Meier und Back sind also zur Rückzahlung der Weihnachtsgratifikation verpflichtet. Damit stellt sich das Problem, ob sie die erhaltene Gratifikation dem Arbeitgeber in vollem Umfang erstatten müssen. Nach Ansicht des BAG kann mit einer Weihnachtsgratifikation von ursprünglich nicht mehr als 100,— DM, nunmehr 200,— DM keine Rückzahlungsklausel verbunden werden. Man könnte deshalb zu dem Ergebnis kommen, daß dem Arbeitnehmer in jedem Fall dieser Sockelbetrag zu belassen ist[35]. Dabei wird aber nicht berücksichtigt, daß die Vereinbarung einer Rückzahlungsverpflichtung grundsätzlich vom Prinzip der Vertragsfreiheit gedeckt wird. Eine Schranke ergibt sich lediglich daraus, daß sie nicht zu einer unzumutbaren Beschränkung der Kündigungsfreiheit des Arbeitnehmers führen darf. Daß bei einer Kleinstgratifikation eine Rückzahlungsverpflichtung nicht begründet werden kann, ergibt sich aus dem Gesichtspunkt eines unverhältnismäßigen Äquivalents für die Chancen und Möglichkeiten eines Arbeitsplatzwechsels. Dem BAG ist deshalb darin zuzustimmen, wenn es feststellt:

> „Das bedeutet aber nicht, daß, wenn für eine angemessene Zeit der Betriebstreue ein adäquates Entgelt . . . geboten wird, bei Nichtwahrung der Betriebstreue der Arbeitnehmer die Gratifikation dennoch teilweise behalten dürfe"[36].

Meier und Back steht also auch kein sogenannter Sockelbetrag zu; sie sind verpflichtet, die Gratifikation in voller Höhe zurückzuzahlen.

II. Zweite Frage

1. Der Tarifvertrag widerspricht den vom BAG aufgestellten Grundsätzen, soweit er auch Arbeitnehmer, die lediglich eine Gratifikation bis zur Höhe ihres Monatsbezugs erhalten haben, mit einer Rückzahlungsverpflichtung belastet, wenn sie vor dem 1. April des folgenden Jahres aus dem Arbeitsverhältnis ausscheiden. Die *einzelvertragliche* Vereinbarung einer derartigen Rückzahlungsbestimmung ist insoweit unwirksam, als sie die Grenzen zumutbarer Bindung an den Arbeitsplatz überschreitet. Daraus folgt aber nicht, daß die in einem *Tarifvertrag* enthaltene Rückzahlungsklausel deshalb ebenfalls unwirksam sein muß.

Die Beschränkung der Vertragsfreiheit ergibt sich aus dem Bedürfnis, den Arbeitnehmer vor einem Verlust seiner Kündigungsfreiheit für eine unverhältnismäßige Gegenleistung zu schützen. Der Arbeitnehmer, der regelmäßig nur

---

33 BAGE 15, 17 (20f.) = AP Nr. 27 zu § 611 BGB Gratifikation, Bl. 2 R.
34 *Bötticher*, AuR 1965, 161 (1968).
35 LAG Düsseldorf, BB 1963, 1258 = AuR 1963, 125.
36 BAGE 16, 107 (113).

über seine Arbeitskraft verfügt, steht im Einzelarbeitsverhältnis dem Arbeitgeber gegenüber, der als Inhaber der Produktionsmittel ihm wirtschaftlich so überlegen ist, daß er einseitig die Voraussetzungen einer Leistungsgewährung bestimmen kann. Das arbeitsrechtliche Schutzprinzip ist deshalb hier das notwendige Korrelat der Vertragsfreiheit. Soweit es nicht der Gesetzgeber konkretisiert, obliegt diese Aufgabe den Gerichten. Diese Zuständigkeit besteht aber nicht gegenüber den Sozialpartnern, die im Tarifvertrag eine Regelung treffen. Für die Tarifautonomie ist ein Axiom, daß zwischen der Arbeitgeber- und der Arbeitnehmerseite auf kollektiver Ebene Parität besteht. Das BAG weist darauf hin, wenn es feststellt, daß für eine tarifliche Regelung der Rückzahlungsvorbehalte bei Weihnachtsgratifikationen etwas anderes gilt:

> ,,Hier tritt auf seiten der Arbeitnehmer ausschließlich die Gewerkschaft auf. Diese ist aber mächtiger als der einzelne Arbeitnehmer, und ihr Einfluß ist größer. Die ihr zustehenden Mittel, ihren Willen durchzusetzen, sind stärker als die des einzelnen Arbeitnehmers. Hier besteht also nicht das besondere Schutzbedürfnis, wie es in den Fällen vorlag, die bisher vom Senat entschieden worden sind''[37].

Die Tarifvertragsparteien sind zwar ebenfalls nicht berechtigt, den Arbeitnehmern unzumutbare Kündigungsbeschränkungen aufzuerlegen. Das bedeutet aber nicht, daß sie deshalb die Richtlinien einhalten müssen, die der Fünfte Senat im Interesse der Rechtssicherheit zu den Rückzahlungsklauseln bei Treue-Gratifikationen aufgestellt hat. Das BAG hat hier prätorisch Grenzen gesetzt, weil der Gesetzgeber schwieg. Sie sind verbindlich, soweit die richterliche Rechtsfortbildung sich auf das arbeitsrechtliche Schutzprinzip stützen kann. Diese Zuständigkeit besteht deshalb nicht gegenüber den Tarifvertragsparteien. Folgerichtig stellt das BAG daher fest:

> ,,Anders liegt der Fall, wenn auf diesem Gebiet bereits die Tarifvertragsparteien tätig geworden sind. Die Tarifpartner können selbst eine Ordnung schaffen, deren Fehlen angesichts des Nichtvorliegens umfassender kollektiver Regelungen dieser Frage in der Privatwirtschaft Anlaß zur Rechtsprechung des Senats gewesen ist. Hier ist also eine Korrektur oder Lückenausfüllung durch die Gerichte nur dann erforderlich, wenn ein Tarifvertrag die Grenzen der Tarifautonomie überschreitet, indem er entweder gegen Grundrechte, insbesondere Art. 12 GG, oder gegen gesetzliche Verbote, insbesondere § 134 BGB, verstößt''[38].

Die Bestimmung im Tarifvertrag ist deshalb wirksam, auch wenn sie mit den Richtlinien des BAG zu den Rückzahlungsklauseln bei Treue-Gratifikationen nicht in Einklang steht[39].

2. Die Bestimmung im Tarifvertrag ist als Rechtsnorm zu qualifizieren, die den Inhalt von Arbeitsverhältnissen regelt (§ 1 Abs. 1 TVG). Sie gilt unmittelbar nur zwischen den beiderseits Tarifgebundenen (§ 4 Abs. 1 Satz 1 TVG).

37 BAGE 18, 217 (221).

38 BAGE 18, 217 (221 f.).

39 Zustimmend *Biedenkopf*, Anm. AP Nr. 54 zu § 611 BGB Gratifikation, Bl. 3 und R; *Herschel*, DB 1967, S. 245 (246 f.); *Gamillscheg*, RdA 1968, 407 (409) = Anm. AP Nr. 63 zu § 611 BGB Gratifikation, Bl. 4 R/5; ablehnend *E. Wolf*, SAE 1966, 233 (234); *Bötticher*, SAE 1967, 263 f.; *Canaris*, Anm. AP Nr. 68 zu § 611 BGB Gratifikation; allgemein zum Problem eines tarifdispositiven Richterrechts: *Canaris*, Gedächtnisschrift für Dietz (1973), S. 199 ff.; *Richardi*, ebenda, S. 269 ff.; *Thiele*, Festschrift für Larenz (1973), S. 1043 ff.; *Lieb*, RdA 1972, 129 ff.

Tarifgebunden sind aber grundsätzlich nur die Mitglieder der Tarifvertragsparteien (§ 3 Abs. 1 TVG). Wenn die Firma Augustin Lentz Mitglied des örtlichen Arbeitgeberverbandes ist, tritt die Tarifbindung also nur für Arbeitnehmer ein, die in der IG Metall organisiert sind. Damit stellt sich die Frage, ob die tarifvertraglichen Rückzahlungsklauseln in Fällen, in denen die beiderseitige Tarifgebundenheit fehlt, auch *einzelvertraglich* vereinbart werden können. Das BAG stellt fest,

> ,,daß eine unterschiedliche Behandlung desjenigen, der sich nur kraft arbeitsvertraglicher Vereinbarung einem Tarifvertrag unterworfen hat, einerseits und des organisierten Arbeitnehmers andererseits nicht gerechtfertigt ist. Zwar gilt für den Ersteren die tarifliche Regelung nur kraft Vertrages. Aber der Inhalt des Vertrages ist der, daß sich der Arbeitnehmer, der ihn abgeschlossen hat, in allem so behandeln lassen will, wie sich die Organisierten kraft des Tarifvertrags behandeln lassen müssen. Einem solchen Vertrag gegenüber bedarf es der Ausübung von Schutz- und Ordnungsfunktionen durch die Gerichte nicht mehr, da beide Funktionen bei Abschluß des Tarifvertrags von den in erster Linie dazu berufenen Tarifpartnern ausgeübt worden sind''[40].

Diese Ansicht ist nicht unproblematisch. Für die tarifgebundenen Arbeitgeber und Arbeitnehmer liegt der Geltungsgrund des Tarifvertrags in der Tarifmacht, der sie sich durch einen ,,privatrechtlichen Sanktionierungsakt''[41], die freiwillige Mitgliedschaft in der Koalition, unterworfen haben[42]. Für die Nichtorganisierten ist Geltungsgrund dagegen die einzelvertragliche Abrede, bei der die Schutzbedürftigkeit des Arbeitnehmers Schranken erfordert, wie sie das BAG zur Konkretisierung des arbeitsrechtlichen Schutzprinzips in seinen Richtlinien errichtet hat. Die Tarifvertragsparteien sind nicht *legitimiert*, für Nichtorganisierte eine Regelung zu treffen[43]. Für das BAG war aber wohl unausgesprochen die Parallele zu § 13 Abs. 1 Satz 2 BUrlG maßgebend. Soweit es allein auf den Gesichtspunkt ankommt, der Überlegenheit des Arbeitgebers im Verhältnis zum einzelnen Arbeitnehmer bei einseitigen Leistungsbestimmungen Grenzen zu ziehen, kann man sich seiner Ansicht auch anschließen[44].

3. Entsprach der Anschlag am Schwarzen Brett einer Bestimmung im Tarifvertrag, so ist die Rückzahlungsklausel in vollem Umfang wirksam[45]. Meier wäre auch dann verpflichtet, die Weihnachtsgratifikation zurückzuzahlen, wenn er das Arbeitsverhältnis nicht schon zum 15. 2. 1982, sondern erst zum 31. 3. 1982 gekündigt hätte.

---

40 BAG AP Nr. 57 zu § 611 BGB Gratifikation, Bl. 2R.

41 *Zöllner*, RdA 1964, 443 (446, 450).

42 *Richardi*, Kollektivgewalt, S. 150ff.

43 Ausnahme: § 3 Abs. 2 TVG; vgl. dazu aber *Richardi*, Kollektivgewalt, S. 244ff.

44 Zustimmend *Herschel*, DB 1967, 245 (247ff.); *Gamillscheg*, RdA 1968, 407 (409) = Anm. AP Nr. 63 zu § 611 BGB Gratifikation, Bl. 5R; nur wenn der Tarifvertrag insgesamt einzelvertraglich übernommen wird, *Biedenkopf*, Anm. AP Nr. 54 zu § 611 BGB Gratifikation; ablehnend *E. Wolf*, SAE 1966, 233f.

45 Sollte der Anschlag am Schwarzen Brett dagegen auf einer *Betriebsvereinbarung* beruht haben, so ist die Rechtslage nach Ansicht der BAG eine andere, als wenn die Regelung auf einem Tarifvertrag beruht. Die vom Fünften Senat für eine freiwillige, auf einer einzelvertraglichen Vereinbarung beruhende Gratifikationsrückzahlungsklausel aufgestellten Grundsätze gelten auch für eine Betriebsvereinbarung, BAG AP Nr. 63 zu § 611 BGB Gratifikation; bestätigt in AP Nr. 64, 66 und 68 zu § 611 BGB Gratifikation.

Fall 5 Haftungsbeschränkung bei gefahrengeneigter Arbeit — innerbetrieblicher Schadensausgleich — grobe oder leichte Fahrlässigkeit — Beweislast — Arbeitsunfall — Haftung gegenüber Arbeitskollegen — sozialversicherungsrechtliches Haftungsprivileg

Ausgangsfälle:

1. BAG vom 30. 8. 1966 — 1 AZR 456/65, BAGE 19, 66 = AP Nr. 5 zu § 282 BGB *(Sieg)* = SAE 1967, 141 *(Brox)* = AR-Blattei Haftung des Arbeitnehmers Entsch. 43 *(Bötticher)* = NJW 1967, 269 = BB 1967, 34;

BAG vom 13. 3. 1968 — 1 AZR 362/67, AP Nr. 42 zu § 611 BGB Haftung des Arbeitnehmers *(Sieg)* = AR-Blattei Haftung des Arbeitnehmers Entsch. 49; grundlegend BAG vom 19. 3. 1959 — 2 AZR 402/55, BAGE 7, 290 = AP Nr. 8 zu § 611 BGB Haftung des Arbeitnehmers *(A. Hueck)* = SAE 1959, 185 *(Larenz)* = AuR 1960, 25 *(E. Frey)*.

2. BAG vom 14. 3. 1967 — 1 AZR 310/66, AP Nr. 1 zu § 636 RVO *(Wussow) = SAE 1967, 268 (Steindorff)* = DB 1967, 952.

Schnell war als Kraftfahrer bei der D-Molkerei tätig; er arbeitete regelmäßig nachts in der Zeit von 22 bis 8 Uhr. Am 15. 9. 1982 befuhr er nachts eine geradlinig verlaufende Straße, deren Fahrbahnen voneinander durch einen Grünstreifen getrennt sind und die mit Langfeldleuchten gut ausgeleuchtet ist. Um 3 Uhr kam Schnell mit dem von ihm gesteuerten Lkw von der Fahrbahn ab und prallte mit dem Fahrzeug gegen einen Lichtmast, weil ihm die Augen wegen einer plötzlich auftretenden Müdigkeit kurz zugefallen waren. Dadurch entstand an dem Fahrzeug ein Schaden in Höhe von 22000,— DM. Außerdem wurde der im Lkw sitzende Beifahrer Müder schwer verletzt. Die D-Molkerei nimmt Schnell für den ihr entstandenen Schaden in Anspruch. Müder verlangt ebenfalls Schadensersatz, insbesondere Schmerzensgeld.

Wie ist die Rechtslage?

LÖSUNG

I. Anspruch der D-Molkerei gegen Schnell auf Ersatz des ihr entstandenen Schadens

1. Ein Anspruch auf Ersatz des Schadens kann sich aus positiver Forderungsverletzung des Arbeitsverhältnisses ergeben. Voraussetzung ist, daß der Arbeitnehmer seine Arbeit zwar geleistet, sie aber nicht so erbracht hat, wie es seinem Arbeitsverhältnis entsprochen hätte. Eine derartige Schlechtleistung verpflichtet ihn in rechtsanaloger Anwendung der Bestimmungen über Unmöglichkeit und Verzug zum Schadensersatz. Ein Arbeitnehmer, der einen Lkw fährt, hat dafür zu sorgen, daß an dem Fahrzeug kein Schaden entsteht. Er ist wegen positiver Forderungsverletzung jedoch zum Schadensersatz nur verpflichtet, wenn er das schädigende Ereignis zu vertreten hat.

Da für das Arbeitsverhältnis keine besondere Bestimmung getroffen ist, gilt der allgemeine Haftungsmaßstab des § 276 Abs. 1 Satz 1 BGB, daß der Schuldner Vorsatz und Fahrlässigkeit zu vertreten hat. Der Arbeitnehmer haftet also für jede Fahrlässigkeit[1]. Auch aus dem Wesen des Arbeitsverhältnisses ergibt sich kein anderer Haftungsmaßstab[2]. Vor allem kann er nicht aus der Annahme einer personalen Struktur des Arbeitsverhältnisses begründet werden, worauf das BAG nachdrücklich hingewiesen hat:

> „Diese spricht gerade für das Gegenteil. Der wirtschaftliche Gesamtsinn eines Arbeitsverhältnisses macht es dem Arbeitnehmer zur Pflicht, ohne jede Fahrlässigkeit zu arbeiten. Es muß in Betracht gezogen werden, daß der Arbeitgeber dem Arbeitnehmer weitgehende Fürsorgepflichten schuldet, bei deren bereits fahrlässigen Verletzung der Arbeitgeber vom Arbeitnehmer aus dem Gesichtspunkt der schuldhaften Vertragsverletzung auf Ersatz des ihm dadurch entstandenen Schadens in Anspruch genommen werden kann. Es würde eine Wertverfälschung der wirtschaftlichen Austauschbeziehungen, in denen Arbeitnehmer und Arbeitgeber immerhin wechselseitig stehen, bedeuten, wollte man verneinen, daß auch der Arbeitnehmer, dem im übrigen immer mehr wertvolle Vermögensteile seines Arbeitgebers anvertraut werden, nach besten Kräften bemüht sein muß, seine Arbeitspflichten zu erfüllen. Mit einer solchen Auffassung ist es unvereinbar, generell eine Haftungsmilderung in der Weise in Betracht zu ziehen, daß der Arbeitnehmer für Vertragsverletzungen nur bei grober Fahrlässigkeit haftet“[3].

Sofern Schnell den Unfall fahrlässig herbeigeführt hat, ist er demnach zum Ersatz des vollen Schadens verpflichtet.

2. Die Belastung mit dem vollen Ersatz des ganzen Schadens kann für den Arbeitnehmer eine unbillige Härte darstellen. Rechtsprechung und Lehre nehmen deshalb eine Haftungsbeschränkung des Arbeitnehmers gegenüber dem Arbeitgeber bei sog. *gefahrengeneigter* oder *schadensgeneigter Arbeit* an[4]. Der Große Senat des BAG hat sie bereits in einer frühen Entscheidung ausdrücklich anerkannt:

> „Wenn die Eigenart der vom Arbeitnehmer zu leistenden Dienste es mit großer Wahrscheinlichkeit mit sich bringt, daß auch dem sorgfältigen Arbeitnehmer gelegentlich Fehler unterlaufen, die — für sich allein betrachtet — zwar jedesmal vermeidbar waren, also fahrlässig herbeigeführt worden sind, mit denen aber angesichts der menschlichen Unzulänglichkeit als mit einem typischen Abirren der Dienstleistung erfahrungsgemäß zu rechnen ist, kann der Arbeitgeber von dem fahrlässig handelnden Arbeitnehmer keinen oder jedenfalls keinen vollen Schadensersatz verlangen. Es wäre eine unbillige Härte, den Arbeitnehmer in solchen Fällen nach den normalen Regeln haften zu lassen, da häufig auch die Gefahr

---

1 BAGE 7, 290 (297); *Hueck-Nipperdey*, Bd. I S. 224, 228; *Nikisch*, Bd. I S. 300.

2 Vgl. aber *Scheuerle*, RdA 1958, 247 (251 ff.); *Steindorff*, JZ 1959, 1 (3 ff.); vgl. dazu im Text unten S. 52 f.

3 BAGE 7, 290 (297 f.).

4 Erstmalig das RAG im Jahre 1937 (ARS 30, 1); ferner: BAGE 5, 1 (7 ff.) = AP Nr. 4 zu §§ 898, 899 RVO, Bl. 3 R ff.; BAGE 7, 290 ff.; BGHZ 16, 111 (116 ff.); *Hueck-Nipperdey*, Bd. I S. 232 f.; *Nikisch*, Bd. I S. 304 f.; *Zöllner*, S. 168 ff.; *Gamillscheg-Hanau*, Die Haftung des Arbeitnehmers, 2. Aufl. (1974).

besteht, daß der durch ein solches Versehen verursachte Schaden außer Verhältnis zu dem Arbeitseinkommen des Arbeitnehmers steht. Ob und gegebenenfalls in welcher Höhe der Arbeitnehmer an der Wiedergutmachung des Schadens zu beteiligen ist, richtet sich nach der Größe der in seiner Arbeit liegenden Gefahr, nach dem vom Arbeitgeber einkalkulierten oder durch Versicherung deckbaren Risiko, nach der Stellung des Arbeitnehmers im Betrieb, nach der Höhe des Arbeitsentgelts, in dem möglicherweise eine Risikoprämie für den Arbeitnehmer enthalten sein kann, nach der Höhe des Schadens, weiter besonders nach dem Grad seines Verschuldens und überhaupt nach den persönlichen Umständen des Arbeitnehmers wie der Dauer der Betriebszugehörigkeit in der vorausgegangenen Zeit, seinem Lebensalter, den Familienverhältnissen, seinem bisherigen Verhalten u. ä.“[5].

Die dogmatische Begründung für das Haftungsprivileg bei gefahrengeneigter Arbeit ist außerordentlich umstritten[6]. Die Annahme eines stillschweigend vereinbarten Haftungsausschlusses kann nur im Einzelfall, nicht aber allgemein bei gefahrengeneigter Arbeit zu einer Lösung führen; sie ist häufig nichts anderes als eine Fiktion, um zum gewünschten rechtlichen Ergebnis zu kommen.

Vereinzelt wird sogar die Tatbestandsmäßigkeit der Pflichtverletzung oder deren Rechtswidrigkeit in Frage gestellt[7]. Am interessantesten ist der Versuch von *Scheuerle* und *Steindorff*, durch eine Neuorientierung des Fahrlässigkeitsbegriffs das Haftungsproblem bei gefahrengeneigter Arbeit zu lösen[8]. *Scheuerle* stellt einen besonderen *arbeitsrechtlichen Fahrlässigkeitsbegriff* auf, *Steindorff* will dagegen unmittelbar aus § 276 BGB einen dem Arbeitsverhältnis angepaßten Fahrlässigkeitsmaßstab entnehmen, weil bei Dauerrechtsverhältnissen die im Verkehr erforderliche Sorgfalt nicht auf die Einzelhandlung, sondern auf das Verhalten des Schuldners bei der Abwicklung des Schuldverhältnisses *im ganzen* zu beziehen sei[9]. Diese Ansicht führt zu einer Relativierung der Fahrlässigkeit, die dem BGB fremd ist. Ob eine Verhaltensweise fahrlässig ist, ob der Arbeitnehmer also die im Verkehr erforderliche Sorgfalt außer acht läßt (§ 276 Abs. 1 Satz 2 BGB), kann im Verhältnis zum Arbeitgeber nicht anders als im Verhältnis zu einem Dritten bestimmt werden[10]. Vor allem hat die Lehre vom arbeitsrechtlichen Fahrlässigkeitsbegriff aber zur Folge, daß der Arbeitnehmer entweder den vollen Schaden zu ersetzen hat oder ihn überhaupt nicht zu tragen braucht. Sie läßt also den Grundsatz des Schadensersatzrechts unangetastet: *Entweder alles oder nichts*. Die Haftung des Arbeitnehmers soll ausschließlich davon abhängen, ob die Schadensstiftung sich als „typische Abirrung einer Dienstleistung“ darstellt[11]. Dabei wird aber nicht beachtet, daß auch typische Fehlleistungen in verschiedenem Grad verschuldet sein können; vor allem bleibt die Lage des Arbeitnehmers völlig außer Betracht, ob er die Arbeit bisher stets sorgfältig ausgeführt hat und ob das Risiko des Schadenseintritts in

---

5 BAGE 5, 1 (7) = AP Nr. 4 zu §§ 898, 899 RVO, Bl. 3 R, 4.

6 Vgl. dazu *Gamillscheg-Hanau* (s. Fußn. 4), S. 38 ff.

7 Die Tatbestandsmäßigkeit verneint *Rother*, Haftungsbeschränkung im Schadensrecht (1965), S. 267 f.; die Rechtswidrigkeit bestreitet *Schnorr v. Carolsfeld*, Arbeitsrecht, 2. Aufl. (1954), S. 304 f.

8 *Scheuerle*, RdA 1958, 247 ff.; *Steindorff*, JZ 1959, 1 ff.

9 *Steindorff*, JZ 1959, 1 (4, 6).

10 *Buchner*, NJW 1967, 2381 ff.; a. A. aber BAG AP Nr. 37 zu § 611 BGB Haftung des Arbeitnehmers, Bl. 6; vgl. auch *Gamillscheg-Hanau* (s. Fußn. 4), S. 41 ff.

11 *Steindorff*, JZ 1959, 1 (7).

seinem Lohn berücksichtigt ist. Gerade diese Umstände sind die rechtlichen Gesichtspunkte, die zu einer Haftungsprivilegierung bei gefahrengeneigter Arbeit geführt haben.

Der materielle Geltungsgrund des Haftungsprivilegs liegt nicht darin, daß der *Tatbestand einer Leistungsstörung* fehlt, sondern es wird trotz einer Leistungsstörung, die der Arbeitnehmer nach allgemeinen Grundsätzen zu vertreten hat, an der *Rechtsfolge*, der Verpflichtung zum Schadensersatz, eine Korrektur vorgenommen[12]. Die tragenden Gedanken müssen aus der Eigenart und Besonderheit des Arbeitsverhältnisses entwickelt werden; es sind *arbeitsrechtliche* Gesichtspunkte[13]. Der Große Senat des BAG hat sie in klassisch formulierter Kürze genannt, um das Haftungsprivileg für Arbeitnehmer bei gefahrengeneigter Arbeit zu begründen:

> „Diese Beschränkung der Haftpflicht des Arbeitnehmers ergibt sich aus den das Arbeitsverhältnis beherrschenden Treue- und Fürsorgepflichtgedanken, mit denen es sich nicht vertrüge, daß der Arbeitgeber den Arbeitnehmer mit Schäden und Ersatzansprüchen belasten würde, die sich aus der besonderen Gefahr und Eigenart der ihm übertragenen Arbeit ergeben und als solche zum typischen vom Arbeitgeber zu tragenden Betriebsrisiko gehören, auch wenn sie im Einzelfall vom Arbeitnehmer fahrlässig herbeigeführt worden sind“[14].

Das arbeitsrechtliche Schrifttum folgt überwiegend dieser Auffassung[15]. Antiquiert ist allerdings die Begründung aus der *Fürsorgepflicht*. Der dogmatisch zutreffende Standort der Haftungsprivilegierung bei schadensgeneigter Arbeit liegt in der *Risikoverteilung* bei Zurechnung von Schadensfolgen[16]. Wie der Arbeitgeber zur Lohnzahlung verpflichtet ist, wenn die Arbeit wegen einer Betriebsstörung nicht erbracht werden kann, weil er das Betriebsrisiko trägt, so muß auch bei der Verteilung von Schadensfolgen berücksichtigt werden, daß der Arbeitgeber es sich zurechnen lassen muß, wenn dem Arbeitnehmer bestimmte Arbeiten übertragen werden, bei denen eine erhöhte Wahrscheinlichkeit für ein gelegentliches Versagen selbst des zuverlässigsten Arbeitnehmers besteht.

3. Die Haftungsbeschränkung des Arbeitnehmers gilt deshalb nur für Fehler, mit denen ein Arbeitgeber wegen der menschlichen Unzulänglichkeit erfahrungsgemäß zu rechnen hat. Daraus folgt, daß sie nicht bei vorsätzlichem, sondern nur bei *fahrlässigem Verhalten* in Betracht kommt. Der Arbeitnehmer hat, wenn ihm Vorsatz zur Last fällt, den ganzen Schaden zu ersetzen. Bei Fahrlässigkeit greift dagegen das *Rechtsinstitut des innerbetrieblichen Scha-*

---

12 *Gamillscheg-Hanau* (s. Fußn. 4), S. 43.

13 *Larenz*, JuS 1965, 373 (375 f.) und *Canaris*, RdA 1966, 41 (45 ff.) sehen den Rechtsgrund in einem dem gesamten Schadensrecht eigenen Prinzip, wonach derjenige, der eine bestimmte Tätigkeit zu seinem Vorteil ausführen läßt, die typischen Schadensrisiken tragen muß; vgl. auch *Richardi*, ZfA 1974, 3 (21 f.); kritisch *Zöllner*, S. 169 f.; vor allem *Koller*, Die Risikozurechnung bei Vertragsstörungen in Austauschverträgen (1979), S. 406.

14 BAGE 5, 1 (8) = AP Nr. 4 zu §§ 898, 899 RVO, Bl. 4.

15 *Hueck-Nipperdey*, Bd. I S. 233; *Nikisch*, Bd. I S. 304 f.; *Zöllner*, S. 169 f.

16 *Gamillscheg-Hanau* (s. Fußn. 4), S. 46 ff.; so auch BAG AP Nr. 61 zu § 611 BGB Haftung des Arbeitnehmers.

densausgleichs ein. Dabei kommt es nach der Rechtsprechung des BAG entscheidend auf den Grad der Fahrlässigkeit an:

a) Bei leichtester Fahrlässigkeit haftet der Arbeitnehmer nicht.
b) Bei grober Fahrlässigkeit haftet er in vollem Umfang.
c) Liegt die Fahrlässigkeit zwischen diesen beiden Graden, so muß der Schaden je nach den Umständen aufgeteilt werden, wobei das Verschulden des Arbeitnehmers und — in analoger Anwendung des § 254 BGB — das Betriebsrisiko des Arbeitgebers gegenüber abzuwägen sind[17].

Für diese Abstufung spricht: Grob fahrlässiges Verhalten kann auch bei gefahrengeneigter Arbeit den Arbeitnehmer in aller Regel nicht von seiner Ersatzpflicht befreien[18]. Das BAG hat diese ,,Toleranzgrenze" für eine Haftungsbeschränkung gezogen, weil auch derjenige, der nur für diligentia quam in suis einzustehen hat, nach § 277 BGB nicht von der Haftung für grobe Fahrlässigkeit befreit ist. In beiden Fällen seien dieselben Gesichtspunkte maßgebend, nämlich diejenigen, ,,daß die Gerechtigkeit, der daraus sich ergebende Sühnegedanke und die allgemeine Ordnung es gebieten, denjenigen, der grob gegen die durch das menschliche Zusammenleben gebotenen Sorgfaltspflichten verstößt, für die Folgen eines solchen gemeinschaftswidrigen Verhaltens auch haften zu lassen"[19]. Dieser Gedanke muß um so mehr zum Tragen kommen, als der Arbeitnehmer auch bei gefahrengeneigter Arbeit *jede* Sorgfalt i. S. von § 276 Abs. 1 Satz 1 BGB schuldet, während in den Fällen des § 277 BGB der Schuldner nur für die Sorgfalt in eigenen Angelegenheiten einzustehen hat. Die Freistellung des Arbeitnehmers von der Schadenshaftung bei gefahrengeneigter Arbeit beruht ,,nicht auf einer Billigung durch die Rechtsordnung, sondern lediglich auf einem *Verständnisgedanken*"[20].

Der innerbetriebliche Schadensausgleich findet also in aller Regel nur bei leichter Fahrlässigkeit statt. Die Rechtsprechung des BAG unterscheidet hier zwischen einer normalen und einer leichtesten Fahrlässigkeit[21]. Als Richtlinie gilt, wie das BAG feststellt,

> ,,daß geringe Fahrlässigkeit in aller Regel es verbietet, den Arbeitnehmer wegen des im Rahmen von schadensgeneigter Arbeit verursachten Schadens in Anspruch zu nehmen, und daß Fahrlässigkeit schlechthin — jedoch unter Ausschluß der groben Fahrlässigkeit — in aller Regel zu einer quotalen Verteilung der Schadensfolgen zwischen Arbeitnehmer und Arbeitgeber führt, wobei die Gesamtumstände von Schadensanlaß und Schadensfolgen nach Billigkeitsgrundsätzen und Zumutbarkeitsgesichtspunkten erschöpfend und widerspruchsfrei gegeneinander abzuwägen sind"[22].

Bei grober Fahrlässigkeit bleibt es dagegen bei der BGB-Regelung. Man kann lediglich in Erwägung ziehen, ausnahmsweise die Ersatzpflicht zu ermäßigen,

---

17 Vgl. BAG AP Nr. 61 zu § 611 BGB Haftung des Arbeitnehmers.

18 BAGE 7, 290 (299f.); 19, 66 (69); BAG AP Nr. 23 und 33 zu § 611 BGB Haftung des Arbeitnehmers; BGHZ 16, 111 (116ff.).

19 BAGE 7, 290 (300).

20 BAGE 7, 290 (300) — Hervorhebung vom Verfasser.

21 Die beiden Stufen werden verschieden bezeichnet: Fahrlässigkeit schlechthin, geringe Fahrlässigkeit, BAGE 7, 290 (300f.); leichte und leichteste Fahrlässigkeit, BAGE 9, 243 (245); normale und leichteste Fahrlässigkeit, BAG AP Nr. 33 zu § 611 BGB Haftung des Arbeitnehmers.

22 BAGE 7, 290 (300f.).

,,wenn wegen besonderer in der Art der Arbeit oder der Person des Arbeitnehmers liegender Umstände die volle Haftung eine unzumutbare Härte bedeuten würde''[23].

4. Das Haftungsprivileg tritt nur ein, wenn der Schaden durch eine sog. *gefahrengeneigte* oder *schadensgeneigte Arbeit* eingetreten ist. Das ist anzunehmen, ,,wenn die Eigenart der vom Arbeitnehmer zu leistenden Dienste es mit großer Wahrscheinlichkeit mit sich bringt, daß auch dem sorgfältigen Arbeitnehmer gelegentlich Fehler unterlaufen, die — für sich allein betrachtet — zwar jedes Mal vermeidbar waren, also fahrlässig herbeigeführt worden sind, mit denen aber angesichts der menschlichen Unzulänglichkeit als mit einem typischen Abirren der Dienstleistung erfahrungsgemäß zu rechnen ist''[24]. Damit stellt sich die Frage, wie zu bestimmen ist, ob eine gefahrengeneigte Arbeit vorliegt. Die Tätigkeit eines Kraftfahrers ist der typische Fall der gefahrengeneigten Arbeit[25]. Es können aber Zweifel bestehen, ob das auch hier anzunehmen ist. Das BAG ist nämlich der Meinung, daß die Tätigkeit eines Kraftfahrers dann nicht gefahrengeneigt ist, wenn er bei gutem Wetter auf einer verkehrsarmen, übersichtlichen Nebenstraße mit guter Fahrbahn fährt[26]. Demnach stellt es also nicht darauf ab, ob die *übertragene Tätigkeit* als solche gefahrengeneigt ist, sondern es sieht als entscheidend an, ob nach den *konkreten Umständen des Einzelfalles* eine Schadensneigung vorliegt (*konkrete Betrachtungsweise*).

Dagegen bestehen Bedenken; insbesondere erscheint es absurd, eine gefahrengeneigte Arbeit nur deshalb nicht als gefahrengeneigt anzusehen, weil Außenumstände die Gefahrengeneigtheit mindern, z. B. für die Tätigkeit eines Kraftfahrers Verkehrsarmut und Übersichtlichkeit der Straße bei guter Fahrbahn. Wenn die Unterscheidung zwischen gefahrengeneigter und nicht gefahrengeneigter Arbeit für das Haftungsprivileg überhaupt einen Sinn haben soll, so ist sie darauf zurückzuführen, daß es einen besonderen Tatbestand darstellt, wenn die dem Arbeitnehmer übertragene Arbeit gefahrengeneigt ist. Eine Haftungsprivilegierung muß also auch dann in Betracht kommen, wenn der Arbeitnehmer bei einer derartigen Arbeit in einer gefahrlosen Situation versagt. Der Grad der Gefahr beim Eintritt des Schadensfalles ist deshalb lediglich für die Feststellung des Verschuldensgrades einzubeziehen. Stellt man dagegen darauf ab, daß eine gefahrengeneigte Arbeit auch dann vorliegen kann, wenn die übertragene Tätigkeit als solche nicht gefahrengeneigt ist, aber bei deren Ausführung im konkreten Fall eine besondere Gefahrensituation gegeben war, so verschwimmt die Abgrenzung der Gefahrneigung zum Verschulden[27]. Man kommt praktisch zu dem Ergebnis, daß für das Haftungsprivileg im Arbeitsverhältnis keine Rolle spielt, ob eine gefahrengeneigte Arbeit vorliegt.

---

23 So § 26 Abs. 2 des Entwurfs eines Arbeitsvertragsgesetzes der Arbeitsgesetzbuchkommission, hrsg. vom Bundesminister für Arbeit und Sozialordnung (1977).

24 BAGE 5, 1 (7) = AP Nr. 4 zu §§ 898, 899 RVO, Bl. 3 R, 4.

25 BAGE 7, 290 (295); 19, 66 (68); BAG AP Nr. 42 (Bl. 2) und Nr. 59 (Bl. 2 R) zu § 611 BGB Haftung des Arbeitnehmers.

26 BAG AP Nr. 22 zu § 611 BGB Haftung des Arbeitnehmers; ebenso BAG AP Nr. 26 und 56 zu § 611 BGB Haftung des Arbeitnehmers.

27 Vgl. *Hanau*, Anm. AP Nr. 56 zu § 611 BGB Haftung des Arbeitnehmers, Bl. 4 R/5; folgerichtig empfiehlt daher *Koller* (s. Fußn. 13), S. 408, ,,grundsätzlich die Haftungsbegünstigung *auf alle Arbeiten zu erstrecken*, — das Erfordernis einer spezifisch schadensgeneigten Tätigkeit also aufzugeben''.

Die Problematik braucht hier nicht vertieft zu werden. Das BAG hat in den Entscheidungen, denen ein ähnlicher Sachverhalt wie hier zugrunde liegt, das Lenken eines schweren Fahrzeugs als gefahrengeneigte Arbeit angesehen[28]. Zutreffend erblickt es die Gefahrengeneigtheit der von Kraftfahrern verrichteten Tätigkeit darin, ,,daß eine an sich nicht sehr erhebliche, ganz kurzfristige und sogar verständliche, wenn auch vermeidbare Unachtsamkeit zu schwerwiegenden Folgen führen konnte''[29]. Schnell hat also zur Unfallzeit eine gefahrengeneigte Arbeit verrichtet.

5. Schnell haftet nur dann in vollem Umfang, wenn er den Unfall durch *grobe Fahrlässigkeit* verursacht hat. Grob fahrlässig handelt, wer die im Verkehr erforderliche Sorgfalt nach den ganzen Umständen in einem ungewöhnlich hohen Grade verletzt und dasjenige unbeachtet läßt, was im gegebenen Falle jedem einleuchten muß[30]. Plastisch ist die Formel von *Erich Frey:* Wenn man sagen kann: ,,Das darf nicht vorkommen'', spricht die Vermutung für grobe Fahrlässigkeit; muß man dagegen sagen: ,,Das kann vorkommen'', so spricht die Vermutung für leichte Fahrlässigkeit[31]. Wenn ein Fahrer wegen Übermüdung am Steuer einschläft, so soll das nach einer Entscheidung des BAG in aller Regel ein grobes Verschulden bedeuten; eine Übermüdung trete selten so plötzlich ein, daß der Fahrer nicht die notwendigen Schritte unternehmen könne, um einen Unfall abzuwenden[32]. Vor einer Generalisierung dieser Feststellung ist aber zu warnen, wie das BAG in einer späteren Entscheidung, der ein ähnlicher Sachverhalt wie hier zugrunde lag, erkannt hat[33]. Eine grobe Fahrlässigkeit liegt nur vor, wenn der Arbeitnehmer die Übermüdung bemerkte oder nach den besonderen Umständen des Falles mit ihrem Eintritt hätte rechnen müssen.

Damit stellt sich die Frage nach der Verteilung der *Beweislast*. Nach § 282 BGB trifft den Schuldner die Beweislast, wenn streitig ist, ob die Unmöglichkeit der Leistung die Folge eines von dem Schuldner zu vertretenden Umstandes ist. Dasselbe ergibt sich aus § 285 BGB für den Verzug. Diese Vorschriften enthalten einen allgemeinen Rechtsgrundsatz, der auch für die nicht im BGB geregelte positive Forderungsverletzung gilt[34]. Abweichend von dem allgemeinen Prinzip, daß den Kläger die Beweislast für alle Anspruchsvoraussetzungen trifft, kann der Gläubiger sich bei Pflichtverletzungen im Rahmen eines Schuldverhältnisses darauf beschränken, die objektive Pflichtwidrigkeit darzutun, während der Schuldner sich von der subjektiven Verantwortung ent-

---

28 BAGE 19, 66 (68f.); BAG AP Nr. 42 zu § 611 BGB Haftung des Arbeitnehmers, Bl. 2; vgl. auch BAG AP Nr. 59 zu § 611 BGB Haftung des Arbeitnehmers, Bl. 2R.

29 BAG AP Nr. 42 zu § 611 BGB Haftung des Arbeitnehmers, Bl. 2.

30 RGZ 141, 129 (131); 166, 98 (101); BGHZ 10, 14 (16); BAGE 9, 243 (248) = AP Nr. 19 zu § 611 BGB Haftung des Arbeitnehmers, Bl. 3.

31 AuR 1953, 7 (8).

32 BAG AP Nr. 33 zu § 611 BGB Haftung des Arbeitnehmers, Bl. 2.

33 BAG AP Nr. 42 zu § 611 BGB Haftung des Arbeitnehmers, Bl. 3 R, 4.

34 Grundlegend *Raape*, AcP 147 (1942), 217ff.; vgl. auch *Blomeyer*, Allgemeines Schuldrecht, 4. Aufl. (1969), S. 163; *Enneccerus-Lehmann*, Schuldrecht, 15. Aufl. (1958), S. 238; *Esser-Schmidt*, Schuldrecht, Bd. 1: Allgemeiner Teil, Teilband 2, 5. Aufl. (1976), S. 110; *Larenz*, Bd. I S. 341ff.

lasten muß. Diese Beweislastregel soll nach Ansicht des BAG für positive Forderungsverletzung bei gefahrengeneigter Arbeit nicht anwendbar sein[35]. Das BAG stellt vor allem darauf ab, daß § 282 BGB sich auf alle Arten des Verschuldens, also auch auf die leichteste Fahrlässigkeit erstrecke; deshalb sei er dann nicht anwendbar, wenn es — wie bei der gefahrengeneigten Arbeit — gerade auf den Grad der Fahrlässigkeit ankomme.

Diese Ansicht des BAG überzeugt nicht. Die Beweislastregel des § 282 BGB gilt auch für eine positive Forderungsverletzung bei gefahrengeneigter Arbeit, soweit es um die Frage geht, ob der Arbeitnehmer schuldhaft gehandelt hat[36]. Erst wenn sie bejaht ist, stellt sich das weitere Problem der Haftungsbeschränkung bei gefahrengeneigter Arbeit. Für sie kann die Beweislastregel des § 282 BGB keine Anwendung finden. Der Arbeitgeber muß also beweisen, daß dem Arbeitnehmer grobe Fahrlässigkeit zur Last fällt, wenn er von ihm Schadensersatz in voller Höhe verlangt.

Nach dem BAG muß der Arbeitgeber bei gefahrengeneigter Arbeit beweisen, daß der Arbeitnehmer mit mindestens normaler Fahrlässigkeit gehandelt hat; denn er kann ihn nur dann zu teilweisem oder vollem Schadensersatz heranziehen, wenn die Fahrlässigkeit das Maß der leichtesten Fahrlässigkeit übersteigt. Doch sollen zugunsten des Arbeitgebers die Grundsätze des *Beweises des ersten Anscheins* eingreifen[37]. Bei dem Abkommen eines Kraftfahrzeugs von einer guten Straße bei einwandfreien Sichtverhältnissen sei auch bei gefahrengeneigter Arbeit davon auszugehen, daß der Kraftfahrer mit mindestens normaler Fahrlässigkeit gehandelt habe, also nicht nur leichteste Fahrlässigkeit vorliegt[38]. Ein Schluß des Inhalts, daß bei Abkommen von der Straße stets der Beweis des ersten Anscheins für das Vorliegen grober Fahrlässigkeit spreche, sei aber nicht gerechtfertigt[39]. Das BAG kommt also über die Grundsätze des Beweises des ersten Anscheins im Regelfall zu demselben Ergebnis.

Wenn die D-Molkerei von Schnell Ersatz des vollen Schadens verlangt, so muß sie ihm grobe Fahrlässigkeit nachweisen.

6. Neben positiver Forderungsverletzung kommt ein weiterer Anspruch aus unerlaubter Handlung wegen Verletzung des Eigentums in Betracht. Man kann ihn auf § 823 Abs. 1 BGB stützen. Die Sonderregelung des Eigentümer-Besitzer-Verhältnisses in §§ 987ff. BGB greift nicht ein, da Schnell lediglich Besitzdiener ist (§ 855 BGB). Da Schnell den Tatbestand des § 823 Abs. 1 BGB verwirklicht hat, ist gegen ihn auch ein Anspruch auf Ersatz des Schadens aus unerlaubter Handlung begründet. Für ihn gelten aber ebenfalls die Grundsätze über eine Haftungsbeschränkung des Arbeitnehmers bei gefah-

---

35 BAGE 19, 66 (70f.); bestätigt BAG AP Nr. 58 und 59 zu § 611 BGB Haftung des Arbeitnehmers.

36 *Sieg*, Anm. AP Nr. 5 zu § 282 BGB, Bl. 5 R; *Medicus*, Anm. AP Nr. 58 zu § 611 BGB Haftung des Arbeitnehmers, Bl. 8.

37 BAGE 19, 66 (71).

38 BAGE 19, 66 (72).

39 BAG AP Nr. 42 zu § 611 BGB Haftung des Arbeitnehmers, Bl. 3.

rengeneigter Arbeit[40]. Würde man sie dogmatisch aus einem besonderen arbeitsrechtlichen Fahrlässigkeitsmaßstab begründen, so könnte man über ihre Erstreckung auf Ansprüche aus unerlaubter Handlung zumindest streiten. Da sie aber ihre Rechtsgrundlage im Treue- und Fürsorgegedanken des Arbeitsverhältnisses haben, gebietet die Fürsorgepflicht des Arbeitgebers, den Arbeitnehmer auch hier nur nach den Regeln über den innerbetrieblichen Schadensausgleich an den Schadensfolgen zu beteiligen.

II. Der Anspruch Müders auf Schadensersatz gegen Schnell

1. Das Arbeitsverhältnis besteht nur zwischen dem Arbeitnehmer und dem Arbeitgeber. Der Arbeitskollege steht daher dem Arbeitnehmer grundsätzlich wie ein sonstiger *Dritter* gegenüber. Soweit Sondergesetze nicht eingreifen, kommen *nur* Ansprüche aus *unerlaubter Handlung* in Betracht. Der Führer eines Kraftfahrzeugs ist zwar auch nach § 18 Abs. 1 StVG zum Schadensersatz verpflichtet, wenn bei dem Betrieb des Kraftfahrzeugs ein Mensch verletzt wird und er sich nicht exculpieren kann. Diese Haftung tritt aber nach § 8 StVG nicht ein, wenn der Verletzte bei dem Betrieb des Kraftfahrzeugs tätig war. Zu diesem Personenkreis gehört der zur Ablösung des Fahrers mitfahrende angestellte Fahrer eines Kraftfahrzeugs[41]. Ein Anspruch auf Schadensersatz kann deshalb lediglich auf § 823 Abs. 1 BGB und § 823 Abs. 2 BGB i. V. mit § 230 StGB gestützt werden. Nur wenn er gegeben ist, kann der Verletzte nach § 847 Abs. 1 BGB auch Schmerzensgeld verlangen.

2. Soweit stellt die Rechtslage sich nach bürgerlichem Recht dar. Hier ist aber zu berücksichtigen, daß der Arbeitnehmer gegenüber dem Arbeitgeber bei gefahrengeneigter Arbeit nur nach den Grundsätzen über den innerbetrieblichen Schadensausgleich haftet. Wenn also der Arbeitgeber von dem Dritten nach § 831 BGB in Anspruch genommen wird, so kann er, wenn dem Arbeitnehmer bei gefahrengeneigter Arbeit weder Vorsatz noch grobe Fahrlässigkeit zur Last fallen, gegen ihn nicht oder nur anteilmäßig Rückgriff nehmen. Der Dritte kann den Arbeitnehmer dagegen in vollem Umfang in Anspruch nehmen, da ihm gegenüber die Haftungsbeschränkung des Arbeitnehmers nicht gilt. Der Arbeitnehmer hat aber gegen den Arbeitgeber einen Anspruch auf Freistellung von seiner Ersatzpflicht, soweit dieser im Verhältnis zum Arbeitnehmer den Schaden tragen muß[42].

Wenn der Dritte ein *Arbeitskollege* ist, so steht einem derartigen Freistellungsanspruch das *sozialversicherungsrechtliche Haftungsprivileg* des Unterneh-

---

40 BAG AP Nr. 16 zu § 611 BGB Haftung des Arbeitnehmers.

41 BAG AP Nr. 31 zu § 611 BGB Haftung des Arbeitnehmers.

42 BAGE 5, 1 (5, 8) = AP Nr. 4 zu §§ 898, 899 RVO, Bl. 2 R/3, 4; vgl. auch BAG AP Nr. 47 zu § 611 BGB Haftung des Arbeitnehmers, wo ein Freistellungsanspruch sogar für den Fall anerkannt wird, daß es sich nicht um eine gefahrengeneigte Arbeit handelt, der Arbeitgeber aber den Eintritt oder den Umfang des Schadens rechtswidrig und schuldhaft mitverursacht hat; die Freistellungspflicht des Arbeitgebers geht also wesentlich weiter, als sie sich aus §§ 840, 426, 254 BGB ergeben würde.

mers entgegen. Es war früher in § 898 RVO enthalten und ist seit dem Unfallversicherungs-Neuregelungsgesetz vom 30. 4. 1963 mit Wirkung vom 1. 7. 1963 in § 636 RVO geregelt. Da Arbeitnehmer nach § 539 Abs. 1 Nr. 1 RVO in der Unfallversicherung versichert sind, ist der Arbeitgeber ihnen zum Ersatz des *Personenschadens*, den sie durch einen Arbeitsunfall erlitten haben, nur dann verpflichtet, wenn er den Arbeitsunfall vorsätzlich herbeigeführt hat oder wenn der Arbeitsunfall bei der Teilnahme am allgemeinen Verkehr eingetreten ist. Dieses Haftungsprivileg galt nach § 899 RVO a. F. außerdem für einige Gruppen gehobener Arbeitnehmer, nicht aber für alle Arbeitnehmer. Der Große Senat des BAG hat in seinem Beschluß vom 25. 9. 1957 erkannt, daß hier bei gefahrengeneigter Arbeit die arbeitsrechtlichen und die sozialversicherungsrechtlichen Haftungsgrundsätze in Widerspruch geraten[43]. Wenn der Arbeitnehmer nach dem Arbeitsrecht bei einem Arbeitsunfall gegen den Arbeitgeber einen Freistellungsanspruch hat, so trifft diesen eine Ersatzpflicht, die nach dem Sozialversicherungsrecht gerade ausgeschlossen wird. Da beide Haftungsprinzipien nicht durchbrechbar sind, hat das BAG dem geschädigten Arbeitnehmer einen Schadensersatzanspruch gegen seinen Arbeitskollegen nur zuerkannt, wenn diesen eine „schwere Schuld" (= grobe Fahrlässigkeit) trifft[44]. Es ist also die Grenze, bei der auch ein Freistellungsanspruch nach den Grundsätzen der Haftungsbeschränkung bei gefahrengeneigter Arbeit entfällt.

3. Das Unfallversicherungs-Neuregelungsgesetz hat diese unklare Rechtslage bereinigt. Nach § 637 Abs. 1 RVO gilt das Haftungsprivileg des § 636 RVO für *alle Arbeitnehmer*. Der Grund dieser Regelung liegt in folgendem:

> „§ 637 Abs. 1 RVO, der eine Ausnahme von dem Grundsatz darstellt, daß jeder für den von ihm schuldhaft angerichteten Schaden verantwortlich ist, will einer gewissen Zwangslage des Arbeitnehmers Rechnung tragen; diese Zwangslage besteht darin, daß er einerseits für den Betrieb und dessen Betriebszwecke auf Grund seines Arbeitsverhältnisses arbeitet, daß ihm aber andererseits aus eben dieser für den Betrieb geleisteten Tätigkeit Schadensersatzansprüche wegen fahrlässiger Verursachung eines Schadens zu Lasten eines Arbeitskameraden drohen können"[45].

Ein Haftungsausschluß nach den §§ 636, 637 RVO kommt also in Betracht, wenn

1. ein *Arbeitsunfall* vorliegt,
2. der Arbeitnehmer *in demselben Betrieb* tätig ist wie der Schädiger und dieser den Arbeitsunfall *durch eine betriebliche Tätigkeit* verursacht hat,
3. der Schädiger den Arbeitsunfall nicht vorsätzlich herbeigeführt hat und keine Teilnahme am allgemeinen Verkehr vorliegt.

---

43 BAGE 5, 1 = AP Nr. 4 zu §§ 898, 899 RVO.

44 BAGE 5, 1 (18) = AP Nr. 4 zu §§ 898, 899 RVO, Bl. 8 R/9. Das BAG will zwischen „schwerer Schuld" und „nicht schwerer Schuld" unterscheiden; dagegen *Hueck-Nipperdey*, Bd. I S. 234 Fußn. 42.

45 BAGE 19, 41 (46) = AP Nr. 1 zu § 637 RVO, Bl. 3.

a) Ein *Arbeitsunfall* ist nach § 548 Abs. 1 i. V. mit § 539 Abs. 1 Nr. 1 RVO ein Unfall, den ein Arbeitnehmer im Rahmen seiner Arbeitstätigkeit erleidet. Es muß also auf die Person des Verletzten abgestellt werden[46]. Da Müder auf Grund seines Arbeitsverhältnisses verpflichtet war, als Beifahrer mitzufahren, liegt ein Arbeitsunfall vor; es handelt sich sogar um einen echten Betriebsunfall, nicht lediglich um einen Wegeunfall i. S. des § 550 RVO. Sollte zwischen den Parteien streitig sein, ob ein Arbeitsunfall vorliegt, kann darüber nicht das für den Streitfall zuständige Arbeitsgericht entscheiden. Es ist in dieser Frage nach § 638 Abs. 1 RVO an die endgültige Entscheidung gebunden, die in einem Verfahren nach der RVO oder dem Sozialgerichtsgesetz ergeht, und muß deshalb gemäß § 638 Abs. 2 RVO sein Verfahren so lange aussetzen, bis diese Entscheidung ergangen ist. Das gilt aber nur, wenn überhaupt ein Streit über die Frage des Arbeitsunfalls besteht[47].

b) Weitere Voraussetzung ist, daß der Schädiger den Arbeitsunfall *durch eine betriebliche Tätigkeit* verursacht hat. Er wird also nur dann von der Haftung befreit, „wenn er bei Ausführung einer betrieblichen Tätigkeit gehandelt hat, nicht aber schon dann, wenn er den Schaden bei Gelegenheit seiner Arbeit im Betrieb verursacht hat“ — nicht also, wenn ein Arbeitnehmer ein brennendes Streichholz an eine „Benzinglocke“ hält, die sich um den Körper eines Arbeitskollegen gebildet hat[48]. Für Schnell war die Fahrt mit dem Lkw eine Aufgabe, die er im Rahmen der betrieblichen Organisation zu erledigen hatte. Dabei spielt es keine Rolle, daß er den Unfall durch sein verkehrswidriges Verhalten verschuldet hat. Wie das BAG zutreffend feststellt, entscheidet die Art, wie eine Arbeit verrichtet wird, ob sie sachgemäß oder fehlerhaft ausgeführt und ob bei ihr vorsichtig oder leichtsinnig gehandelt wird, nicht darüber, ob es sich um eine betriebliche Tätigkeit handelt[49]. Schnell, der in demselben Betrieb wie Müder tätig war, hat den Arbeitsunfall also auch durch eine betriebliche Tätigkeit verursacht[50].

c) Da nach dem Sachverhalt Vorsatz ausscheidet, würde Schnell in vollem Umfang nur haften, wenn der Arbeitsunfall bei der Teilnahme am allgemeinen Verkehr eingetreten ist. Diese Voraussetzung könnte im gegebenen Fall vorliegen. Der Begriff der Teilnahme am allgemeinen Verkehr muß aber hier wesentlich enger gefaßt werden als sonst. Wenn die Beförderung ausschließlich betrieblichen Interessen dient, sich also als ein innerbetrieblicher Vorgang darstellt, kann von einer Teilnahme am allgemeinen Verkehr nicht mehr gesprochen werden[51].

---

46 BAG AP Nr. 1 zu § 636 RVO, Bl. 2.
47 BAG AP Nr. 1 zu § 636 RVO, Bl. 2 und R.
48 BAGE 19, 41 (45ff.) = AP Nr. 1 zu § 637 RVO, Bl. 2Rff.
49 BAGE 19, 41 (48) = AP Nr. 1 zu § 637 RVO, Bl. 4; BAG AP Nr. 1 zu § 636 RVO, Bl. 3.
50 Der Haftungsausschluß gemäß §§ 636, 637 RVO zwischen Betriebsangehörigen gilt nicht nur zwischen Arbeitnehmern desselben Betriebs, sondern auch dann, wenn Geschädigter und Schädiger Arbeitnehmer verschiedener Betriebe, beide aber in demselben Betrieb tätig sind und der betriebsfremde Arbeitnehmer in den Betrieb, in dem er vorübergehend arbeitet, eingegliedert ist; vgl. BAGE 25, 514 = AP Nr. 7 zu § 637 RVO; BAG AP Nr. 9 zu § 637 RVO.
51 BAG AP Nr. 1 zu § 636 RVO, Bl. 3Rff.

4. Schnell ist also nach §§ 636, 637 RVO gegenüber seinem Arbeitskollegen Müder *nicht* zum Ersatz des *Personenschadens* verpflichtet. Dieser Haftungsausschluß umfaßt auch den Anspruch auf das *Schmerzensgeld*, obwohl ein Schmerzensgeld nicht zu den Leistungen der gesetzlichen Unfallversicherung gehört (§ 547 RVO)[52].

Der Haftungsausschluß umfaßt aber nicht *Sachschäden*. Müder hat insoweit gegen Schnell einen Schadensersatzanspruch nach § 823 Abs. 1 BGB. Wenn der Arbeitnehmer den Schaden im Rahmen einer ihm übertragenen gefahrengeneigten Tätigkeit herbeigeführt hat, kann er vom Arbeitgeber Freistellung in der Höhe des Schadensbetrags verlangen, die dieser nach den Grundsätzen des innerbetrieblichen Schadensausgleichs übernehmen muß. Hier kommt aber hinzu, daß die D-Molkerei als Halter eines Kraftfahrzeugs nach § 1 PflVG verpflichtet ist, für sich und den berechtigten Fahrer eine Haftpflichtversicherung zur Deckung der durch den Gebrauch des Fahrzeugs verursachten Sach- und Personenschäden abzuschließen[53]. Die Versicherung muß bis zur vereinbarten Versicherungssumme den Schaden übernehmen, auch wenn der Fahrer grob fahrlässig gehandelt hat, da der Haftpflichtversicherer nach § 152 VVG nur bei Vorsatz von der Verpflichtung zur Leistung frei wird[54]. Eine Bresche in diesen Versicherungsschutz schlägt aber vor allem § 11 der Allgemeinen Bedingungen für die Kraftverkehrsversicherung (AKB)[55]. Nach § 11 Nr. 3 AKB sind Haftpflichtansprüche wegen Beschädigung, Zerstörung oder Abhandenkommen des Fahrzeugs, auf das sich die Versicherung bezieht, oder der mit diesem beförderten Sachen ausgeschlossen. Zu den durch das Kraftfahrzeug beförderten Sachen gehören insbesondere die Sachen, die eine durch das Kraftfahrzeug beförderte Person an sich trägt, also vor allem die Kleidungsstücke (vgl. § 8a Abs. 1 Satz 2 StVG).

---

52 BAG AP Nr. 1 zu § 636 RVO, Bl. 1 R, 2; bestätigt durch BVerfGE 34, 118 = AP Nr. 6 zu § 636 RVO.

53 Abgedruckt in: *Schönfelder*, Deutsche Gesetze, unter Nr. 63.

54 Das gilt aber nicht für Personenschäden, weil hier eine Haftung nach §§ 636, 637 RVO ausgeschlossen ist; vgl. BGH AP Nr. 43 zu §§ 898, 899 RVO; BAG AP Nr. 37 zu § 611 BGB Haftung des Arbeitnehmers.

55 Vgl. dazu *Gamillscheg-Hanau* (s. Fußn. 4), S. 99f.; *Hanau*, BB 1972, 4 (5).

Fall 6 **Befristetes Arbeitsverhältnis — Kettenarbeitsverträge — Haftung des Arbeitgebers für Sachschäden des Arbeitnehmers**

Ausgangsfälle:

1. BAG vom 2. 12. 1965 — 2 AZR 91/65, BAGE 18, 8 = AP Nr. 27 zu § 620 BGB Befristeter Arbeitsvertrag *(A. Hueck)* = SAE 1966, 101 *(Kraft)* = AR-Blattei Arbeitsvertragsbruch Entsch. 7 = NJW 1966, 849; grundlegend BAG vom 12. 10. 1960 — GS 1/59, BAGE 10, 65 = AP Nr. 16 zu § 620 BGB Befristeter Arbeitsvertrag = SAE 1961, 125 *(Bötticher)* = AR-Blattei Arbeitsvertrag — Arbeitsverhältnis VIII Entsch. 3 = AuR 1962, 91 *(E. Frey)* = NJW 1961, 798.

2. BAG vom 10. 11. 1961 — GS 1/60, BAGE 12, 15 = AP Nr. 2 zu § 611 BGB Gefährdungshaftung des Arbeitgebers *(Isele)* = SAE 1962, 193 *(Larenz)* = AR-Blattei Haftung des Arbeitgebers Entsch. 14 *(Sommer)* = NJW 1962, 411.

Franz Schlamminger war seit April 1981 als Hafenarbeiter bei der Stadtlagerhaus-GmbH im Regensburger Hafen tätig. Der erste Arbeitsvertrag vom 21. 3. 1981 erstreckte sich auf die Zeit vom 15. 4. bis zum 14. 12. 1981. Am 4. 11. 1981 schlossen die Parteien einen neuen Vertrag für die Zeit bis zum 14. 12. 1982. Am 7. 5. 1982 hatte die Gruppe, zu der Schlamminger gehörte, Korbflaschen mit Ameisensäure von einem eisernen Karren in Ladekästen umzusetzen. Nachdem etwa hundert Korbflaschen bereits verladen waren, platzte bei einer von Schlamminger getragenen Korbflasche der Glasboden ab. Die Säure floß aus, verletzte Schlamminger und beschädigte seine Kleider. Die Stadtlagerhaus-GmbH weigerte sich, ihm den Sachschaden zu ersetzen. Darauf kündigte Schlamminger sein Arbeitsverhältnis und nahm nach Ablauf der Kündigungsfrist eine andere Arbeit auf.

Die Stadtlagerhaus-GmbH erhob Klage zum Arbeitsgericht und beantragte, Schlamminger zu verurteilen, sein Arbeitsverhältnis bei ihr unverzüglich fortzusetzen. Dieser beantragte, die Klage abzuweisen, und verlangte in einer Widerklage Ersatz seines Sachschadens in Höhe von 100,— DM.

Wie wird das Arbeitsgericht entscheiden?

LÖSUNG

I. Die Klage

1. Der Streitgegenstand bezieht sich auf eine bürgerliche Rechtsstreitigkeit zwischen Arbeitnehmer und Arbeitgeber aus dem Arbeitsverhältnis, so daß nach § 2 Abs. 1 Nr. 3 lit. a ArbGG das Arbeitsgericht zuständig ist. Es entscheidet, wie sich aus den §§ 2 Abs. 5, 46 Abs. 1 ArbGG ergibt, im Urteilsverfahren. Die Stadtlagerhaus-GmbH verlangt in ihrem Antrag, daß Schlamminger sein Arbeitsverhältnis bei ihr unverzüglich fortsetzt. Es handelt sich also

um eine *Leistungsklage*, nicht um eine Feststellungsklage. Auf die Erfüllung der Arbeitspflicht kann geklagt werden. Lediglich die Vollstreckung des Urteils ist nach § 888 Abs. 2 ZPO ausgeschlossen; die Arbeitsleistung kann also weder unmittelbar noch durch Geldstrafen oder Haft mittelbar erzwungen werden. Deshalb entfällt aber nicht das Rechtsschutzbedürfnis. Nach § 61 Abs. 2 ArbGG kann der Arbeitgeber für den Fall, daß der Arbeitnehmer nicht binnen einer bestimmten Frist seine Arbeit wiederaufnimmt, beantragen, ihn zur Zahlung einer vom Arbeitsgericht nach freiem Ermessen festzusetzenden Entschädigung zu verurteilen.

2. Die Klage ist begründet, wenn Schlamminger seinen Arbeitsplatz unberechtigt verlassen hat. Es muß ein *Arbeitsvertragsbruch* vorliegen. Schlamminger hat zwar eine Kündigung ausgesprochen und erst nach Ablauf der Kündigungsfrist eine andere Arbeit aufgenommen. Er hatte aber den Arbeitsvertrag für die Zeit bis zum 14. 12. 1982 abgeschlossen. Es besteht also ein *befristetes Arbeitsverhältnis*, das gemäß § 620 Abs. 1 BGB mit dem Ablauf der Zeit endigt, für die es eingegangen ist, ohne daß es einer Kündigung bedarf. Es stellt sich daher die Frage, ob eine ordentliche Kündigung überhaupt möglich ist.

a) Sofern nichts anderes vereinbart ist, kann ein befristetes Arbeitsverhältnis während der Vertragszeit *nicht* durch eine *ordentliche Kündigung* beendet werden[1]. Damit stellt sich das Problem, ob und unter welchen Voraussetzungen ein befristetes Arbeitsverhältnis eingegangen werden kann. Die Parteien hatten im vorliegenden Fall an einen befristeten Arbeitsvertrag einen weiteren, ebenfalls befristeten Arbeitsvertrag angeschlossen. Es liegen also *Kettenarbeitsverträge* vor. Von Kettenarbeitsverträgen spricht man, wenn mehrere Arbeitsverträge aufeinanderfolgen, so daß das Arbeitsverhältnis auch ohne Kündigung sein Ende findet, wenn ein neuer Arbeitsvertrag nicht abgeschlossen wird[2].

Ausgangspunkt für die Lösung des Problems muß sein, daß das Kündigungsschutzrecht den Arbeitnehmern nur einen Schutz gegen Kündigungen des Arbeitgebers gewährt; es verwirklicht damit einen sozialen Bestandsschutz nur, wenn ein Arbeitsverhältnis auf unbestimmte Zeit eingegangen wird. Da der Kündigungsschutz aber nicht zur Disposition der Vertragsparteien steht, ergeben sich Rückwirkungen auf den Abschluß eines Zeitarbeitsvertrags. Man könnte deshalb in Frage stellen, ob ein Arbeitsverhältnis auf Zeit überhaupt eingegangen werden kann. Wie sich aus § 620 Abs. 1 BGB ergibt, erkennt aber das geltende Recht Zeitarbeitsverträge an. Es geht also lediglich darum, daß durch den Abschluß eines Zeitarbeitsvertrags nicht der Zweck des Kündigungsschutzrechts vereitelt wird. Zeitverträge müssen, wie der Große Senat

---

1 *Hueck-Nipperdey*, Bd. I S. 563. Wichtig! — Eine außerordentliche Kündigung ist dagegen zulässig; vgl. § 626 Abs. 1 BGB: Sie setzt einen wichtigen Grund voraus, also Tatsachen, die dem Kündigenden unter Berücksichtigung aller Umstände des Einzelfalles und unter Abwägung der Interessen beider Vertragsteile die Fortsetzung des Arbeitsverhältnisses ,,bis zu der vereinbarten Beendigung des Dienstverhältnisses" nicht zumutbar machen.

2 *Hueck-Nipperdey*, Bd. I S. 535.

des BAG feststellt, „ihre sachliche Rechtfertigung in sich tragen, so daß sie mit Recht und aus gutem Grund von den Kündigungsschutzvorschriften nicht betroffen werden"[3].

Ein sachlicher Grund, der eine Befristung rechtfertigt, liegt insbesondere vor, wenn die übertragene Arbeitsaufgabe selbst nur zeitlich begrenzt besteht. Das BAG verlangt, daß die sachliche Berechtigung einer Befristung auch hinsichtlich der Dauer gegeben sein muß, und zwar muß, wie es feststellt, „im konkreten Einzelfall bereits bei Abschluß des jeweiligen Vertrages ersichtlich sein, daß auch die Zeitdauer des Vertrages sachlich gerechtfertigt ist"[4]. Wenn dies der Fall ist, kann auch eine mehrfache Befristung zulässig sein[5]. Die wiederholte Befristung ist jedoch im Regelfall ein Indiz dafür, daß eine Befristung nicht sachlich gerechtfertigt ist und damit durch den Abschluß des Zeitarbeitsvertrags der durch die Kündigungsbestimmungen gewährleistete Bestandsschutz des Arbeitsverhältnisses vereitelt wird[6].

b) Damit stellt sich die Frage, welche Rechtsfolgen die unzulässige Vereinbarung eines Zeitarbeitsvertrags hat. Einigkeit besteht insoweit, als die Verfehlung der richtigen Gestaltungsform nicht die Nichtigkeit des Arbeitsvertrags zur Folge hat[7]. Dem Arbeitgeber wird lediglich verwehrt, sich auf die Befristung zu berufen. Man könnte deshalb daraus ableiten, daß ein Arbeitsverhältnis auf unbestimmte Zeit vorliegt, das nach § 622 BGB gekündigt werden kann. Folgt man dieser Auffassung, so hätte Schlamminger das Arbeitsverhältnis mit der Stadtlagerhaus-GmbH ordnungsgemäß beendet, sofern beim Abschluß des Kettenarbeitsvertrags kein sachlicher Grund für die Befristung vorlag. Damit würde aber der Arbeitnehmer die Möglichkeit erhalten, seinen Arbeitsplatz vorzeitig zu verlassen, obwohl die Befristung des Arbeitsverhältnisses nur deshalb rechtlich mißbilligt wird, weil er den gesetzlichen Kündigungsschutz verliert. *Nicht der Ausschluß der ordentlichen Kündigung während der Befristung, sondern die Beendigung des Arbeitsverhältnisses ohne Kündigung soll entfallen*[8]. Das war in der Entscheidung des Großen Senats noch unklar geblieben[9], ist aber durch das Urteil des Zweiten Senats vom 2. 12. 1965 bestätigt[10]. Auf die Unzulässigkeit einer Befristung des Arbeitsverhältnisses kann sich ein Arbeitnehmer nicht berufen, wenn er den ihm gesetzlich gewährten Schutz gegen unsoziale Kündigungen des Arbeitgebers dazu benutzen will, um seinerseits selbst kündigen zu können und sich damit einseitig von seiner im Vertrag ausdrücklich vereinbarten Verpflichtung zu befreien, bis zum festgelegten Termin im Betrieb des Arbeitgebers tätig zu sein.

---

3 BAGE 10, 65 (71 f.).
4 BAG AP Nr. 40 zu § 620 BGB Befristeter Arbeitsvertrag, Bl. 2 R.
5 Vgl. BAG AP Nr. 60 und 62 zu § 620 BGB Befristeter Arbeitsvertrag.
6 Vgl. BAG AP Nr. 63 zu § 620 BGB Befristeter Arbeitsvertrag.
7 BAGE 10, 65 (73); *Hueck-Nippperdey*, Bd. I S. 537 Fußn. 37a; *Nikisch*, Bd. I S. 673; *Zöllner*, S. 177.
8 Vgl. insbes. *A. Hueck*, Anm. AP Nr. 27 zu § 620 BGB Befristeter Arbeitsvertrag, Bl. 3.
9 BAGE 10, 65 (73).
10 BAGE 18, 8 (10).

3. Die ordentliche Kündigung Schlammingers war also unwirksam, und sein Ausscheiden aus dem Betrieb stellt einen Bruch seines Arbeitsvertrags dar. Die Klage ist daher begründet.

II. Die Widerklage

1. Für die Widerklage sind ebenfalls die Arbeitsgerichte nach § 2 Abs. 1 Nr. 3 lit. a ArbGG zuständig; auch für sie findet das Urteilsverfahren statt (§§ 2 Abs. 5, 46 Abs. 1 ArbGG). Die Widerklage ist also zulässig[11].

2. Die Widerklage ist begründet, wenn Schlamminger einen materiellen Anspruch gegen die Stadtlagerhaus-GmbH auf Ersatz seines Sachschadens hat. Er hat ihn durch einen Arbeitsunfall erlitten, bei dem er auch selbst verletzt wurde. Es greift deshalb das sozialversicherungsrechtliche Haftungsprivileg nach § 636 RVO für den Unternehmer ein[12]. Der Arbeitgeber ist zum Ersatz des *Personenschadens* nur verpflichtet, wenn er den Arbeitsunfall vorsätzlich herbeigeführt hat oder wenn der Arbeitsunfall bei der Teilnahme am allgemeinen Verkehr eingetreten ist. Diese Haftungsbeschränkung gilt aber *nicht* für den *Sachschaden*, so daß die Stadtlagerhaus-GmbH insoweit nach den allgemeinen Rechtsgrundsätzen haftet.

a) Ein Verpflichtungsgrund kann sich aus *positiver Forderungsverletzung* ergeben. Sie setzt voraus, daß eine Pflicht aus dem Arbeitsverhältnis verletzt ist. Nach § 618 Abs. 1 BGB hat der Arbeitgeber Räume, Vorrichtungen oder Gerätschaften, die er zur Verrichtung der Arbeit zu beschaffen hat, so einzurichten und zu unterhalten, daß der Arbeitnehmer gegen Gefahr für Leben und Gesundheit soweit geschützt ist, als die Natur der Dienstleistung es gestattet. Diese Vorschrift steht zwar im Dienstvertragsrecht, aber der Arbeitsvertrag ist im System des BGB nur eine besondere Art des Dienstvertrags. Gerade diese Bestimmung ist nach ihrer Entstehungsgeschichte und ihrem Zweck auf das *Arbeitsverhältnis* zugeschnitten[13]. Sie findet hier jedoch unmittelbar keine Anwendung und kann auch nicht analog auf den Schutz des Arbeitnehmereigentums ausgedehnt werden[14]. Immerhin enthält § 618 BGB den Rechtsgedanken, der zur Entwicklung einer *allgemeinen Fürsorgepflicht* des Arbeitgebers geführt hat. Aus ihr kann sich die Verpflichtung ergeben, für eingebrachte Sachen des Arbeitnehmers zu sorgen[15]. Der Arbeitgeber hat Räume,

11 Häufig wird in juristischen Arbeiten die Zulässigkeit der Widerklage zusammen mit der Klage untersucht. Dadurch kann es zu fehlerhaften Ergebnissen kommen. Daher ist es ein Aufbaufehler, wenn so verfahren wird.

12 Vgl. dazu oben Fall 5 — S. 58ff.

13 Die §§ 617–619 BGB waren in E I des BGB noch nicht enthalten; sie sind vor allem auf die Kritik von *Anton Menger*, Das bürgerliche Recht und die besitzlosen Volksklassen (1890) hin in den zweiten Entwurf des BGB aufgenommen worden. Auch der Einfluß *Otto von Gierkes* hat eine erhebliche Rolle gespielt; vgl. dazu *Jobs*, Otto von Gierke und das moderne Arbeitsrecht, Diss. Frankfurt a.M. 1968, S. 47ff.

14 BAGE 7, 280 (283) = AP Nr. 26 zu § 611 BGB Fürsorgepflicht, Bl. 2 R; BAGE 17, 229 (230) = AP Nr. 75 zu § 611 BGB Fürsorgepflicht, Bl. 1 R.

15 Vgl. dazu BAGE 7, 280 = AP Nr. 26 zu § 611 BGB Fürsorgepflicht; BAGE 9, 31 = AP Nr. 7 zu § 618 BGB; BAGE 17, 229 = AP Nr. 75 zu § 611 BGB Fürsorgepflicht; BAGE 18, 190 = AP Nr. 1 zu § 618 BGB Parkplatz.

Vorrichtungen und Gerätschaften, die er zur Verrichtung der Arbeit zu beschaffen hat, so einzurichten und zu unterhalten, daß der Arbeitnehmer vor einem Schaden an seinen Sachen, die er notwendig oder berechtigt zur Arbeit mitbringt oder bei der Arbeit bei sich trägt, soweit geschützt ist, als die Natur der Arbeit es gestattet.

Der Sachverhalt enthält nichts darüber, daß diese Pflicht *objektiv* verletzt ist. In jedem Fall tritt eine Ersatzpflicht des Arbeitgebers nur ein, wenn er oder seine Erfüllungsgehilfen die ihm für das Eigentum des Arbeitnehmers obliegende Fürsorgepflicht *schuldhaft* verletzt haben.

b) Auch ein Schadensersatzanspruch wegen Verletzung des Eigentums nach *§ 823 Abs. 1 BGB* setzt voraus, daß der Arbeitgeber bzw. die ihn repräsentierenden Organe (§ 31 BGB) *schuldhaft* gehandelt haben. Ein Anspruch aus *§ 831 BGB* entfällt, weil der Schaden nicht durch das Verhalten eines Verrichtungsgehilfen herbeigeführt wurde.

3. Man muß daher untersuchen, ob der Arbeitgeber nicht aus anderen rechtlichen Gesichtspunkten verpflichtet ist, den Sachschaden zu übernehmen, den ein Arbeitnehmer bei der Arbeit ohne eigenes Verschulden erleidet.

a) Man könnte daran denken, daß der Arbeitgeber auf Grund der *Fürsorgepflicht* einen Sachschaden übernehmen muß, den der Arbeitnehmer bei der Ausführung gefährlicher Arbeit schuldlos erleidet. Der Anspruch ergäbe sich in diesem Fall *nicht* aus einer *Verletzung* der Fürsorgepflicht, sondern aus der *Erfüllung* einer Fürsorgepflicht; er wäre ein *Erfüllungsanspruch*. Der Große Senat des BAG hat sich jedoch in diesem Fall zu Recht gegen eine Strapazierung der Fürsorgepflicht gewandt[16]. Ein Ausgleichsanspruch für Sachschäden des Arbeitnehmers kann nicht auf die Fürsorgepflicht des Arbeitgebers gestützt werden.

b) Man könnte zu einem Schadensersatzanspruch gegen den Arbeitgeber gelangen, wenn man anerkennt, daß den Arbeitgeber eine *Gefährdungshaftung* trifft. Das BAG stellt zutreffend fest, daß es ein allgemeines Prinzip der Gefährdungshaftung nicht gibt[17]. Der Gesetzgeber habe abschließend die Fälle normiert, in denen an Stelle der Haftung aus rechtswidrigem und schuldhaftem Handeln die Gefährdungshaftung trete. Der Große Senat nimmt die Geltung des Enumerationsprinzips für die Gefährdungshaftung so ernst, daß er eine Ausdehnung unter dem Gesichtspunkt seiner Kompetenz zur richterlichen Rechtsfortbildung gemäß § 45 Abs. 2 Satz 2 ArbGG nicht einmal erwägt:

> „Nur der Gesetzgeber kann durch eine neue Regelung die Fälle der Gefährdungshaftung vermehren“[18].

c) Die Lehre vom *innerbetrieblichen Schadensausgleich* bei *gefahrengeneigter Arbeit* kann nicht herangezogen werden. Sie beschränkt die Haftpflicht des

16 BAGE 12, 15 (19).
17 BAGE 12, 15 (21).
18 BAGE 12, 15 (21).

Arbeitnehmers, gibt ihm aber keinen Ausgleichsanspruch für einen selbst erlittenen Sachschaden. Sie entlastet ihn vom *Haftungsschaden*, nicht vom *Sachschaden*. Der Große Senat zieht zur Veranschaulichung eine Parallele zum versicherungsrechtlichen Unterschied zwischen Haftpflichtversicherung und Sachversicherung:

> „Der Arbeitnehmer ist durch die bisherige Rechtsprechung des Reichsgerichts, des Bundesgerichtshofs und des Bundesarbeitsgerichts im Ergebnis von einer *Haft*pflicht befreit, wie wenn er haftpflichtversichert wäre, nicht aber ist das Risiko seines Sachschadens bei der Arbeit auf den Arbeitgeber abgewälzt, wie wenn er sachversichert wäre"[19].

d) Auch der Rechtsgedanke der Tragung des *Betriebsrisikos* soll nach Auffassung des Großen Senats ausscheiden; denn der Begriff des Betriebsrisikos beziehe sich im Arbeitsrecht nur auf die Pflicht des Arbeitgebers zur *Vergütungszahlung*, wenn der Betrieb durch Ereignisse, die weder vom Arbeitgeber noch von den Arbeitnehmern des Betriebs zu vertreten sind, ganz oder teilweise lahmgelegt wird[20].

e) Einen Aufopferungsanspruch in Analogie zum öffentlich-rechtlichen Aufopferungsanspruch lehnt der Große Senat ebenfalls ab; denn ein solcher Anspruch setzt voraus, daß die Beteiligten nicht in vertraglichen Beziehungen zueinander stehen[21].

f) Der Große Senat sieht die Rechtsgrundlage für einen Anspruch gegen den Arbeitgeber in einer *entsprechenden Anwendung des § 670 BGB*[22]. Diese Bestimmung regelt die Pflicht des Auftraggebers zum Ersatz der Aufwendungen des Beauftragten. Sie gilt zunächst nur für den Auftrag, der unentgeltlich ist. Nach § 675 BGB findet sie aber auch Anwendung auf einen Dienstvertrag, der eine *Geschäftsbesorgung* zum Gegenstand hat. Im Schrifttum ist streitig, ob der Begriff der Geschäftsbesorgung so zu verstehen ist, wie er dem § 662 BGB zugrunde liegt; dort fällt unter ihn jede fremdnützige Tätigkeit[23]. *Isele* und *Nipperdey* gehen davon aus; nach ihrer Ansicht gilt § 670 BGB gemäß § 675 BGB auch für abhängige Arbeitsverträge[24]. Dem ist aber mit der herrschenden Lehre entgegenzuhalten, daß § 675 BGB dann in seinem Wortlaut eine „sinnlose Tautologie" (*Larenz*) enthält[25]. Geschäftsbesorgung i. S. des § 675

---

19 BAGE 12, 15 (20); kritisch *Canaris*, RdA 1966, 41 (48); vgl. auch *Isele*, JuS 1962, 184 (186).

20 BAGE 12, 15 (21 f.); kritisch *Larenz*, SAE 1962, 197 (198 f.), der die Problematik aus dem Gedanken des Betriebsrisikos löst.

21 BAGE 12, 15 (22 f.). — Den gegenteiligen Standpunkt vertritt *Küchenhoff*, Festschrift für Nottarp (1961), S. 153 (161 ff.); dagegen aber auch *Isele*, Anm. AP Nr. 2 zu § 611 BGB Gefährdungshaftung des Arbeitgebers, Bl. 8.

22 BAGE 12, 15 (24 ff.); zustimmend: *Esser*, Schuldrecht, Bd. 2, 4. Aufl. (1971), S. 156 f.; *Isele*, Anm. AP Nr. 2 zu § 611 BGB Gefährdungshaftung des Arbeitgebers, Bl. 8 R, 9; *Steindorff*, Festschrift für Dölle (1963), Bd. I, S. 273 ff.; ablehnend *Larenz*, SAE 1962, 197 ff.; *Canaris*, RdA 1966, 41 (42); *Köbler*, NJW 1969, 1413 (1415).

23 *Enneccerus-Lehmann*, Schuldrecht, 15. Aufl. (1958), S. 682; *Larenz*, Bd. II S. 330; *Palandt-Thomas*, BGB, 41. Aufl. (1982), § 662 Anm. 3.

24 *Isele*, Geschäftsbesorgung (1935), S. 93 ff.; *Staudinger-Nipperdey*, BGB, Bd. II/3, 11. Aufl. (1958), Vorbem. 1 vor § 662, § 662 RdNr. 19 f., § 675 RdNr. 16 f.; vgl. auch *Esser* (s. Fußn. 22), S. 183 f.

25 *Larenz*, Bd. II S. 342.

BGB ist nur eine selbständige Tätigkeit wirtschaftlicher Art innerhalb einer fremden wirtschaftlichen Interessensphäre[26]. Der Große Senat neigt der Auffassung zu, die den Begriff der Geschäftsbesorgung in § 675 BGB mit dem des § 662 BGB identifiziert. Jedoch soll es darauf nicht ankommen, wie er ausführt:

> „Denn der Grundsatz des § 670 BGB ist so selbstverständlich und von der Sache her so notwendig, daß er für den Arbeitsvertrag auch ohne ausdrückliche Statuierung der entsprechenden Anwendbarkeit analog anzuwenden ist"[27].

Jedoch sei ein wichtiger Unterschied insoweit zu beachten, als beim Arbeitsverhältnis wegen seines Entgeltcharakters eine Abgeltung der Aufwendungen durch die Vergütung in Betracht komme.

Damit sind aber die Schwierigkeiten, die einer entsprechenden Anwendung des § 670 BGB entgegenstehen, noch nicht überwunden. Nach dem Sprachgebrauch sind Aufwendungen nur die *freiwilligen*, final erbrachten Aufopferungen von Vermögenswerten zur Ausführung des Auftrags, nicht aber deren unfreiwillige Einbuße. *Aufwendungen werden gemacht, Schäden erlitten*. Die Rechtsprechung hat aber schon seit langem anerkannt, daß der Aufwendungsersatz auch die Erstattung von *Schäden* umfaßt, wenn mit der Ausführung des Auftrags die Gefahr eines derartigen Schadens notwendig verbunden oder mit ihr zu rechnen war[28]. Dabei spielt es keine Rolle, ob die Beteiligten sich des riskanten Charakters der Tätigkeit bewußt waren. Der Große Senat hat sich dieser Rechtsprechung angeschlossen:

> „Betrachtet man den Begriff ‚Aufwendungen' nicht isoliert, sondern im Gesamtzusammenhang mit der Entfaltung einer Tätigkeit für einen anderen und im Interesse des anderen, so ist es sinnvoll und gerecht, auch erlittene Schäden in bestimmten Fällen als besonderes Opfer und damit als ‚Aufwendung' i. S. des § 670 BGB anzusehen"[29].

4. Mit der Erkenntnis der maßgeblichen Rechtsgrundlage ist aber noch nicht geklärt, unter welchen *Voraussetzungen* der Arbeitnehmer vom Arbeitgeber Erstattung der bei seiner Arbeit entstehenden Sachschäden verlangen kann. Er kann, wenn ihm keine Arbeitskleidung zu stellen ist, die Arbeitspflicht nur in seiner Kleidung erfüllen. Mit ihrem Verschleiß, aber auch mit gelegentlichen Schäden muß er rechnen. Das gehört zur *Einsatzpflicht* bei der Arbeit, die durch die Vergütung mitabgegolten wird. Dasselbe gilt grundsätzlich auch, wenn der Arbeitnehmer eine gefährliche Arbeit ausübt. Bei ihr wird deshalb häufig in Tarifverträgen durch besondere Zulagen berücksichtigt, daß Sachschäden entstehen können. Der Große Senat stellt fest:

> „Sachschäden des Arbeitnehmers, die arbeitsadäquat sind, d. h. solche Sachschäden, mit denen nach der Art und der Natur des Betriebes oder nach der Art und der Natur der Arbeit der Arbeitnehmer auch einmal rechnen muß, insbes. Schäden, die notwendig oder regelmäßig eintreten, sind im Arbeitsvertrag keine Aufwendungen im Sinne des § 670 BGB"[30].

---

26 RGZ 97, 61 (65 f.); 109, 299 (301); BGHZ 45, 223 (228 f.).
27 BAGE 12, 5 (24).
28 RGZ 98, 195 (199 f.); BGHZ 33, 251 (257); 38, 270 (277).
29 BAGE 12, 15 (26).
30 BAGE 12, 15 (27).

Das BAG kommt daher zu dem folgenden Ergebnis:

> „Handelt es sich dagegen um Sachschäden, die im Vollzug einer *gefährlichen Arbeit*, also in einem inneren adäquaten Zusammenhang mit ihr entstehen (vgl. auch die Parallele in § 110 HGB) *und durchaus außergewöhnlich* sind, mit denen also der Arbeitnehmer nach der Art des Betriebes oder nach der Art der Natur der Arbeit nicht zu rechnen hatte, so liegt eine Aufwendung des Arbeitnehmers nach § 670 BGB vor. Bei ihr kann von einer Abgeltung durch die Vergütungszahlung nicht gesprochen werden. Sie geht über die Einsatzpflicht des Arbeitnehmers hinaus. Sie ist *nicht arbeitsadäquat*“[31].

Liegen diese Voraussetzungen vor, so hat nach Ansicht des BAG der Arbeitgeber dem Arbeitnehmer zwar nicht Schadensersatz, aber *Wertersatz* für die Vernichtung oder Beschädigung der Sachen des Arbeitnehmers zu leisten[32]. Eine Sekretärin kann also vom Arbeitgeber nicht ein neues Paar Strümpfe verlangen, weil ihre alten Laufmaschen bekommen haben, als sie sich bückte, um aus dem untersten Fach eines Regals ein Buch herauszunehmen. Der Privatdozent, der einen Lehrstuhl vertritt, kann nicht Ersatz der Reinigungskosten für einen Anzug verlangen, der bei einem Experiment verschmutzt wird. Wenn er dagegen mit Farbeiern beworfen wird, so ist ein dadurch eintretender Sachschaden nicht mehr als arbeitsadäquat anzusehen. Dabei kommt es jedoch auf die Umstände an. Zu einem anderen Ergebnis könnte man gelangen, wenn eine Zulage gewährt wird.

5. Betrachtet man diese Kriterien, die nach der Rechtsprechung des BAG bei Sachschäden der Arbeitnehmer für die Anerkennung eines Ersatzanspruchs gegen den Arbeitgeber maßgebend sind, so kann man sich nicht der Erkenntnis verschließen, daß sie aus dem Gedanken des Aufwendungsersatzes, der dem § 670 BGB zugrunde liegt, kaum zu begründen sind. Allzu weit entfernen sie sich vom gesetzlichen Normalbild. *Canaris* nennt daher die Begründung aus § 670 BGB eine Scheinlösung, hinter der aber ein tieferer, billigenswerter Rechtsgedanke stehe[33]. Er sieht ihn im *Risikogedanken*: Im Gewande der Analogie zu § 670 BGB und der Regeln über die schadensgeneigte Arbeit habe das Prinzip der *Risikohaftung bei Tätigkeit in fremdem Interesse* Eingang in das geltende Recht gefunden[34]. Die Ersatzpflicht des Arbeitgebers bei Sachschäden der Arbeitnehmer beruht auf demselben Rechtsgrundsatz, der für Personenschäden der Arbeitnehmer durch die gesetzliche Unfallversicherung anerkannt wird[35]. Das Prinzip des Einstehenmüssens für betriebliche Risiken wird dort lediglich deshalb verdeckt, weil die Haftung des Arbeitgebers aus sozialpolitischen Gründen versicherungsrechtlich ausgestaltet ist und deshalb

---

31 BAGE 12, 15 (27 f.); vgl. dazu kritisch *Larenz*, SAE 1962, 197 (198); bestätigt durch BAGE 31, 147 (151 f.) = AP Nr. 5 zu § 611 BGB Gefährdungshaftung des Arbeitgebers.

32 BAGE 12, 15 (28).

33 RdA 1966, 41 (42); ebenso *Larenz*, SAE 1962, 197 ff.; *ders.*, JuS 1965, 373 (376); *Köbler*, NJW 1969, 1413 (1415); vgl. auch *Steindorff*, Festschrift für Dölle (1963), Bd. I, S. 273 (276 ff.).

34 *Canaris*, RdA 1966, 41 (47); vgl. auch *Larenz*, JuS 1965, 373 (376).

35 Vgl. *Köbler*, NJW 1969, 1413 (1414 f.); weiterhin *Larenz*, JuS 1965, 373 (376); *Gitter*, Schadensausgleich im Arbeitsunfallrecht (1969), S. 196.

nur zu einem Entschädigungsanspruch gegen die Berufsgenossenschaften führt, deren Mittel die Unternehmer allein aufbringen[36].

Nur auf das Prinzip einer Risikohaftung lassen sich dogmatisch die Kriterien stützen, die das BAG zur Anerkennung eines Ersatzanspruchs gegen den Arbeitgeber bei Sachschäden bestimmt haben, die ein Arbeitnehmer bei Ausführung einer gefährlichen Arbeit schuldlos erleidet. Zugleich wird deutlich, daß die Grundsätze, die der Große Senat aufgestellt hat, einer Korrektur bedürfen. Der Arbeitnehmer hat keinen Anspruch auf Ersatz eines typischen *Zufallschadens*, z. B. wenn er die Treppe im Büro hinunterfällt. Der Schaden muß vielmehr, wie *Canaris* sagt, auf ein *besonderes*, ein *tätigkeitsspezifisches* Risiko zurückzuführen sein[37]. Deshalb ist eine Ersatzpflicht auch für *arbeitsadäquate* Schäden zu bejahen, sofern im Lohn eine entsprechende Risikoprämie nicht enthalten ist[38]. Man wird also bei *außergewöhnlichen* Sachschäden, die ein Arbeitnehmer in Ausübung seiner Tätigkeit erleidet, einen Ersatzanspruch gegen den Arbeitgeber geben.

6. Ein Hafenarbeiter wird es in aller Regel hinnehmen müssen, daß er sich bei dem Verladen von Waren an seiner Kleidung beschmutzt. Deshalb wird man nur, wenn der Schadenseintritt *außergewöhnlich* war, zu dem Ergebnis kommen können, daß ein Ersatzanspruch gegen den Arbeitgeber begründet ist. Sollte das nicht der Fall sein, ist ein Anspruch zu verneinen, so daß die Widerklage unbegründet ist.

---

36 Vgl. auch oben Fall 5 — S. 58 f.
37 RdA 1966, 41 (46, 48).
38 Vgl. auch *Steindorff*, Festschrift für Dölle (1963), Bd. I S. 273 (292 f.).

Fall 7 Kündigung des Arbeitsverhältnisses — Kündigungsfristen bei älteren Angestellten — Anhörung des Betriebsrats — Dreiwochenfrist der Kündigungsschutzklage — Streitgegenstand im Kündigungsschutzprozeß — Rechtskraft und Präklusionswirkung — Nachschieben von Kündigungsgründen — Trotzkündigung — Annahmeverzug des Arbeitgebers

Ausgangsfälle:

BAG vom 13. 11. 1958 — 2 AZR 573/57, BAGE 7, 36 = AP Nr. 17 zu § 3 KSchG *(Habscheid)* = SAE 1959, 165 *(Molitor)* = AuR 1959, 377 *(Trieschmann)* = AR-Blattei Kündigungsschutz Entsch. 38 *(Herschel)* = JZ 1960, 219 *(Lüke)*;

BAG vom 28. 2. 1974 — 2 AZR 455/73, BAGE 26, 27 = AP Nr. 2 zu § 102 BetrVG 1972 *(Richardi)* = EzA § 102 BetrVG 1972 Nr. 8 *(Kraft)* = SAE 1975, 109 *(Meisel)* = AuR 1975, 123 *(Zachert)* = AR-Blattei Betriebsverfassung XIV C Entsch. 33 *(Herschel)*;

BAG vom 28. 3. 1974 — 2 AZR 472/73, BAGE 26, 102 = AP Nr. 3 zu § 102 BetrVG 1972 *(Herschel)* = EzA § 102 BetrVG 1972 Nr. 9 = SAE 1975, 112 *(Meisel)* = AR-Blattei Betriebsverfassung XIV C Entsch. 34;

BAG vom 4. 8. 1975 — 2 AZR 266 /74, BAGE 27, 209 = AP Nr. 4 zu § 102 BetrVG 1972 *(Meisel)* = EzA § 102 BetrVG 1972 Nr. 14 *(Nickel)* = SAE 1976, 185 *(Bohn)* = AR-Blattei Betriebsverfassung XIV C Entsch. 37 *(Hanau)*;

BAG vom 18. 9. 1975 — 2 AZR 594/74, BAGE 27, 273 = AP Nr. 6 zu § 102 BetrVG 1972 = EzA § 102 BetrVG 1972 Nr. 17 *(Schlüter)* = SAE 1976, 141 *(Glaubitz)* = AR-Blattei Kündigungsschutz Entsch. 153 *(Herschel)*;

BAG vom 18. 12. 1980 — 2 AZR 1006/78, BAGE 34, 309 = AP Nr. 22 zu § 102 BetrVG 1972 *(Herschel)* = EzA § 102 BetrVG 1972 Nr. 44 *(Löwisch)* = SAE 1982, 20 *(Koller)*;

BAG vom 1. 4. 1981 — 7 AZR 1003/78, BAGE 35, 190 = AP Nr. 23 zu § 102 BetrVG 1972 = EzA § 102 BetrVG 1972 Nr. 45 *(Löwisch)*.

Der fünfzigjährige Anton Schlechmoser war seit 1965 als Bilanzbuchhalter bei der Firma Carl Beck tätig. Diese kündigte mit Schreiben vom 12. 2. 1982, zugegangen am 15. 2. 1982, das Arbeitsverhältnis wegen angeblichen Arbeitsmangels zum 30. 9. 1982, nachdem sie einen Tag zuvor den Betriebsratsvorsitzenden von der Kündigungsabsicht unterrichtet und dieser ihr erklärt hatte, er sei mit der Kündigung einverstanden. Eine Abschrift des Kündigungsschreibens erhielt der Betriebsratsvorsitzende, wobei er in einem Begleitbrief gebeten wurde, den Betriebsrat mit der Angelegenheit zu befassen, weil man von dessen Stellungnahme abhängig mache, ob der Kündigungsentschluß aufrechterhalten bleibe. Nachdem der Betriebsratsvorsitzende sich mit den Mitgliedern des Betriebsrats telefonisch in Verbindung gesetzt hatte, teilte er am 15. 2. 1982 der Geschäftsleitung mündlich mit, daß der Betriebsrat gegen die Kündigung nichts einzuwenden habe. Daraufhin richtete die Firma Carl Beck am 16. 2. 1982 folgendes Schreiben an Schlechmoser: „Im Nachgang zu unserem Kündigungsschreiben vom 12. 2. 1982 teilen wir mit, daß der Betriebsrat Ihrer Kündigung nicht widersprochen hat. Wir wiederholen hiermit die Kündigung vom 12. 2. 1982 mit dem vollen Wortlaut des in Abschrift nochmals angeführten Schreibens". Mit einer am 8. 3. 1982 beim zuständigen Arbeitsgericht eingegangenen Klage hat Schlechmoser beantragt, festzustellen, daß die Kündigung vom 12. 2. 1982 nichtig sei, hilfsweise, daß sein Arbeitsverhältnis durch die Kündigung vom 12. 2. 1982 nicht aufgelöst worden sei. Die Firma Beck beantragte, die Klage abzuweisen; denn die Kündigung sei auch deshalb gerechtfertigt, weil Schlechmoser in letzter Zeit fortgesetzt trotz Ermahnung schlechte Arbeit geleistet habe.

1. Wie wird das Arbeitsgericht entscheiden?

2. Schlechmoser erhält am 27. 10. 1982 ein obsiegendes Urteil, das in Rechtskraft erwächst. Er verlangt nunmehr Zahlung seines Gehalts für die Zeit nach dem 30. 9. 1982. Mit Recht?

LÖSUNG

A. Die Entscheidung des Arbeitsgerichts

I. Die Zulässigkeit der Klage

1. Der Kläger stellt einen Hauptantrag und einen Hilfsantrag. Es liegt deshalb die Annahme nahe, es handele sich um *zwei* Streitgegenstände. Dabei ist jedoch zu berücksichtigen, daß der Hilfsantrag inhaltlich den Hauptantrag umfaßt[1].

Wenn dennoch in der Praxis vereinzelt eine Aufspaltung zwischen Haupt- und Hilfsantrag erfolgt, so wird sie wegen des Unterschieds zwischen zivilrechtlicher Unwirksamkeit und Sozialwidrigkeit der Kündigung für notwendig erachtet. Diese kryptodogmatische Betrachtungsweise ist nur rechtshistorisch verständlich: Nach dem Arbeitsordnungsgesetz von 1934 konnte der Arbeitnehmer nur den Widerruf der Kündigung verlangen, wenn diese unbillig hart und nicht durch die Verhältnisse des Betriebs bedingt war. Die Gültigkeit der Kündigung selbst wurde nicht berührt; für die Geltendmachung der Sozialwidrigkeit war vielmehr Voraussetzung, daß die Kündigung nicht aus anderen Gründen nichtig war. Das KSchG hat demgegenüber in § 1 Abs. 1 angeordnet, daß die sozial ungerechtfertigte Kündigung rechtsunwirksam ist. Dennoch sollten nach der Begründung zum Regierungsentwurf des KSchG die Vorschriften über die sozial ungerechtfertigte Kündigung nur eingreifen, wenn die Kündigung nicht bereits aus sonstigen Gründen rechtsunwirksam ist[2]. Man hat diese Folgerung aus § 13 Abs. 3 KSchG ziehen wollen. Aus ihm ergibt sich aber *nur*, daß die Geltendmachung anderer Mängel als der Sozialwidrigkeit nicht an die Vorschriften des KSchG gebunden ist[3]: Die Sozialwidrig-

1 Diesen Klageantrag enthält z. B. BAGE 1, 69 (70) = AP Nr. 1 zu § 66 BetrVG 1952.
2 Abgedruckt in RdA 1951, 58 (64).
3 So auch *Hueck*, KSchG, § 13 RdNr. 52.

keit muß der Arbeitnehmer innerhalb einer Dreiwochenfrist durch Feststellungsklage gerichtlich geltend machen (§ 4 Satz 1 KSchG), wenn er verhindern will, daß dieser Mangel rückwirkend geheilt wird (§ 7 KSchG); dieselbe Regelung gilt auch für eine außerordentliche Kündigung, wenn deren Wirksamkeit wegen Fehlens eines wichtigen Grundes bestritten wird (§ 13 Abs. 1 Satz 2 KSchG). Im Schrifttum besteht deshalb Einigkeit darüber, daß das Arbeitsgericht, auch wenn andere Nichtigkeitsgründe vorgetragen werden, seine Entscheidung allein auf die Sozialwidrigkeit stützen kann[4]. Auch die Folgen, die sich mit ihr verbinden, sind nicht davon abhängig, daß die Kündigung an keinem anderen Mangel leidet.

Daher wird man, auch wenn der Kläger einen Hauptantrag auf Feststellung der Nichtigkeit der Kündigung und einen Hilfsantrag auf Feststellung der Nichtauflösung des Arbeitsverhältnisses durch Kündigung stellt, von *einem* Streitgegenstand ausgehen können. Es ist lediglich eine Frage der Begründung des prozessualen Anspruchs, weshalb die Kündigung keinen rechtlichen Erfolg hat. Damit entfallen auch die Bedenken, ob ein Hauptantrag, wie er gestellt ist, nach § 256 Abs. 1 ZPO überhaupt zulässig ist; denn nach dieser Bestimmung muß das Feststellungsbegehren sich auf das Bestehen oder Nichtbestehen eines Rechtsverhältnisses richten. Es liegt also nur *ein* Klageantrag vor, der in seinem Inhalt nach dem Hilfsantrag zu bestimmen ist, während der Hauptantrag lediglich seiner Begründung dient.

2. Die Parteien streiten über das Bestehen eines Arbeitsverhältnisses. Nach § 2 Abs. 1 Nr. 3 lit. b ArbGG sind deshalb die Arbeitsgerichte zuständig; sie entscheiden im Urteilsverfahren (§§ 2 Abs. 5, 46 Abs. 1 ArbGG). Das für die Feststellungsklage gemäß § 256 Abs. 1 ZPO erforderliche rechtliche Interesse des Klägers ergibt sich bereits aus der Regelung in §§ 4, 7 KSchG.

3. Will der Arbeitnehmer geltend machen, daß die Kündigung sozialwidrig ist, so muß er nach § 4 Satz 1 KSchG innerhalb von drei Wochen nach Zugang der Kündigung Klage beim Arbeitsgericht auf Feststellung erheben, daß das Arbeitsverhältnis durch die Kündigung nicht aufgelöst ist. Im Schrifttum ist streitig, ob es sich um eine *prozessuale* oder um eine *materiellrechtliche* Ausschlußfrist handelt. Folgt man der prozessualen Auffassung, so begründet die Dreiwochenfrist des§ 4 KSchG eine *besondere Prozeßvoraussetzung. Nikisch* vertritt daher die Ansicht, daß die verspätete Klage durch *Prozeßurteil* als *unzulässig* abzuweisen sei, soweit der Kläger neben der Sozialwidrigkeit andere Unwirksamkeitsgründe nicht vorgebracht hat[5].Wenn man der Versäumung der Dreiwochenfrist dagegen materiellrechtliche Wirkung beilegt, ist eine verspätet erhobene Klage durch *Sachurteil* als *unbegründet* abzuweisen, sofern sie nur auf Sozialwidrigkeit gestützt wird und andere Unwirksamkeitsgründe nicht bestehen[6].

Die Meinungsverschiedenheit hat nicht nur theoretische, sondern auch praktische Bedeutung. Die Rechtskraft eines Prozeßurteils steht nicht einer Klage entgegen, die die Rechtsunwirksamkeit der Kündigung aus anderen Gründen

4 *Nikisch*, Bd. I S. 795; *Hueck*, KSchG, § 13 RdNr. 52.
5 *Nikisch*, Bd. I S. 779f.; ebenso *Herschel-Steinmann*, KSchG, § 3 RdNr. 12.
6 *Hueck*, KSchG, § 4 RdNr. 52; *Friedrich*, KR, § 4 KSchG RdNr. 217ff.

behauptet. Wird die Klage dagegen durch Sachurteil abgewiesen, so erwächst in Rechtskraft, daß das Arbeitsverhältnis durch die Kündigung aufgelöst worden ist. § 5 KSchG, der in seiner Regelung an die Wiedereinsetzung in den vorigen Stand angelehnt ist und einen besonderen Beschluß über die Zulassung verspäteter Klagen vorsieht, spricht für einen prozessualen Charakter der Dreiwochenfrist. Die Regelung in § 7 KSchG weist dagegen auf eine materiellrechtliche Wirkung hin. Berücksichtigt man, daß der Arbeitnehmer nach § 13 Abs. 1 Satz 2 KSchG sogar bei einer außerordentlichen Kündigung den Mangel des wichtigen Grundes innerhalb der Dreiwochenfrist gerichtlich geltend machen muß, so kann man die materiellrechtliche Wirkung dieser Ausschlußfrist kaum in Frage stellen. Der Zweck ihrer Einführung ist, möglichst bald Klarheit über das Bestehen des Arbeitsverhältnisses zu schaffen. Diesem Rechtsgedanken entspricht es, dem Arbeitnehmer nicht noch einmal die Möglichkeit zu eröffnen, die Kündigung anzugreifen, nachdem er Gelegenheit hatte, vor dem Erlaß des Urteils alle sonstigen Kündigungsmängel geltend zu machen. *Vollkommer* kommt deshalb auch bei Annahme einer prozessualen Rechtsnatur der Frist zu diesem Ergebnis: Die Prozeßvoraussetzung der Einhaltung der Dreiwochenfrist nach § 4 KSchG beziehe sich *nicht* auf den *ganzen* Streitgegenstand, sondern nur auf einen einzelnen *Klagegrund*, die Sozialwidrigkeit der Kündigung[7]. Der Richter hat deshalb nach seiner Ansicht durch *Sachurteil* zu entscheiden. Wenn man also den Streitgegenstand des Kündigungsschutzprozesses richtig bestimmt, verliert der Gegensatz zur materiellrechtlichen Betrachtungsweise seine Bedeutung. Auch wer vom prozessualen Charakter der Dreiwochenfrist in § 4 KSchG ausgeht, muß deshalb im Rahmen der *Begründetheit* der Klage prüfen, ob sie gewahrt ist.

II. Die Begründetheit der Klage

1. Die Beklagte hält eine Kündigungsfrist ein. Auch die Begründung rechtfertigt keinen wichtigen Grund, wie ihn eine außerordentliche Kündigung notwendig voraussetzt. Die Kündigungserklärung im Schreiben vom 12. 2. 1982 stellt sich deshalb als eine *ordentliche Kündigung* des Arbeitsverhältnisses dar.

2. Das Arbeitsverhältnis eines Angestellten kann nach § 622 Abs. 1 BGB unter Einhaltung einer Kündigungsfrist von sechs Wochen zum Schluß eines Kalendervierteljahres gekündigt werden. Im vorliegenden Fall ist außerdem noch das *Gesetz über die Fristen für die Kündigung von Angestellten* (AnKSchG) vom 9. 7. 1926 zu beachten. Der Kläger ist Angestellter i. S. des Angestelltenversicherungsgesetzes, wie sich aus §§ 3 Abs. 1 Nr. 3 und 4 AVG ergibt. Da er das 50. Lebensjahr vollendet hat und seit mehr als 12 Jahren bei der Beklagten beschäftigt ist, kann diese ihm nach § 2 Abs. 1 Satz 2 AnKSchG nur mit mindestens sechs Monaten Frist für den Schluß eines Kalendervierteljahres

7 *Vollkommer*, AcP 161, 332 (351).

kündigen[8]. Die Beklagte hat die Kündigungsfrist eingehalten, so daß die ordentliche Kündigung *fristgerecht* erfolgt ist.

3. Nach § 102 Abs. 1 BetrVG ist der Betriebsrat *vor* jeder Kündigung zu hören. Eine ohne Anhörung des Betriebsrats ausgesprochene Kündigung ist unwirksam, wobei kein Unterschied gemacht wird, ob es sich um eine ordentliche oder um eine außerordentliche Kündigung handelt (§ 102 Abs. 1 Satz 3 BetrVG). Im vorliegenden Fall kann zweifelhaft sein, ob die Firma Carl Beck den Betriebsrat ordnungsgemäß beteiligt hat; denn ihm wurde nicht mitgeteilt, daß die Kündigung auch deshalb gerechtfertigt sei, weil der Kläger in letzter Zeit fortgesetzt trotz Ermahnung schlechte Arbeit geleistet habe. Außerdem war die Kündigung bereits ausgesprochen, als der Betriebsratsvorsitzende die Mitglieder des Betriebsrats mit ihr befaßte.

a) Die Kündigung ist auch dann ohne Anhörung des Betriebsrats ausgesprochen, wenn der Arbeitgeber bei der ihm obliegenden Einleitung des Anhörungsverfahrens einen Fehler begeht oder die Kündigung erklärt, bevor das Anhörungsverfahren abgeschlossen ist. Deshalb ist von wesentlicher Bedeutung, ob ein Fehler in den *Zuständigkeits- und Verantwortungsbereich* des Arbeitgebers oder des Betriebsrats fällt[9]. Aufgabe des Arbeitgebers ist allein, das Anhörungsverfahren ordnungsgemäß einzuleiten und dem Betriebsrat innerhalb der Anhörungsfrist Gelegenheit zur Stellungnahme zu geben. Es fällt deshalb in seinen Zuständigkeits- und Verantwortungsbereich, wenn der Betriebsrat unzureichend unterrichtet wird. Nach § 102 Abs. 1 Satz 2 BetrVG hat der Arbeitgeber dem Betriebsrat seine Kündigungsabsicht und die dafür maßgebenden Gründe mitzuteilen. Das Gesetz verlangt nicht, daß der Arbeitgeber alle Gründe nennt, auf die er die Kündigung stützen kann, sondern er braucht nur die Gründe anzugeben, die für seinen *Kündigungsentschluß* maßgebend sind. Der Arbeitgeber verletzt also nicht die Anhörungspflicht, wenn er die Unterrichtung nur auf bestimmte Gründe beschränkt. Er ist in diesem Fall aber an die von ihm getroffene Auswahl der Kündigungsgründe gebunden[10]. Die Kündigung ist also nicht deshalb unwirksam, weil der Arbeitgeber die Begründung der Kündigungsabsicht auf Arbeitsmangel beschränkt hat, sondern es ist dem Arbeitgeber lediglich verwehrt, die soziale Rechtfertigung der Kündigung auf Gründe zu stützen, die er dem Betriebsrat nicht im Anhörungsverfahren mitgeteilt hat.

---

8 Für langjährig beschäftigte ältere Arbeiter gilt eine entsprechende Regelung nach § 622 Abs. 2 Satz 2 BGB. Während sich aus dem AnKSchG eindeutig ergibt, daß die verlängerten Kündigungsfristen *nur* der *Arbeitgeber* einhalten muß, spricht der Wortlaut des § 622 Abs. 2 Satz 2 BGB dafür, daß nicht nur der Arbeitgeber, sondern auch der *Arbeiter* die längeren Kündigungsfristen einhalten muß. Das BAG hat aber zutreffend festgestellt, daß eine derartige Auslegung gegen den Zweck der Bestimmung verstößt, und deshalb angenommen, daß die verlängerten Kündigungsfristen nur für die Kündigung durch den Arbeitgeber, nicht aber für die Kündigung durch den älteren Arbeiter gelten (BAGE 24, 50 = AP Nr. 11 zu § 622 BGB; vgl. dazu auch *Richardi*, ZfA 1971, 73 [77 ff.]).

9 Vgl. BAGE 27, 209 (212 ff.).

10 BAGE 34, 309 (315 f., 318 f.); BAG AP Nr. 23 zu § 102 BetrVG 1972; *Dietz-Richardi*, BetrVG, § 102 RdNr. 110; *G. Hueck*, BAG-Festschrift (1979), S. 243 (262).

Der Arbeitgeber hat seine Pflicht zur ordnungsgemäßen Unterrichtung des Betriebsrats erfüllt, als er den Betriebsratsvorsitzenden von der Kündigungsabsicht unterrichtete; denn zur Entgegennahme der Mitteilung, die gegenüber dem Betriebsrat abzugeben ist, ist der Betriebsratsvorsitzende berechtigt (§ 26 Abs. 3 Satz 2 BetrVG).

b) Wie sich aus § 102 Abs. 2 BetrVG ergibt, muß der Arbeitgeber eine zeitliche Reihenfolge einhalten: Hat der Betriebsrat gegen eine ordentliche Kündigung Bedenken, so hat er diese unter Angabe der Gründe dem Arbeitgeber spätestens innerhalb einer Woche schriftlich mitzuteilen; äußert er sich innerhalb dieser Frist nicht, so gilt, wie das Gesetz sagt, seine Zustimmung zur Kündigung als erteilt, d.h. der Arbeitgeber hat den Betriebsrat ordnungsgemäß beteiligt und kann die Kündigung aussprechen. Vor Fristablauf kann er sie nur erklären, wenn der Betriebsrat zur Kündigung abschließend Stellung genommen hat. Das Gesetz verlangt Schriftform und Angabe der Gründe; das gilt aber nur, wenn der Betriebsrat Bedenken äußert, also insbesondere der ordentlichen Kündigung nach § 102 Abs. 3 BetrVG widerspricht[11]. Die Zustimmung zu einer Kündigung kann dagegen auch mündlich erteilt werden[12].

Der Arbeitgeber war deshalb hier, da eine schriftliche Stellungnahme des Betriebsrats fehlt, zur Erklärung der Kündigung vor Ablauf der Wochenfrist nur berechtigt, wenn vor ihrem Ausspruch eine Zustimmung des Betriebsrats vorlag. Im vorliegenden Fall hat aber nicht der Betriebsrat, sondern lediglich sein Vorsitzender vor Abgabe der Kündigungserklärung vom 12. 2. 1982 die Zustimmung erteilt. Fehler in dem Bereich, für den der Betriebsrat zuständig und verantwortlich ist, wirken sich jedoch nach Auffassung des BAG nicht auf die Ordnungsmäßigkeit des Anhörungsverfahrens aus[13]. Das BAG begründet dieses Ergebnis mit der Feststellung:

> „Auszugehen ist von dem für das gesamte Betriebsverfassungsrecht geltenden Grundsatz, daß der Betriebsrat seine gesetzlichen Aufgaben selbständig und eigenverantwortlich wahrzunehmen hat. Der Arbeitgeber kann und darf sich nicht in die Amtsführung des Betriebsrates einmischen. Soweit der Betriebsrat im Rahmen des Anhörungsverfahrens gemäß § 102 BetrVG beteiligt ist, ist es seine Sache, ob und wie er tätig werden, insbesondere welche Verfahrensweise er befolgen will. Der Arbeitgeber ist nicht befugt, den Betriebsrat dazu anzuhalten, seine Stellungnahme zu einer beabsichtigten Kündigung auf Grund einer ordnungsgemäßen Beschlußfassung abzugeben."

Das BAG fährt sodann fort:

> „Das gilt ebenso für den Fall, daß der zuständige Repräsentant des Betriebsrates, nachdem der Arbeitgeber seine Kündigungsabsicht mitgeteilt hat, allein eine Stellungnahme zu der beabsichtigten Kündigung abgibt. Auch hier ist der Arbeitgeber grundsätzlich weder berechtigt noch verpflichtet, ehe er kündigt, noch einmal auf einen Beschluß des Betriebsrates hinzuwirken."

---

11 Vgl. *Dietz-Richardi*, BetrVG, § 102 RdNr. 79ff., 155ff.
12 *Dietz-Richardi*, BetrVG, § 102 RdNr. 80.
13 BAGE 27, 209 (214).

Im vorliegenden Fall wäre es voreilig, daraus abzuleiten, daß die Zustimmungserklärung des Betriebsratsvorsitzenden genügt. Das BAG berücksichtigt in seiner Begründung nicht, daß der Betriebsratsvorsitzende den Betriebsrat nur im Rahmen der von ihm gefaßten Beschlüsse vertritt (§ 26 Abs. 3 Satz 1 BetrVG). Der Arbeitgeber wird also nur nach den *Grundsätzen der Rechtsscheinhaftung* geschützt. Davon abzuweichen, besteht gerade hier kein Grund; denn der Arbeitgeber kann nach Ablauf der Anhörungsfrist die Kündigung erklären, ohne eine Stellungnahme des Betriebsrats abwarten zu müssen. Deshalb muß man entscheidend darauf abstellen, ob der Arbeitgeber sich auf eine Erklärung des Betriebsratsvorsitzenden verlassen darf, wenn er weiß, daß der Betriebsratsvorsitzende eigenmächtig handelt. Nach dem Gesetz fällt ein derartiges Fehlverhalten nicht in den Zuständigkeits- und Verantwortungsbereich des Betriebsrats. Das BAG nimmt deshalb zutreffend an, daß die im unmittelbaren Anschluß an die Mitteilung der Kündigungsabsicht auf Befragen des Arbeitgebers abgegebene Erklärung des Betriebsratsvorsitzenden, er stimme der beabsichtigten Kündigung zu, rechtlich ohne Bedeutung sei; denn der Arbeitgeber weiß in diesem Fall, daß der Betriebsrat sich noch nicht mit dem Kündigungsfall befaßt haben kann[14].

c) Die Zustimmungserklärung des Betriebsratsvorsitzenden vom 15. 2. 1982 ist dagegen anders zu beurteilen. Der Arbeitgeber kann hier davon ausgehen, daß der Betriebsratsvorsitzende im Rahmen seiner Kompetenz handelt. Aber auch wenn er weiß, daß der Betriebsrat seine Stellungnahme im Umlaufverfahren gebildet hat, ist er nicht verpflichtet, auf die Fehlerhaftigkeit bei der Willensbildung des Betriebsrats hinzuweisen. Es liegt deshalb eine Zustimmung des Betriebsrats zur Kündigung vor.

Bei Zustimmung des Betriebsrats war die Kündigung aber bereits ausgesprochen. Da die Anhörung des Betriebsrats für die Kündigung eine Wirksamkeitsvoraussetzung ist, kann sie nicht nachgeholt werden. Der Arbeitgeber kann lediglich die Kündigung wiederholen, nachdem er den Betriebsrat ordnungsgemäß beteiligt hat. Die bloße Unterrichtung über die Gründe der ohne Anhörung des Betriebsrats ausgesprochenen Kündigung ersetzt aber nicht die Anhörung für die zweite Kündigung, auch wenn sie auf den gleichen Sachverhalt wie die erste Kündigung gestützt wird[15]. Im vorliegenden Fall hat der Arbeitgeber die Kündigung am 15. 2. 1982 erneut ausgesprochen. Er hat insoweit auch den Betriebsrat gehört; denn er hat sich nicht darauf beschränkt, den Betriebsrat lediglich über die erste Kündigung zu unterrichten, sondern er hat ausdrücklich seine Absicht, die Kündigung zu wiederholen, von der Stellungnahme des Betriebsrats abhängig gemacht.

4. Da die Kündigung vom 12. 2. 1982 ohne ordnungsmäßige Beteiligung des Betriebsrats ausgesprochen wurde, ist sie nach § 102 Abs. 1 Satz 3 BetrVG unwirksam. Da die Anhörung vor der Kündigung für diese eine Wirksamkeitsvoraussetzung darstellt, kann sie weder nachgeholt werden, noch kann der Betriebsrat dem Arbeitgeber das Anhörungsverfahren erlassen.

---

14 BAGE 26, 102 (104).
15 BAGE 27, 273 (278f.).

Zweifelhaft kann lediglich sein, ob dies auch dann gilt, wenn der Betriebsrat der Kündigung *zustimmt*. Das BAG ist der Meinung, daß auch durch eine nachträgliche Zustimmung des Betriebsrats der Mangel der Anhörung nicht geheilt wird.

> „Die rechtzeitige Beteiligung des Betriebsrats bei der Willensbildung des Arbeitgebers muß sichergestellt bleiben. Es ist nun einmal nicht dasselbe, ob der Betriebsrat vorher zur Kündigung eines noch zur Belegschaft gehörenden Arbeitnehmers gehört wird oder ob dem Arbeitnehmer ohne sein, des Betriebsrats, Zutun, gekündigt ist, und er noch mehr oder weniger formal darüber befindet, ob es dabei bleiben soll. Die (für den Betriebsrat nicht selten unangenehme) Anhörung des betroffenen Arbeitnehmers gemäß § 102 Abs. 2 Satz 4 BetrVG 1972 hat er jedenfalls erspart und damit in der Regel die Möglichkeit eingebüßt, nach Anhörung auch des anderen Teils dessen Belange zu wahren“[16].

Die Kündigung vom 12. 2. 1982 ist also unwirksam, weil der Betriebsrat nicht ordnungsgemäß beteiligt wurde. Da eine Ausschlußfrist für die Geltendmachung dieses Mangels nicht angeordnet ist, kann der Arbeitnehmer ihn auch noch nach Ablauf von drei Wochen seit Zugang der Kündigung geltend machen (§ 13 Abs. 3 KSchG)[17]. Deshalb braucht nicht erörtert zu werden, ob Schlechmoser i.S. von § 4 Satz 1 KSchG rechtzeitig die Feststellungsklage erhoben hat. Eine zeitliche Grenze zieht lediglich der Grundsatz der Verwirkung.

5. Mit diesem Ergebnis steht noch nicht fest, daß die Klage begründet ist. Ob das der Fall ist, hängt vielmehr vom *Streitgegenstand* ab. Die Beklagte wiederholte die Kündigung am 16. 2. 1982, nachdem sie zuvor den Betriebsrat ordnungsgemäß beteiligt hatte. Darin liegt eine *erneute* ordentliche Kündigung,

---

16 BAGE 26, 27 (33).

17 Zum Verständnis der Rechtsprechung des BAG zur Anhörung des Betriebsrats bei Kündigungen ist wichtig, daß zu § 66 BetrVG 1952 nicht geregelt war, welche Bedeutung die Nichtanhörung des Betriebsrats für die Wirksamkeit einer Kündigung hat. Das BAG vertrat in Übereinstimmung mit der h. L. die Auffassung, daß die Anhörung des Betriebsrats keine Wirksamkeitsvoraussetzung für die Kündigung darstellt (vgl. dazu den ausführlichen Schrifttumsnachweis bei *Dietz*, BetrVG, 4. Aufl. [1967], § 66 RdNr. 11g, 11h). Um aber dem betriebsverfassungsrechtlichen Gebot der Anhörung des Betriebsrats ein „lediglich papiernes Dasein als lex imperfecta“ zu ersparen, hatte das BAG in BAGE 1, 69 = AP Nr. 1 zu § 66 BetrVG 1952, zuletzt bestätigt durch AP Nr. 30 zu § 66 BetrVG 1952, die folgende Lösung entwickelt: Bei Nichtanhörung des Betriebsrats vor einer ordentlichen Kündigung konnte der Arbeitgeber, sofern er rechtswidrig, vorsätzlich und schuldhaft den Betriebsrat nicht beteiligt hatte, sich im Kündigungsschutzprozeß *nicht* darauf berufen, daß eine ordentliche Kündigung *sozial gerechtfertigt* war. Dadurch war es dem BAG gelungen, die Geltendmachung dieses Mangels an die Erhebung der Kündigungsschutzklage zu binden, so daß der Arbeitnehmer innerhalb von drei Wochen nach Zugang der Kündigung Klage beim Arbeitsgericht auf Feststellung erheben mußte, daß das Arbeitsverhältnis durch die Kündigung nicht aufgelöst ist, wenn er die Nichtanhörung des Betriebsrats geltend machen wollte. Diese zeitliche Grenze besteht nach § 102 BetrVG nicht mehr. Das ist zwar wenig sinnvoll, weil der Mangel der sozialen Rechtfertigung und bei einer außerordentlichen Kündigung sogar der Mangel des wichtigen Grundes geheilt werden, wenn der Arbeitnehmer nicht innerhalb von drei Wochen Feststellungsklage beim Arbeitsgericht erhebt (§§ 4, 7, 13 Abs. 1 Satz 2 KSchG). Es liegt aber nur ein *Fehler im rechtspolitischen Sinn* vor, keine *Regelungslücke*, die eine *teleologisch begründete Gesetzeskorrektur* gestatten würde (vgl. zum Problem der Lückenschließung *Larenz*, Methodenlehre der Rechtswissenschaft, 4. Aufl. [1979], S. 358f.).

bei der das Anhörungsverfahren gewahrt und die auch fristgerecht erfolgt ist. Der Kläger hat diese neue Kündigung in seinem Feststellungsantrag nicht ausdrücklich angegriffen. Wird aber die Rechtsunwirksamkeit einer sozial ungerechtfertigten Kündigung nicht rechtzeitig geltend gemacht, so gilt nach § 7 KSchG die Kündigung als von Anfang an rechtswirksam, wenn sie nicht aus anderem Grunde rechtsunwirksam ist. Es stellt sich daher die Frage, was Streitgegenstand im Kündigungsschutzprozeß ist.

Der Streitgegenstand wird nach herrschender Ansicht durch den Klageantrag und den der Klage zugrunde liegenden Sachverhalt bestimmt[18]. Nach § 4 Satz 1 KSchG ist der Klageantrag auf *Feststellung* zu richten, *daß das Arbeitsverhältnis durch die Kündigung nicht aufgelöst ist*. Es herrscht deshalb Einigkeit, daß Streitgegenstand *nicht* die *Sozialwidrigkeit* der Kündigung ist[19]. Aus dem Wortlaut des § 4 Satz 1 KSchG leitet die h. L. vielmehr ab, daß der Streit im Kündigungsschutzprozeß sich auf die *Wirksamkeit* der Kündigung bezieht[20]. Auf sie soll er sich aber auch *beschränken*. Streitgegenstand ist also nach dieser von *Alfred Hueck* begründeten Auffassung[21], der das BAG sich angeschlossen hat[22], ob das Arbeitsverhältnis durch die konkret angegriffene Kündigung aufgelöst wird. Diese Begrenzung ist im Schrifttum auf Bedenken gestoßen[23]. Nach anderer Ansicht, die von *Bötticher*, *Zeuner* und *Lüke* vertreten wird, soll Streitgegenstand einer Kündigungsschutzklage der *Bestand des Arbeitsverhältnisses überhaupt* sein; maßgebend wäre also das Fortbestehen des Arbeitsverhältnisses *im Zeitpunkt der letzten mündlichen Verhandlung*[24]. Man weist darauf hin, § 4 KSchG habe keine Anordnung über einen *punktuellen* Streitgegenstand getroffen[25]. Seine Bedeutung liege vielmehr darin, daß ein rechtskräftiges Urteil über den Fortbestand des Arbeitsverhältnisses herbeigeführt werde, eine Entscheidung darüber lediglich in den Gründen des Urteils über eine Lohnklage also nicht ausreichen solle[26]. Man stößt sich auch daran, daß nach § 256 Abs. 1 ZPO nur das Bestehen oder Nichtbestehen eines Rechtsverhältnisses Gegenstand der Feststellungsklage sein kann[27]. Gerade dieser Gesichtspunkt kann aber den Gesetzgeber veranlaßt haben, die in § 4 Satz 1 KSchG enthaltene Formulierung zu wählen, obwohl nach seinem Sinn dem Arbeitnehmer nur aufgegeben werden sollte, die Wirksamkeit der Kündi-

---

18 Vgl. *Schumann* in: *Stein-Jonas*, ZPO, 20. Aufl. (1979), Einl. E V C 3, RdNr. 270 ff.; *Thomas-Putzo* ZPO, 11. Aufl. (1981), Einl. II 6 und 7; *Jauernig*, Kurzlehrbuch, ZPO, 19. Aufl. (1981), S. 116 ff.; *Habscheid*, Der Streitgegenstand im Zivilprozeß (1956), S. 221 f.; a. A. *Rosenberg-Schwab*, Zivilprozeßrecht, 13. Aufl. (1981), S. 542, 544: nur der Klageantrag.

19 *Hueck-Nipperdey*, Bd. I S. 651.

20 *Nikisch*, Bd. I S. 774; *Hueck*, KSchG, § 4 RdNr. 48; *A. Hueck*, Festschrift für Nipperdey (1955), S. 99 (106 ff.); *Habscheid*, RdA 1958, 46, 95 (97).

21 Festschrift für Nipperdey (1955), S. 99 ff., insbes. S. 106 ff.

22 BAGE 2, 87 (90); 7, 36 (40 ff.); 7, 51 (55 ff.) = AP Nr. 18 zu § 3 KSchG, Bl. 3.

23 *Bötticher*, Festschrift für Herschel (1955), S. 181 ff.; *ders.*, BB 1959, 1032 ff.; *Zeuner*, MDR 1956, 257 ff.; *Lüke*, JZ 1960, 203 ff., 222 ff.

24 *Bötticher*, Festschrift für Herschel, S. 181 (185).

25 *Bötticher*, Festschrift für Herschel, S. 181 (185); *ders.*, BB 1959, 1032 (1034); *Zeuner*, MDR 1956, 257 (259); *Lüke*, JZ 1960, 203 (205).

26 *Bötticher*, BB 1959, 1032 (1034).

27 *Bötticher*, Festschrift für Herschel, S. 181 (185 f.).

gung feststellen zu lassen[28]. Wenn der Kläger ausdrücklich seinen Antrag so formuliert, wie § 4 Satz 1 KSchG es vorsieht, wird man es deshalb für zulässig erachten, daß der Streitgegenstand entsprechend beschränkt wird. Der Kläger könnte auch einen umfassenderen Klageantrag wählen, als es hier geschehen ist[29]. Macht er von dieser Möglichkeit aber nicht Gebrauch, so beschränkt der Streit sich auf die *Wirksamkeit der Kündigung*.

Folgt man dieser Ansicht, so ist mit der Erkenntnis, daß die Kündigung unwirksam ist, der Streit entschieden: Die Klage ist *begründet*.

6. a) Wenn dagegen Streitgegenstand der *Bestand des Arbeitsverhältnisses* im Zeitpunkt der letzten mündlichen Verhandlung ist, so muß weiterhin geklärt werden, ob das Arbeitsverhältnis nicht durch die erneute Kündigung vom 16. 2. 1982 aufgelöst ist. Der Kläger kann bei diesem Streitgegenstand die zweite Kündigung nicht mit der Feststellungsklage nach § 4 Satz 1 KSchG angreifen; denn ihr stünde das *Prozeßhindernis der anderweitigen Rechtshängigkeit* nach § 261 Abs. 3 Nr. 1 ZPO entgegen[30]. Damit stellt sich die Frage, wie der Kläger verhindern kann, daß eine zweite Kündigung nach § 7 KSchG Wirksamkeit erlangt. Man muß davon ausgehen, daß vor Schluß der letzten mündlichen Verhandlung ausgesprochene Kündigungen vom Streitgegenstand erfaßt werden[31]. *Bötticher* und *Lüke* vertreten deshalb folgerichtig die Auffassung, daß Form und Frist des § 4 KSchG nur für die erste Kündigung eingehalten zu werden brauchen[32]. Damit aber die Wirkung des § 7 KSchG ausgeschaltet wird, verlangt *Bötticher*, daß der Kläger sich auf die Sozialwidrigkeit der zweiten Kündigung beruft[33], während *Lüke* das folgerichtig nicht für notwendig hält, wenn die zweite Kündigung zum selben Termin ausgesprochen ist und auf dieselben Gründe gestützt wird[34]. Demnach muß das Arbeitsgericht also prüfen, ob die zweite Kündigung sozialwidrig ist[35].

Zweifelhaft ist die Rechtslage weiterhin, wenn, wie im vorliegenden Fall, die Unwirksamkeit der ersten Kündigung nicht nach § 4 KSchG geltend gemacht zu werden braucht (§ 13 Abs. 3 KSchG). Da die zweite Kündigung zur Beendigung des Arbeitsverhältnisses führen kann, auch wenn die erste Kündigung unwirksam ist, muß man hier verlangen, daß die Kündigungsschutzklage innerhalb von drei Wochen seit Zugang der zweiten Kündigung erhoben wurde.

---

28 *Nikisch*, Bd. I S. 774.

29 Darauf weisen hin: *A. Hueck*, Festschrift für Nipperdey (1955), S. 99 (110f.); *Habscheid*, RdA 1958, 46, 95 (96); *ders.*, Anm. AP Nr. 17 zu § 3 KSchG, Bl. 7 R.

30 *Bötticher*, Festschrift für Herschel, S. 181 (188).

31 Einschränkend *Lüke*, JZ 1960, 203 (208 Fußn. 47): „Eine während der Rechtshängigkeit ausgesprochene zweite Kündigung fällt nur dann nicht in den Streitgegenstand des anhängigen Kündigungsschutzprozesses, wenn sie auf einen anderen Lebensvorgang gestützt wird."

32 *Bötticher*, Festschrift für Herschel, S. 181 (188); *ders.*, BB 1959, 1032 (1035); *Lüke*, JZ 1960, 222 (224).

33 *Bötticher*, Festschrift für Herschel, S. 181 (189).

34 JZ 1960, 222 (224).

35 *Bötticher* vertritt in BB 1959, 1032 (1035) die Auffassung, daß ein Arbeitgeber während eines Kündigungsprozesses mit dem Arbeitnehmer nur innerhalb desselben kündigen kann. Hier ist aber die zweite Kündigung bereits vor Erhebung der Kündigungsschutzklage ausgesprochen worden.

Jedoch kann die Frage hier offenbleiben, wenn der Kläger die Dreiwochenfrist des § 4 KSchG auch gegenüber der Kündigung vom 12. 2. 1982 eingehalten hat. Für die Berechnung der Frist gelten die §§ 186ff. BGB, und zwar unmittelbar, sofern man in ihr eine materiellrechtliche Frist sieht, und über § 222 ZPO, sofern man prozessualen Charakter annimmt. Nach §§ 187 Abs. 1, 188 Abs. 2 BGB lief die Dreiwochenfrist am 8. 3. 1982 ab, als die Klage beim zuständigen Arbeitsgericht eingereicht wurde. Die Klage ist nach § 253 Abs. 1 ZPO zwar erst *erhoben*, wenn die Klageschrift *zugestellt* wird, für die Wahrung der Dreiwochenfrist genügt aber nach § 46 Abs. 2 ArbGG i.V. mit §§ 495 Abs. 1, 270 Abs. 3 ZPO der *Eingang* der Klage beim Arbeitsgericht, sofern die Zustellung demnächst erfolgt. Der Kläger hat deshalb sogar hinsichtlich der ersten Kündigung die Dreiwochenfrist eingehalten.

b) Die Kündigung ist *sozial gerechtfertigt*, wenn sie durch Gründe, die in der Person oder in dem Verhalten des Arbeitnehmers liegen, oder durch dringende betriebliche Erfordernisse, die einer Weiterbeschäftigung des Arbeitnehmers in diesem Betriebe entgegenstehen, bedingt ist (§ 1 Abs. 2 Satz 1 KSchG). Arbeitsmangel kann eine betriebsbedingte Kündigung begründen[36].

Im vorliegenden Fall hat die Beklagte außerdem vorgetragen, daß der Kläger in letzter Zeit fortgesetzt trotz Ermahnung schlechte Arbeit geleistet habe. Das ist ein Grund, der im Verhalten des Arbeitnehmers liegt und deshalb die Kündigung ebenfalls zu rechtfertigen vermag[37]. Hier ist aber zu beachten, daß der Arbeitgeber diese Begründung erst vor dem Arbeitsgericht vorgetragen hat. Es handelt sich um das Problem des *Nachschiebens von Kündigungsgründen:* Zwar erfordert die Wirksamkeit einer Kündigung nicht die Angabe von Kündigungsgründen[38]; aber Einigkeit besteht darin, daß ein Grund, der erst nach der Kündigung entstanden ist, diese nicht mehr zu rechtfertigen vermag, so daß lediglich Gründe nachgeschoben werden können, die bereits bei Erklärung der Kündigung vorlagen[39].

Eine *weitere Schranke* für die Zulässigkeit, Kündigungsgründe nachzuschieben, ergibt sich mittelbar aus § 102 Abs. 1 Satz 2 BetrVG, wenn im Betrieb ein Betriebsrat besteht: Nach dieser Bestimmung hat der Arbeitgeber dem Betriebsrat die Gründe für die Kündigung mitzuteilen. Wie bereits ausgeführt, braucht er nur die Gründe zu nennen, die für seinen Kündigungsentschluß maßgebend sind. Macht der Arbeitgeber deshalb im Kündigungsrechtsstreit Gründe geltend, die er dem Betriebsrat nicht im Anhörungsverfahren mitgeteilt hat, so ist die Kündigung nicht wegen Verletzung der Anhörungspflicht rechtsunwirksam; sie kann aber nicht mit diesen Gründen gerechtfertigt werden, weil der Betriebsrat zu ihnen nicht gehört wurde. Der Arbeitgeber ist also an die von ihm getroffene Auswahl der Kündigungsgründe gebunden[40]. Das

---

36 *Hueck*, KSchG, § 1 RdNr. 102a; *Becker*, KR, § 1 KSchG RdNr. 319.

37 *Hueck*, KSchG, § 1 RdNr. 91; *Becker*, KR, § 1 KSchG RdNr. 255.

38 BAGE 7, 304ff. = AP Nr. 55 zu § 1 KSchG; vgl. aus letzter Zeit auch BAG AP Nr. 65 zu § 626 BGB; weiterhin *Hueck-Nipperdey*, Bd. I S. 552; *Nikisch*, Bd. I S. 693.

39 BAGE 2, 245 (251) = AP Nr. 1 zu § 67 HGB, Bl. 4; *Hueck-Nipperdey*, Bd. I S. 553f.; *Nikisch*, Bd. I S. 695.

40 Vgl. die Angaben in Fußn. 10.

gilt nicht nur, wenn der Betriebsrat Bedenken gegen die Kündigung erhoben oder ihr sogar widersprochen hat, sondern der Arbeitgeber kann Kündigungsgründe selbst dann nicht nachschieben, wenn der Betriebsrat der Kündigung auf Grund der ihm mitgeteilten Gründe zugestimmt hat[41]. Die Zustimmung des Betriebsrats gibt dem Arbeitgeber keinen Freibrief, den Kündigungssachverhalt auszutauschen. Er kann im Kündigungsrechtsstreit lediglich die dem Betriebsrat mitgeteilten Kündigungsgründe substantiieren und konkretisieren, aber nicht neue Tatsachen mit dem Gewicht eines kündigungsrechtlich erheblichen Grundes vortragen[42].

Deshalb kann der Arbeitgeber für die soziale Rechtfertigung der Kündigung nicht mehr nachschieben, daß der Kläger fortgesetzt trotz Ermahnung schlechte Arbeit geleistet habe. Die Kündigung ist also nur sozial gerechtfertigt, wenn der Arbeitsmangel einer Weiterbeschäftigung im Betrieb entgegensteht.

c) Folgt man der Auffassung, daß Streitgegenstand der Bestand des Arbeitsverhältnisses im Zeitpunkt der letzten mündlichen Verhandlung ist, so ist die Klage nicht begründet, wenn das Arbeitsgericht zu dem Ergebnis kommt, daß die Kündigung sozial gerechtfertigt ist. Die Klage wird in diesem Fall abgewiesen.

B. Der Anspruch Schlechmosers auf Gehaltszahlung für die Zeit nach dem 30. 9. 1982

1. Der Arbeitnehmer hat wegen der gegenseitigen Abhängigkeit von Leistung und Gegenleistung einen Anspruch auf Gehaltszahlung grundsätzlich nur, wenn er arbeitet[43]. Eine Ausnahme besteht nach § 615 BGB, wenn der Arbeitgeber mit der Annahme der Arbeitsleistung in Verzug kommt; in diesem Fall behält der Arbeitnehmer seinen Vergütungsanspruch. Voraussetzung ist aber, daß das Arbeitsverhältnis überhaupt noch besteht. Nur dann kann der Arbeitnehmer mit dem erfolglosen Angebot seiner Arbeitsleistung den Arbeitgeber in Annahmeverzug setzen. Ob Schlechmoser also nach § 615 BGB einen Anspruch gegen die Firma Carl Beck hat, hängt davon ab, daß das Arbeitsverhältnis nicht zum 30. 9. 1982 aufgelöst wurde.

2. Das rechtskräftige Urteil des Arbeitsgerichts vom 27. 10. 1982 hat dem Klageantrag Schlechmosers entsprochen. Gleichgültig wie man das Wesen der *materiellen Rechtskraft* bestimmt[44], tritt damit folgende *Wirkung* ein: Die Feststellung über den Bestand des Arbeitsverhältnisses ist bindend, auch wenn sie in einem Prozeß mit *anderem* Streitgegenstand eine Vorfrage darstellt

41 BAG AP Nr. 23 zu § 102 BetrVG 1972.

42 BAGE 34, 309 (316).

43 Vgl. dazu oben Fall 3 — S. 25f.

44 *Blomeyer*, Zivilprozeßrecht (1963), S. 440ff.; *Jauernig* (s. Fußn. 18), S. 197ff.; *Rosenberg-Schwab* (s. Fußn. 18), S. 925ff.; *Schumann-Leipold*, in: *Stein-Jonas*, ZPO, 19. Aufl. (1969), § 322 Anm. III, S. 1314ff.; *Thomas-Putzo* (s. Fußn. 18), § 322 Anm. 3.

(Präjudizialitätswirkung der materiellen Rechtskraft)[45]. Das gilt jedoch nur in den *subjektiven* und *objektiven* Grenzen der Rechtskraft. Ein Rechtsstreit über die Zahlung des Gehalts würde zwischen denselben Parteien wie im Kündigungsschutzprozeß ausgefochten werden. Nach § 325 Abs. 1 ZPO wirkt deshalb das rechtskräftige Urteil für und gegen die Parteien, soweit die dort festgestellte Rechtsfolge für die Entscheidung im vorliegenden Fall von Bedeutung ist. Gegenstand der materiellen Rechtskraft ist nach § 322 Abs. 1 ZPO nur die gerichtliche Entscheidung über den *prozessualen Anspruch*. Der Umfang der Rechtskraft und der mit ihr verbundenen Rechtsfolgen bestimmt sich deshalb nach dem *Streitgegenstand*.

3. Die Berechtigung des Zahlungsbegehrens für die Zeit nach dem 30. 9. 1982 hängt also von dem Streitgegenstand ab, der dem rechtskräftigen Urteil des Arbeitsgerichts vom 27. 10. 1982 zugrunde lag. Sieht man ihn im *Bestand des Arbeitsverhältnisses überhaupt*, bezogen auf den Zeitpunkt der letzten Tatsachenverhandlung[46], so ist rechtskräftig entschieden, daß das Arbeitsverhältnis zwischen Schlechmoser und der Firma Carl Beck noch besteht. Die Firma Carl Beck kann *nicht* vortragen, daß die Kündigung vom 16. 2. 1982 sozial gerechtfertigt ist, da auch sie vom Streitgegenstand erfaßt wird[47]. In einem Prozeß über den Anspruch auf Gehaltszahlung ist damit als Rechtskraftfolge bindend festgestellt, daß das Arbeitsverhältnis zum 30. 9. 1982 nicht aufgelöst wurde.

Wesentlich anders ist dagegen die Rechtslage, wenn man den Streitgegenstand in der Frage sieht, ob das Arbeitsverhältnis durch die *konkret angegriffene Kündigung* aufgelöst wird[48]. In diesem Fall ist rechtskräftig lediglich entschieden, daß das Arbeitsverhältnis zum 30. 9. 1982 nicht durch die Kündigung vom 12. 2. 1982 aufgelöst wurde. Die Rechtskraftfolgen des Urteils vom 27. 10. 1982 gelten also nicht für die Feststellung, ob die erneute Kündigung vom 16. 2. 1982 das Arbeitsverhältnis zum 30. 9. 1982 aufgelöst hat, da es sich um einen *anderen* Streitgegenstand handelt. Auch wenn die zweite Kündigung nicht sozial gerechtfertigt wäre, könnte Schlechmoser diesen Mangel nicht mehr geltend machen, da er die Dreiwochenfrist des § 4 KSchG nicht eingehalten hat. Die erneute Kündigung vom 16. 2. 1982 hat demnach das Arbeitsverhältnis zum 30. 9. 1982 wirksam beendet, so daß schon deshalb ein Anspruch aus § 615 BGB entfällt.

4. Das BAG hat sich zwar ausdrücklich zum *punktuellen* Streitgegenstand der herrschenden Lehre bekannt, es ist aber vor der Konsequenz dieser Lehre zurückgeschreckt. Der Arbeitgeber soll sich nicht darauf berufen können, daß das Arbeitsverhältnis zwar nicht durch die mit der Kündigungsschutzklage angegriffene Kündigung, sondern durch eine erneute Kündigung zu demselben

---

45 *Blomeyer* (s. Fußn. 44), S. 458 f.; *Jauernig* (s. Fußn. 18), S. 200; *Rosenberg-Schwab* (s. Fußn. 18), S. 939 f.; *Schumann-Leipold* (s. Fußn. 44), § 322 Anm. IX 2, S. 1337 ff.

46 Vgl. dazu oben S. 79 und die Angaben in Fußn. 23.

47 *Bötticher*, Festschrift für Herschel S. 181 (187 f.); *Lüke*, JZ 1960, 203 (208 Fußn. 47), 222 (224).

48 Vgl. dazu oben S. 79 f. und die Angaben in Fußn. 20 und 22.

Termin beendet wurde. Das BAG will dieses Ergebnis aus dem *Präklusionsprinzip* begründen[49].

Von Präklusion spricht man, wenn ein bestimmter Prozeßstoff im Rechtsstreit nicht mehr vorgebracht werden kann. Dem BAG ist darin zu folgen, daß mit der Rechtskraft Präklusionswirkungen verbunden sind[50]. Tatsachen, die im Vorprozeß schon bestanden, aber dort nicht vorgetragen wurden, können nicht mehr mit dem Ziel vorgebracht werden, die rechtskräftige Entscheidung zu erschüttern. Der Arbeitgeber muß deshalb in einem Kündigungsschutzprozeß alle Gründe vorbringen, aus denen die Unwirksamkeit der Kündigung sich ergeben kann, um die Präklusionswirkung zu vermeiden. Das soll auch für die Begründung gelten, daß das Arbeitsverhältnis durch eine *andere Kündigung* zu demselben Termin endet, so daß die Kündigung deshalb nicht zu dem gewollten Erfolg führt:

> „Will daher ein Arbeitgeber, mit dem ein Arbeitnehmer im Weg der Kündigungsschutzklage darüber streitet, ob sein Arbeitsverhältnis aus Anlaß einer bestimmten Kündigung zu dem von der Kündigung vorgesehenen Termin endet oder nicht, die Beendigung zu demselben Termin z. B. daraus herleiten, daß er erneut zu dem gleichen Termin wirksam — ordentlich oder außerordentlich — gekündigt habe ..., so muß der Arbeitgeber das bei Vermeidung der Präklusionswirkung geltend machen“[51].

Diese Begründung ist nicht zutreffend. Präkludieren kann als Folge der materiellen Rechtskraft nur der nicht *zum Streitgegenstand* vorgetragene Prozeßstoff[52]. Wenn das BAG aber den Streitgegenstand in der *Wirksamkeit der Kündigung* sieht, kann es zu seinem Ergebnis nur durch die Annahme eines *rechtskraftfremden* Präklusionsprinzips kommen, für das eine gesetzliche Grundlage fehlt[53]. Eine Präklusionswirkung als Folge der materiellen Rechtskraft kann man nur annehmen, wenn man den Streitgegenstand *anders* bestimmt. Das tut das BAG auch, wenn es in Widerspruch zu seiner Ansicht vom Streitgegenstand im Kündigungsschutzprozeß vom Arbeitgeber verlangt, er müsse immer dem Umstand Rechnung tragen, „daß im Endergebnis, wenn auch veranlaßt durch eine bestimmte Kündigung, darüber gestritten wird, ob zu einem bestimmten Termin ein Arbeitsverhältnis ein Ende gefunden hat oder nicht“[54]. Das BAG geht hier von einem anderen Streitgegenstand aus, auf den der Arbeitgeber sich einstellen muß. Das BAG folgt deshalb im Ergebnis der Auffassung von *Bötticher*, *Zeuner* und *Lüke*, wenn es feststellt:

> „Darüber aber, ob zu ein und demselben Zeitpunkt ein Arbeitsverhältnis ein Ende gefunden hat oder nicht, kann nicht in verschiedenen Prozessen entschieden werden“[55].

---

49 BAGE 7, 36 (43ff.).

50 *Rosenberg-Schwab* (s. Fußn. 18), S. 942f.; *Schumann-Leipold* (s. Fußn. 44), § 322 Anm. X, S. 1342ff.; *Thomas-Putzo* (s. Fußn. 18), § 322 Anm. 7.

51 BAGE 7, 36 (45f.).

52 Vgl. dazu auch die Kritik der Entscheidung von *Habscheid*, Anm. AP Nr. 17 zu § 3 KSchG, Bl. 8; *Lüke*, JZ 1960, 222 (223f.).

53 *Lüke*, JZ 1960, 222 (223).

54 BAGE 7, 36 (45).

55 BAGE 7, 36 (45).

Folgt man dem BAG, so ist damit auch für den Anspruch Schlechmosers auf Gehaltszahlung bindend festgestellt, daß ein Arbeitsverhältnis rechtlich noch besteht. Wenn die Firma Carl Beck mit der Annahme seiner Arbeitsleistung in Annahmeverzug ist (§ 293 BGB), kann Schlechmoser nach § 615 BGB die Zahlung seines Gehalts verlangen. Ein Annahmeverzug setzt nach § 294 BGB voraus, daß der Arbeitnehmer seine Leistung tatsächlich angeboten hat; ein wörtliches Angebot genügt aber nach § 295 BGB, wenn der Arbeitgeber dem Arbeitnehmer erklärt oder durch sein Verhalten zum Ausdruck bringt, daß er die Leistung nicht annimmt[56]. Hat der Arbeitgeber das Arbeitsverhältnis gekündigt, so genügt deshalb ein erkennbarer Protest gegen die Wirksamkeit der Kündigung[57]. Er liegt in der Erhebung der Kündigungsschutzklage gemäß § 4 KSchG[58]. Schlechmoser kann daher von der Firma Carl Beck nach § 615 Satz 1 BGB die Zahlung seines Gehalts verlangen.

5. Zweifelhaft kann sein, ob § 102 Abs. 5 BetrVG diese Rechtslage geändert hat. Nach dieser Bestimmung muß der Arbeitgeber den Arbeitnehmer auf dessen Verlangen nach Ablauf der Kündigungsfrist bis zum rechtskräftigen Abschluß des Kündigungsrechtsstreits bei unveränderten Arbeitsbedingungen weiterbeschäftigen, wenn der Betriebsrat der ordentlichen Kündigung frist- und ordnungsgemäß widersprochen hat. Der Betriebsrat kann nach § 102 Abs. 3 BetrVG der ordentlichen Kündigung aus bestimmten, dort erschöpfend genannten Gründen widersprechen[59]. Im vorliegenden Fall hat er der Kündigung zugestimmt. Daher besteht kein Weiterbeschäftigungsanspruch nach § 102 Abs. 5 BetrVG. Problematisch kann deshalb sein, ob dadurch der Anspruch aus § 615 Satz 1 BGB verdrängt wird.

Der Weiterbeschäftigungsanspruch des Arbeitnehmers nach § 102 Abs. 5 BetrVG darf rechtsdogmatisch nicht mit dem *Beschäftigungsanspruch aus dem Arbeitsverhältnis* verwechselt werden. Das Gesetz räumt dem gekündigten Arbeitnehmer ein Gestaltungsrecht ein, durch das er die Rechtswirkungen einer Kündigung bis zum rechtskräftigen Abschluß des Rechtsstreits suspendieren kann. Der Arbeitnehmer macht also mit seinem Verlangen keinen Anspruch geltend, sondern er übt ein *Gestaltungsrecht* aus: Die Kündigung verliert ihre Auflösungswirkung; das Arbeitsverhältnis wird mit dem bisherigen Vertragsinhalt fortgesetzt und ist durch die rechtskräftige Abweisung der Kündigungsschutzklage auflösend bedingt[60]. Im vorliegenden Fall hat der Betriebsrat der Kündigung aber nicht widersprochen, sondern war nicht ord-

56 *Hueck-Nipperdey*, Bd. I S. 218.

57 BAGE 10, 202 (205) = AP Nr. 18 zu § 615 BGB, Bl. 2.

58 BAGE 14, 156 = AP Nr. 23 zu § 615 BGB.

59 Der Widerspruch hat nicht zur Folge, daß die ordentliche Kündigung unterbleiben muß, sondern der Arbeitgeber wird lediglich verpflichtet, dem Arbeitnehmer mit der Kündigung eine Abschrift der Stellungnahme des Betriebsrats zuzuleiten (§ 102 Abs. 4 BetrVG); außerdem sind mit ihm materiell-rechtlich zwei Rechtsfolgen verbunden: der Weiterbeschäftigungsanspruch des Arbeitnehmers gemäß § 102 Abs. 5 BetrVG und eine Konkretisierung der Sozialwidrigkeit nach § 1 Abs. 2 Satz 2 und 3 KSchG (vgl. dazu BAGE 25, 278 = AP Nr. 2 zu § 1 KSchG 1969).

60 Vgl. *Dietz-Richardi*, BetrVG, § 102 RdNr. 180f., 206; im Ergebnis auch BAGE 29, 195 (209) = AP Nr. 5 zu § 611 BGB Beschäftigungspflicht, Bl. 6.

nungsgemäß beteiligt worden bzw. hatte der Kündigung zugestimmt. Deshalb findet § 102 Abs. 5 BetrVG keine Anwendung. Da er aber keine Sonderregelung für das Arbeitsentgeltrisiko trifft, sondern zur Ergänzung des Kündigungsschutzes einen vorläufigen Bestandsschutz des Arbeitsverhältnisses verwirklicht, wird dadurch nicht der Anspruch aus § 615 Satz 1 BGB ausgeschlossen.

6. Schlechmoser kann von der Firma Carl Beck nach § 615 Satz 1 BGB die Zahlung seines Gehalts verlangen.

Fall 8 **Außerordentliche Kündigung — Dreiwochenfrist der Feststellungsklage nach § 13 Abs. 1 Satz 2 KSchG — Wartezeit des § 1 Abs. 1 KSchG — Kündigungsschutz und Lohnzahlungsklage — Zurückverweisungsverbot nach § 68 ArbGG**

Ausgangsfälle:

BAG vom 30. 11. 1961 — 2 AZR 295/61, BAGE 12, 75 = AP Nr. 3 zu § 5 KSchG *(Bötticher)* = AR-Blattei Kündigungsschutz Entsch. 61 *(Molitor)* = JZ 1962, 711 *(Habscheid)* = DB 1962, 411;

BAG vom 23. 9. 1976 — 2 AZR 309/75, BAGE 28, 176 = AP Nr. 1 zu § 1 KSchG 1969 Wartezeit *(G. Hueck)* = EzA § 1 KSchG n.F. Nr. 35 = SAE 1977, 153 *(Lepke)* = AR-Blattei Kündigungsschutz Entsch. 168 *(Herschel).*

Josef Mayer war seit 1972 als Glasmacher bei der Firma Glaslicht-GmbH in Waldmünchen beschäftigt. Am 21. 9. 1981 kündigte die GmbH das Arbeitsverhältnis zum 16. 10. 1981. Die Kündigung wurde wirksam, weil Mayer es versäumte, Kündigungsschutzklage zu erheben. Am 14. 10. 1981 schrieb Alfons Huber, der Geschäftsführer der GmbH, daß man ihn vom 19. 10. 1981 an in Cham beschäftigen könne, wo die GmbH ihren zweiten Betrieb hat. Mayer nahm das Angebot an. Nach einer Auseinandersetzung mit dem Betriebsleiter in Cham am 14. 1. 1982 weigerte er sich, wegen angeblicher Übermüdung, an diesem Tag bei gewissen Arbeiten, die üblicherweise nach dem allgemeinen Dienstschluß verrichtet werden, mitzuhelfen, und kündigte das Arbeitsverhältnis zum 31. 1. 1982. Darauf kündigte ihm die GmbH an demselben Tag fristlos wegen beharrlicher Arbeitsverweigerung; ein Betriebsrat besteht in dem Betrieb nicht. Mayer bestreitet eine beharrliche Arbeitsverweigerung. Er hat am 18. 1. 1982 Klage zum Arbeitsgericht Regensburg auf Zahlung von 967, 69 DM bis zum Ablauf seines Arbeitsverhältnisses am 31. 1. 1982 erhoben. Das Arbeitsgericht hat der Klage stattgegeben. Die GmbH hat dagegen Berufung zum Landesarbeitsgericht München eingelegt. Mayer hat um Zurückweisung der Berufung gebeten und außerdem den Antrag gestellt, festzustellen, daß sein Arbeitsverhältnis durch die fristlose Kündigung vom 14. 1. 1982 nicht aufgelöst sei.

Wie wird das Landesarbeitsgericht entscheiden?

LÖSUNG

A. Die Zulässigkeit der Berufung

Gegen das Urteil eines Arbeitsgerichts findet nach § 8 Abs. 2 i.V. mit § 64 Abs. 1 ArbGG die Berufung an das Landesarbeitsgericht statt; sie kann eingelegt werden, wenn sie in dem Urteil des Arbeitsgerichts zugelassen worden ist oder der Wert des Beschwerdegegenstandes 800,— DM übersteigt (§ 64 Abs. 2 ArbGG). Da im vorliegenden Fall Mayer Zahlung von 967,69 DM verlangt, ist die Berufung statthaft, ohne daß es einer besonderen Zulassung durch das Arbeitsgericht bedarf. Daß die Berufung ordnungsgemäß und fristgerecht eingelegt wurde (§§ 64 Abs. 6 Satz 1, 66 Abs. 1 ArbGG i.V. mit §§ 518, 519 ZPO), kann unterstellt werden.

Die Berufung ist also zulässig. Für die Entscheidung ist das Landesarbeitsgericht München zuständig (Art. 1 Gesetz über die Organisation der Gerichte für Arbeitssachen im Freistaat Bayern vom 12. 6. 1973, BayGVBl. S. 311).

B. Die Begründetheit der Berufung

I. Die Zulässigkeit der Lohnzahlungsklage

Mayer und die Glaslicht-GmbH streiten über einen Anspruch aus dem Arbeitsverhältnis. Nach § 2 Abs. 1 Nr. 3 lit. a ArbGG sind deshalb die Arbeitsgerichte ausschließlich zuständig. Die Entscheidung erfolgt nach §§ 2 Abs. 5, 46 Abs. 1 ArbGG im Urteilsverfahren, so daß die Vorschriften der ZPO zur Anwendung kommen, soweit das ArbGG nicht ein anderes bestimmt.

Die örtliche Zuständigkeit des Arbeitsgerichts wird durch den Gerichtsstand bestimmt. Nach § 29 ZPO kommt für den vorliegenden Rechtsstreit neben dem allgemeinen Gerichtsstand der besondere Gerichtsstand des Erfüllungsorts in Betracht. Erfüllungsort für Lohnzahlungen ist regelmäßig der Sitz des *Betriebs*, wo auch die Arbeit geleistet wird[1]. Cham gehört zum Bezirk des Arbeitsgerichts Weiden, Zweigstelle Schwandorf (Art. 2 Abs. 2 Nr. 10, Art. 3 Abs. 1 Nr. 7 Gesetz über die Organisation der Gerichte für Arbeitssachen im Freistaat Bayern). Das Arbeitsgericht Regensburg war deshalb nach § 29 ZPO nicht örtlich zuständig.

---

1 *Hueck-Nipperdey*, Bd. I S. 287. In diesem Zusammenhang muß die Neugestaltung des § 29 ZPO durch die Gerichtsstandsnovelle vom 21. 3. 1974 (BGBl. I S. 753) beachtet werden: Eine Vereinbarung über den Erfüllungsort im Arbeitsvertrag begründet nicht den Gerichtsstand des § 29 ZPO. Maßgebend ist vielmehr stets der gesetzliche, durch § 269 BGB bestimmte Erfüllungsort. Aus § 269 BGB ergibt sich allerdings, daß Leistungsort nur dann der Wohnsitz des Schuldners ist, wenn ein Ort für die Leistung weder bestimmt noch aus den Umständen, insbesondere aus der Natur des Schuldverhältnisses, zu entnehmen ist. Entscheidend ist deshalb für den Gerichtsstand des Erfüllungsorts, daß dieser nicht fiktiv bestimmt wird, sondern daß dort die Leistung tatsächlich erbracht wird.

Dieser Verfahrensmangel wird auch nicht ohne weiteres dadurch behoben, daß ein Beklagter zur Hauptsache mündlich verhandelt, ohne die Unzuständigkeit geltend zu machen. Durch die Gerichtsstandsnovelle vom 21. 3. 1974, die das bisherige Prinzip der freien Gerichtsstandsvereinbarung durch den *Grundsatz des Prorogationsverbots* ersetzt hat, ist auch § 39 ZPO neu gestaltet worden[2]. Die Zuständigkeit infolge rügeloser Verhandlung tritt nur dann ein, wenn das Arbeitsgericht den Beklagten vor der Verhandlung zur Hauptsache auf die örtliche Unzuständigkeit und auf die Folgen einer rügelosen Einlassung zur Hauptsache hinweist (§ 39 Satz 2 ZPO i. V. mit §§ 46 Abs. 2 Satz 1 ArbGG, 504 ZPO). War dies geschehen, so ist die Zuständigkeit des Arbeitsgerichts dadurch begründet worden, daß die Beklagte zur Hauptsache mündlich verhandelt hat. Auch § 40 Abs. 2 Satz 2 ZPO steht dem nicht entgegen, da für die Klage hinsichtlich der örtlichen Zuständigkeit kein ausschließlicher Gerichtsstand besteht[3]. Aber auch wenn das Arbeitsgericht Regensburg die nach § 46 Abs. 2 Satz 1 ArbGG i. V. mit § 504 ZPO erforderliche Belehrung unterlassen oder seine örtliche Zuständigkeit zu Unrecht angenommen hat, kann nach § 512a ZPO die Berufung nicht auf diesen Verfahrensmangel gestützt werden. Die Berufung der Beklagten hat also nur dann Erfolg, wenn die Klage nicht begründet ist.

II. Der materielle Lohnanspruch

1. Die Klage ist begründet, wenn Mayer gegen die Glaslicht-GmbH einen Anspruch auf Lohn bis zum 31. 1. 1982 hat, obwohl er nicht gearbeitet hat. Anspruchsgrundlage ist § 611 Abs. 1 BGB. Ein Arbeitnehmer hat wegen der gegenseitigen Abhängigkeit von Leistung und Gegenleistung einen Anspruch auf Lohnzahlung grundsätzlich nur, wenn er die geschuldete Arbeit leistet. Eine Ausnahme besteht jedoch nach § 615 BGB, wenn der Arbeitgeber mit der Annahme der Arbeitsleistung in Verzug kommt. In diesem Fall behält der Arbeitnehmer seinen Vergütungsanspruch. Ein Annahmeverzug des Arbeitgebers setzt nach § 294 BGB voraus, daß der Arbeitnehmer seine Leistung tatsächlich angeboten hat. Ein wörtliches Angebot genügt aber nach § 295 BGB, wenn der Arbeitgeber dem Arbeitnehmer erklärt oder durch sein Verhalten zum Ausdruck bringt, daß er die Leistung nicht annimmt. Ein derartiger Fall liegt insbesondere vor, wenn der Arbeitgeber den Arbeitnehmer zu Unrecht fristlos entlassen hat[4]. Wenn der Arbeitnehmer zu erkennen gibt, daß er die Kündi-

---

2 Vgl. aber auch § 48 Abs. 2 Satz 1 Nr. 1 ArbGG, der für Streitigkeiten aus dem Arbeitsverhältnis die Prorogation eines an sich örtlich unzuständigen Arbeitsgerichts auf Grund *tarifvertraglicher Rechtsnorm* vorsieht. Es gilt also auch hier der Vorrang des Tarifvertrags gegenüber einer gesetzlichen Regelung, wie sonst z. B. in § 622 Abs. 3 BGB oder § 13 Abs. 1 und 2 BUrlG.

3 Durch § 2 ArbGG wird lediglich festgelegt, daß die Arbeitsgerichte für die dort genannten Rechtsstreitigkeiten ausschließlich zuständig sind. Deshalb wird nur für die *sachliche*, nicht aber für die *örtliche Zuständigkeit* ausgeschlossen, daß die Zuständigkeit eines Gerichts durch rügeloses Verhandeln zur Hauptsache unter den bereits genannten Voraussetzungen begründet wird.

4 BAGE 3, 66 (74) = AP Nr. 5 zu § 9 MuSchG, Bl. 4; vgl. weiterhin *Hueck-Nipperdey*, Bd. I S. 328; *Nikisch*, Bd. I S. 277.

gung nicht hinnimmt, so liegt in der bis zur Entlassung geleisteten Arbeit grundsätzlich das Angebot weiterer Arbeitsleistung, ohne daß es eines nochmaligen besonderen Arbeitsangebots bedarf[5].

Mayer hat also nach § 615 BGB einen Anspruch auf Lohnfortzahlung, wenn das Arbeitsverhältnis nicht durch die fristlose Kündigung der Glaslicht-GmbH am 14. 1. 1982, sondern erst durch seine Kündigung zum 31. 1. 1982 aufgelöst wurde. Nur dann hat er mit dem erfolglosen Angebot seiner Arbeitsleistung die Glaslicht-GmbH in Annahmeverzug setzen können. Der Lohnanspruch hängt also davon ab, ob die fristlose Kündigung der Glaslicht-GmbH wirksam war.

2. Ein Arbeitsverhältnis kann nach § 626 Abs. 1 BGB aus wichtigem Grund ohne Einhaltung einer Kündigungsfrist gekündigt werden. Eine Kündigung, deren Wirksamkeit einen wichtigen Grund voraussetzt, bezeichnet man als *außerordentliche Kündigung*. Nach § 102 Abs. 1 Satz 1 BetrVG ist der Betriebsrat vor jeder Kündigung zu hören, also auch vor einer außerordentlichen Kündigung. Wenn aber in einem Betrieb kein Betriebsrat besteht, ist niemand vorhanden, der die betriebsverfassungsrechtliche Mitbestimmung ausüben kann. Die außerordentliche Kündigung ist nicht deshalb unwirksam, weil in einem betriebsratsfähigen Betrieb kein Betriebsrat besteht und deshalb dem Gebot, den Betriebsrat zu beteiligen, nicht genügt werden kann.

3. Eine außerordentliche Kündigung ist wirksam, wenn ein wichtiger Grund sie rechtfertigt. Nach § 13 Abs. 1 Satz 2 KSchG kann die Rechtsunwirksamkeit einer außerordentlichen Kündigung aber lediglich nach Maßgabe des § 4 Satz 1 und der §§ 5 bis 7 KSchG geltend gemacht werden. Trotz des mißverständlichen Wortlauts der Bestimmung gilt diese Regelung nur, wenn die außerordentliche Kündigung deshalb unwirksam ist, weil der sie rechtfertigende *wichtige Grund* fehlt[6]. Der Arbeitnehmer muß also nicht nur gegen eine ordentliche Kündigung innerhalb der Dreiwochenfrist nach § 4 KSchG gerichtlich vorgehen, wenn er sie für sozialwidrig hält, sondern er muß auch bei einer außerordentlichen Kündigung innerhalb von drei Wochen nach ihrem Zugang Feststellungsklage beim Arbeitsgericht erheben, wenn er geltend machen will, daß ein wichtiger Grund nicht vorliegt und die außerordentliche Kündigung deshalb unwirksam ist. Andere Mängel können dagegen wie bei der ordentlichen Kündigung nach § 13 Abs. 3 KSchG auch nach drei Wochen geltend gemacht werden, z.B. daß eine außerordentliche Kündigung nicht wirksam ausgesprochen wurde, weil sie gegen § 9 MuSchG verstößt. Im vorliegenden Fall ist zwischen den Parteien nur das Bestehen eines wichtigen Grundes streitig. Mayer hat aber erst im Berufungsverfahren den Antrag gestellt, festzustellen, daß sein Arbeitsverhältnis durch die fristlose Kündigung vom 14. 1. 1982 nicht aufgelöst sei. Es stellt sich daher die Frage, ob die außerordentliche Kündigung wegen Versäumung der Dreiwochenfrist nach §§ 13 Abs. 1 Satz 2, 7 KSchG als von Anfang an rechtswirksam gilt.

---

5 BAGE 3, 66 (74) = AP Nr. 5 zu § 9 MuSchG, Bl. 4.

6 *Hueck-Nipperdey*, Bd. I S. 673; *Nikisch*, Bd. I S. 796; *Hueck*, KSchG, § 13 RdNr. 15.

a) Voraussetzung ist, daß § 13 Abs. 1 Satz 2 KSchG für Mayer überhaupt gilt. Nach § 23 Abs. 1 Satz 2 KSchG finden die Vorschriften des Ersten Abschnitts des KSchG, also auch § 13 KSchG, keine Anwendung auf Betriebe, die in der Regel nicht mehr als fünf Arbeitnehmer beschäftigen. Da der Sachverhalt nichts sagt, ist davon auszugehen, daß diese Arbeitnehmerzahl überschritten wird und der Betrieb deshalb unter den Ersten Abschnitt des Gesetzes über den allgemeinen Kündigungsschutz fällt.

Nach § 1 Abs. 1 KSchG erwirbt ein Arbeitnehmer den allgemeinen Kündigungsschutz jedoch erst, wenn sein Arbeitsverhältnis in demselben Betrieb oder Unternehmen ohne Unterbrechung länger als sechs Monate bestanden hat. Daher ist zweifelhaft, ob ein Arbeitnehmer, der die Wartezeit für den Erwerb des allgemeinen Kündigungsschutzes noch nicht erfüllt hat, bei einer außerordentlichen Kündigung die Dreiwochenfrist nach § 13 Abs. 1 Satz 2 KSchG einhalten muß. Das BAG vertritt in seiner Rechtsprechung die Auffassung, daß § 13 Abs. 1 Satz 2 KSchG nur für Arbeitnehmer gilt, die bei fristgemäßer Kündigung den allgemeinen Kündigungsschutz haben, während Arbeitnehmer, die noch nicht die Wartezeit des § 1 Abs. 1 KSchG erfüllt haben, die Unwirksamkeit ihrer fristlosen Entlassung auch nach Ablauf der Dreiwochenfrist des § 4 KSchG geltend machen können[7]. Zweck des § 13 KSchG sei, das Verhältnis der sozial ungerechtfertigten ordentlichen Kündigung zu Kündigungen zu klären, die bereits aus sonstigen Gründen unwirksam sind. Deshalb hätte § 13 Abs. 1 Satz 2 KSchG keine Bedeutung für Arbeitnehmer, die keinen Kündigungsschutz genießen.

Dieser Ansicht ist *Alfred Hueck* mit überzeugender Begründung entgegengetreten[8]. Gegen sie spricht nicht nur der Wortlaut des Gesetzes, der auf § 1 KSchG keinen Bezug nimmt, sondern vor allem Sinn und Zweck der Regelung. Sie dient dem Interesse möglichst schneller Klärung der Wirksamkeit einer außerordentlichen Kündigung. Mit ihm haben die Gründe, die in § 1 Abs. 1 KSchG zu einer Begrenzung des Kündigungsschutzes geführt haben, nichts zu tun. Zu welch unsinnigen Ergebnissen die Ansicht des BAG führt, tritt vor allem dann klar in Erscheinung, wenn ein Arbeitnehmer, der die Voraussetzungen für den Kündigungsschutz nach § 1 Abs. 1 KSchG erfüllt, und ein Arbeitnehmer, der sie nicht erfüllt, nach Ablauf von drei Wochen gegen eine außerordentliche Kündigung wegen einer gemeinsam zur Last gelegten Verfehlung gerichtlich vorgehen. Mit dem Zweck des KSchG ist es nicht vereinbar, daß die Ausschlußfrist des § 13 Abs. 1 Satz 2 KSchG nicht für Arbeitnehmer gilt, deren Arbeitsverhältnis nach § 1 Abs. 1 KSchG noch keinen Bestandsschutz genießt.

b) Die Streitfrage kann im vorliegenden Fall offenbleiben, wenn Mayer zu dem geschützten Personenkreis in § 1 Abs. 1 KSchG gehört. Nach dieser Regelung ist erforderlich, daß das Arbeitsverhältnis eines Arbeitnehmers in demselben Betrieb oder Unternehmen ohne Unterbrechung länger als sechs Monate bestanden hat. Die gesetzliche Formulierung ist mißverständlich. Maßgebend für den Kündigungsschutz ist die Zugehörigkeit zu einem *Betrieb*[9]. Betrieb und

7 BAGE 1, 272 = AP Nr. 5 zu § 11 KSchG; BAGE 2, 194 = AP Nr. 7 zu § 11 KSchG; BAGE 24, 401 = AP Nr. 65 zu § 626 BGB; ebenso *Nikisch*, Bd. I S. 796; *Herschel-Steinmann*, KSchG, § 11 RdNr. 2a; *Auffarth-Müller*, KSchG (1960), § 11 RdNr. 4.

8 Anm. AP Nr. 5 zu § 11 KSchG; KSchG, § 13 RdNr. 20ff.; *Hueck-Nipperdey*, Bd. I S. 676f.

9 *Hueck*, KSchG, § 1 RdNr. 19.

Unternehmen sind als Rechtsbegriffe voneinander zu unterscheiden. Die begriffliche Trennung bedeutet aber nicht, daß es sich soziologisch um verschiedene Organisationen handelt. Mit dem Begriff des Betriebs soll vielmehr die arbeitstechnische Organisationseinheit erfaßt werden, die das Unternehmen zur Erfüllung seines Zweckes bildet[10]. Das Unternehmen kann deshalb aus mehreren Betrieben bestehen, je nachdem, ob der Unternehmenszweck durch eine oder mehrere arbeitstechnische Organisationseinheiten verwirklicht wird. Die Regelung in § 1 KSchG bedeutet daher, daß für die Berechnung der Wartezeit nicht nur die Tätigkeit in demselben Betrieb, sondern auch die Tätigkeit in einem anderen Betrieb mitzurechnen ist, wenn der Betrieb zu demselben Unternehmen gehört[11]. Obwohl Mayer noch nicht drei Monate dem Betrieb in Cham angehört, kann deshalb die Wartezeit erfüllt sein, wenn seine Tätigkeit in Waldmünchen hinzugezählt werden muß.

Im vorliegenden Fall können jedoch Bedenken dagegen bestehen, daß das Arbeitsverhältnis länger als sechs Monate ohne Unterbrechung bestanden hat. Durch die Kündigung der Glaslicht-GmbH vom 21. 9. 1981 war das Arbeitsverhältnis zum 14. 2. 1981 rechtlich aufgelöst worden. In dem Betrieb in Cham war Mayer auf Grund eines neu abgeschlossenen Arbeitsvertrags tätig, obwohl seine tatsächliche Beschäftigung für denselben Arbeitgeber keine Unterbrechung erfuhr. Daher stellt sich die Frage, ob eine rechtliche Unterbrechung des Arbeitsverhältnisses zum Neubeginn der Wartefrist des § 1 Abs. 1 KSchG führt. Sie muß verneint werden, sofern nicht gleichzeitig die tatsächliche Arbeit unterbrochen wird.

§ 1 Abs. 1 KSchG stellt seit seiner Änderung durch das Erste ArbeitsrechtsbereinigungsG vom 14. 8. 1969 (BGBl. I S. 1106) nicht mehr darauf ab, ob der Arbeitnehmer länger als sechs Monate ohne Unterbrechung in demselben Betrieb oder Unternehmen „beschäftigt" ist, sondern verlangt, daß das Arbeitsverhältnis in demselben Betrieb oder Unternehmen ohne Unterbrechung länger als sechs Monate bestanden hat. Deshalb ist für den Erwerb des Kündigungsschutzes allein auf den *rechtlichen* Bestand des Arbeitsverhältnisses abzustellen. Gerade insoweit könnte aber im vorliegenden Fall eine Unterbrechung vorliegen. Der Zweck der Wartefrist besteht jedoch ausschließlich darin, „daß der Arbeitnehmer erst durch eine gewisse Dauer der Zugehörigkeit zum Betrieb oder Unternehmen das Recht auf eine Arbeitsstelle erwerben soll"[12].

Mayer gehört also zu den Personen, die nach § 1 Abs. 1 KSchG Kündigungsschutz haben, wenn ihnen gegenüber eine ordentliche Kündigung ausgesprochen wird. Er muß deshalb auch nach der Ansicht des BAG die Dreiwochenfrist des § 13 Abs. 1 Satz 2 KSchG einhalten, wenn er geltend machen will, daß für die außerordentliche Kündigung kein wichtiger Grund vorliegt. Fehlt der Feststellungsantrag, dann gilt die Kündigung nach § 7 KSchG als von An-

10 Vgl. zum Begriff des Betriebs und zum Begriff des Unternehmens *Dietz-Richardi*, BetrVG, § 1 RdNr. 49ff.
11 *Hueck*, KSchG, § 1 RdNr. 26.
12 BAGE 28, 176 (181).

fang an wirksam. Damit wird auch einer Lohnzahlungsklage, die auf die Unwirksamkeit der außerordentlichen Kündigung gestützt wird, die rechtliche Grundlage entzogen. Beim Fehlen des in § 4 KSchG vorgeschriebenen Feststellungsantrags wäre also die Klage Mayers nicht begründet, so daß die Berufung der Glaslicht-GmbH in vollem Umfang Erfolg hätte. Das Landesarbeitsgericht müßte das Urteil des Arbeitsgerichts aufheben und die Klage abweisen.

III. Der Feststellungsantrag Mayers

1. Der Kläger kann nach § 64 Abs. 6 Satz 1 ArbGG i. V. mit §§ 523, 256 Abs. 2 ZPO auch noch im Berufungsverfahren bis zum Schluß der letzten mündlichen Tatsachenverhandlung beantragen, daß ein Rechtsverhältnis, das zwischen den Parteien streitig ist und von dem die Entscheidung über den prozessualen Anspruch abhängt, durch richterliche Entscheidung festgestellt werde. Deshalb ist die *Zwischenfeststellungsklage* Mayers zwar zulässig; es bedarf aber der Klärung, ob durch sie die Rechtsunwirksamkeit der außerordentlichen Kündigung noch rechtzeitig geltend gemacht wird, so daß die Rechtsfolge des § 7 KSchG nicht eintritt.

Mayer hat innerhalb von drei Wochen nach Zugang der Kündigung nur Klage auf Lohnzahlung erhoben, nicht aber den Feststellungsantrag nach § 4 KSchG gestellt. Es stellt sich daher die Frage, ob § 6 KSchG auf den vorliegenden Fall Anwendung findet. Nach dieser Bestimmung kann ein Arbeitnehmer, der innerhalb von drei Wochen nach Zugang der Kündigung aus anderen Gründen als dem ihrer Sozialwidrigkeit im Klagewege geltend gemacht hat, daß eine rechtswirksame Kündigung nicht vorliege, in diesem Verfahren bis zum Schluß der mündlichen Verhandlung erster Instanz auch die Unwirksamkeit der Kündigung wegen ihrer Sozialwidrigkeit geltend machen. Diese Vorschrift gilt, wie sich aus § 13 Abs. 1 Satz 2 KSchG ergibt, entsprechend bei außerordentlichen Kündigungen; an die Stelle der Sozialwidrigkeit tritt bei ihnen das Fehlen eines wichtigen Kündigungsgrundes[13]. Nach seinem Wortlaut hat § 6 KSchG in erster Linie die Fälle im Auge, in denen der Arbeitnehmer auf Feststellung der Unwirksamkeit der Kündigung klagt, sie aber nicht auf die Sozialwidrigkeit bzw. auf den Mangel des wichtigen Grundes stützt. Berücksichtigt man, daß Streitgegenstand einer derartigen Klage ohnehin die Wirksamkeit der Kündigung ist[14], so hätte diese Bestimmung kaum praktische Bedeutung. § 6 KSchG ist deshalb auch auf Fälle auszudehnen, in denen ein Arbeitnehmer *Lohnansprüche* aus der Unwirksamkeit der Kündigung herleitet und deshalb eine *Leistungsklage* erhebt[15]. Es genügt, daß die Unwirksamkeit der Kündigung zur Begründung eines Klageantrags innerhalb der Dreiwochenfrist gerichtlich geltend gemacht wird. Dann kann der Arbeitnehmer auch noch zu einem späteren Zeitpunkt den Festellungsantrag stellen und damit, wie § 4

---

13 BAGE 12, 75 (78).

14 Vgl. dazu oben Fall 7 — S. 79f.

15 BAGE 12, 75 (78f.); *Hueck-Nipperdey*, Bd. I S. 650; *Hueck*, KSchG, § 4 RdNr. 7, § 6 RdNr. 2.

KSchG es verlangt, die Wirksamkeit der Kündigung zum Streitgegenstand machen.

2. § 6 KSchG gestattet nur, daß der Feststellungsantrag bis zum Schluß der mündlichen Verhandlung *erster Instanz* nachgeholt wird. Mayer hat ihn aber erst in der *Berufungsinstanz* vor dem Landesarbeitsgericht gestellt. Es stellt sich daher die Frage, ob das ausnahmsweise dann zulässig ist, wenn das Arbeitsgericht den Arbeitnehmer nicht auf diese Möglichkeit hingewiesen hat. Nach § 6 Satz 2 KSchG ist ihm ausdrücklich die Pflicht auferlegt, den Arbeitnehmer auf sein verlängertes Antragsrecht hinzuweisen; dasselbe ergibt sich aus der richterlichen Aufklärungspflicht gemäß § 139 ZPO. Vergißt das Gericht erster Instanz, den Arbeitnehmer zu belehren, so liegt ein Verfahrensmangel vor. Wegen eines Mangels im Verfahren des Arbeitsgerichts ist aber nach § 68 ArbGG die Zurückverweisung unzulässig. Der Arbeitnehmer hätte also das Nachsehen. Ein derartiges Ergebnis lag dem Gesetzgeber fern. Anderenfalls hätte er nicht in § 6 KSchG dem Arbeitsgericht ausdrücklich eine Belehrungspflicht auferlegt. Dabei wurde jedoch die dem Beschleunigungsgrundsatz im arbeitsrechtlichen Verfahren dienende Regelung des § 68 ArbGG übersehen. Damit das Recht des Arbeitnehmers nicht vereitelt wird, muß also entweder § 6 KSchG oder § 68 ArbGG zurücktreten. Man muß deshalb entscheiden, ob der Feststellungsantrag entgegen dem Wortlaut des § 6 KSchG ausnahmsweise auch noch in der Berufungsinstanz nachgeholt werden kann oder ob die Sache trotz § 68 ArbGG vom Berufungsgericht an das Arbeitsgericht zurückverwiesen werden muß, damit dort der noch fehlende, aber notwendige Feststellungsantrag gestellt wird. Das BAG vertritt in Übereinstimmung mit der h. L. im Schrifttum den letzteren Standpunkt:

> „Denn es wäre bedenklich, ohne zwingenden Grund insoweit von der Vorschrift des § 6 KSchG abzuweichen, die ausdrücklich die nachträgliche Erhebung der Kündigungsschutzklage und die nachträgliche Erhebung der Klage gegen die Unbegründetheit einer fristlosen Kündigung in der ersten Instanz vorsieht, und damit zugleich den Grundsatz zu verletzen, daß zum Streit über die Wirksamkeit einer Kündigung — anders als bei der Abfindung aus § 9 KSchG — nicht nur eine, sondern zwei Tatsacheninstanzen bereit sein sollen“[16].

Diese Begründung überzeugt nicht; denn auch in dem bisherigen Verfahren war die Lohnzahlungsklage auf die Unwirksamkeit der fristlosen Kündigung gestützt worden. Der Verlust der zweiten Tatsacheninstanz kann also nicht der entscheidende Grund dafür sein, die Regelung in § 68 ArbGG zu durchbrechen. Das dem Beschleunigungsgrundsatz dienende Zurückverweisungsverbot bezweckt, daß Verfahrensvoraussetzungen, soweit es möglich ist, auch in der Berufungsinstanz noch nachgeholt werden können. Deshalb ist der Auffassung der Vorzug zu geben, daß der Feststellungsantrag auch noch vor dem Landesarbeitsgericht gestellt werden kann, wenn das Arbeitsgericht es versäumt hat, den Arbeitnehmer auf ihn hinzuweisen[17].

---

16 BAGE 12, 75 (80); ebenso *Hueck-Nipperdey*, Bd. I S. 651; *Nikisch*, Bd. I S. 781; *Hueck*, KSchG, § 6 RdNr. 7; *Herschel-Steinmann*, KSchG, § 5 RdNr. 3; *Friedrich*, KR, § 6 KSchG RdNr. 38.

17 *Bötticher*, BB 1952, 978 (979); *ders.*, Anm. AP Nr. 3 zu § 5 KSchG, Bl. 5; *Habscheid*, JZ 1962, 713 f.

C. Ergebnis

Folgt man der Ansicht des BAG, so wird das Landesarbeitsgericht das Urteil des Arbeitsgerichts wegen Verletzung des § 6 KSchG aufheben und die Sache zur weiteren Verhandlung und Entscheidung an das Arbeitsgericht zurückverweisen. Wenn man dagegen es für zulässig hält, daß Mayer den Feststellungsantrag im vorliegenden Fall auch noch vor dem Landesarbeitsgericht nachholen kann, so hängt die Entscheidung davon ab, ob die Weigerung Mayers am 14. 1. 1982, bestimmte Aufräumungsarbeiten zu erledigen, sich als ein wichtiger Grund darstellt, der eine außerordentliche Kündigung rechtfertigt. Beharrliche Arbeitsverweigerung ist ein wichtiger Grund im Sinne des § 626 BGB[18]. Mayer ist auch als Arbeitnehmer verpflichtet, bei Arbeiten, die üblicherweise nach dem allgemeinen Dienstschluß verrichtet werden, mitzuhelfen. Er hat seine Pflicht zur Arbeitsleistung aber nicht beharrlich verletzt[19]. Deshalb lag ein wichtiger Grund für die außerordentliche Kündigung nicht vor. Sie ist daher unwirksam. Das Landesarbeitsgericht wird also die Berufung der Beklagten zurückweisen und feststellen, daß das Arbeitsverhältnis Mayers mit der Glaslicht-GmbH durch die fristlose Kündigung vom 14. 1. 1982 nicht aufgelöst wurde.

---

18 Beharrliche Arbeitsverweigerung war in § 72 Abs. 1 Nr. 2 HGB und §§ 123 Abs. 1 Nr. 3, 133 c Abs. 1 Nr. 3 GewO ausdrücklich genannt.

19 Vgl. dazu *Hueck-Nipperdey*, Bd. I S. 604.

Fall 9 **Betriebsrat — Beschlußverfahren und Urteilsverfahren — Teilnahme an einem gewerkschaftlichen Schulungskurs — Lohnfortzahlung bei Arbeitsversäumnis — Kostentragung — außerordentliche Kündigung — Betriebsratsamt und Arbeitsverhältnis — Auflösung des Arbeitsverhältnisses nach § 9 KSchG**

Ausgangsfälle:

BAG vom 8. 3. 1957 — 1 AZR 113/55, BAGE 4, 75 = AP Nr. 4 zu § 37 BetrVG *(Küchenhoff)* = AR-Blattei Betriebsverfassung X Entsch. 10;

BAG vom 23. 1. 1958 — 2 AZR 71/56, BAGE 5, 354 = AP Nr. 11 zu § 13 KSchG *(A. Hueck)* = SAE 1958, 129 *(Bohn)* = AuR 1959, 27 *(E. Frey)* = AR-Blattei Betriebsverfassung IX Entsch. 7 *(Molitor)*;

BAG vom 31. 10. 1972 — 1 ABR 7/72, BAGE 24, 459 = AP Nr. 2 zu § 40 BetrVG 1972 *(Richardi)* = SAE 1974, 129 *(Buchner)* = AuR 1973, 187 *(Schwegler)* = EzA § 40 BetrVG 1972 Nr. 3 = AR-Blattei Betriebsverfassung VIII A Entsch. 1 *(Wiese)*;

BAG vom 30. 1. 1973 — 1 ABR 22/72, BAGE 25, 23 = AP Nr. 1 zu § 37 BetrVG 1972 *(Richardi)* = SAE 1973, 236 *(Bohn)* = AuR 1973, 382 *(Söllner)* = EzA § 37 BetrVG 1972 Nr. 5 = AR-Blattei Arbeitsgerichtsbarkeit XII Entsch. 58 *(Dütz)*;

BAG vom 6. 11. 1973 — 1 ABR 8/73, BAGE 25, 348 = AP Nr. 5 zu § 37 BetrVG 1972 *(Kittner)* = SAE 1975, 155 *(Schlüter)* = AuR 1974, 188 = EzA § 37 BetrVG 1972 Nr. 16 = AR-Blattei Betriebsverfassung VIII A Entsch. 10;

BAG vom 29. 1. 1974 — 1 ABR 41/73, BAGE 25, 482 = AP Nr. 5 zu § 40 BetrVG 1972 *(Kraft)* = SAE 1975, 81 *(Wiesemann)* = AuR 1974, 251 = EzA § 40 BetrVG 1972 Nr. 12 *(Richardi)* = AR-Blattei Betriebsverfassung VIII A Entsch. 15.

Johann Schmitz ist bei der Webstuhlfabrik Servatius Herbst in Viersen als Monteur beschäftigt; er gehört dem Betriebsrat als Vorsitzender an. Am 12. 6. 1972 nahm er, nachdem der Betriebsrat die Geschäftsleitung eine Woche vorher davon in Kenntnis gesetzt hatte, an einem von der IG Metall in Sprockhövel veranstalteten Schulungsseminar teil, das dem Thema „Neues Betriebsverfassungsgesetz" gewidmet war und fünf Tage dauerte. Am Montag der darauffolgenden Woche, dem 19. 6. 1972, suchte Schmitz in seiner Eigenschaft als Betriebsratsvorsitzender die zum Betrieb gehörende Gießerei auf, weil es dort zu Akkordstreitigkeiten gekommen war. Da er seine Abwesenheit weder der Geschäftsleitung noch dem Obermontagemeister mitgeteilt hatte, wurde er wegen beharrlicher Arbeitsverweigerung fristlos entlassen. Außerdem wies die Firma Herbst das Lohnbüro an, Schmitz für die versäumte Arbeitszeit keinen Lohn zu zahlen. Schmitz erhob am 22. 6. 1972 Klage zum Arbeitsgericht Mönchengladbach. Er verlangt, daß ihm für die versäumte Arbeitszeit der Lohn gezahlt wird und die ihm durch die Teilnahme an der Schulungswoche entstandenen Kosten erstattet werden; außerdem beantragt er die Feststellung der Unwirksamkeit der Kündigung sowie die Auflösung des Arbeitsverhältnisses und die Zahlung einer angemessenen Abfindung.

Wie wird das Arbeitsgericht entscheiden?

LÖSUNG

I. Zulässigkeit der Klage

Schmitz macht mit der Lohnklage, der Klage auf Erstattung der Kosten und der Kündigungsklage *drei* prozessuale Ansprüche geltend. Für jeden Streitgegenstand müssen die Prozeßvoraussetzungen gegeben sein. Mehrere prozessuale Ansprüche können nach § 260 ZPO in einer Klage verbunden werden, wenn für sie das Prozeßgericht zuständig und dieselbe Prozeßart zulässig ist.

1. Für die *Kündigungsklage* sind die Arbeitsgerichte nach § 2 Abs. 1 Nr. 3 lit. b ArbGG zuständig; es handelt sich um eine Rechtsstreitigkeit über das Bestehen oder Nichtbestehen eines Arbeitsverhältnisses. Das Arbeitsgericht entscheidet über sie nach §§ 2 Abs. 5, 46 Abs. 1 ArbGG im *Urteilsverfahren.* Das für die Feststellungsklage gemäß § 256 Abs. 1 ZPO erforderliche rechtliche Interesse des Klägers ergibt sich daraus, daß er nach § 9 KSchG eine Abfindung nur verlangen kann, wenn das Arbeitsgericht feststellt, daß das Arbeitsverhältnis durch die Kündigung nicht aufgelöst ist.

2. Zweifelhaft ist dagegen, ob Schmitz den *Anspruch auf Lohn* im Urteilsverfahren geltend machen kann. Zwar sind Lohnansprüche Streitigkeiten aus dem Arbeitsverhältnis im Sinne des § 2 Abs. 1 Nr. 3 lit. a ArbGG, über die das Arbeitsgericht im Urteilsverfahren entscheidet. Hier wird der Anspruch aber damit begründet, daß Arbeitsversäumnis notwendig war, um *Betriebsratsaufgaben* ordnungsgemäß zu erfüllen, insbesondere um an der von der IG Metall veranstalteten Schulungswoche teilzunehmen. Da § 2a Abs. 1 Nr. 1 ArbGG eine *Generalklausel für alle betriebsverfassungsrechtlichen Streitigkeiten* enthält, über diese aber die Arbeitsgerichte nach §§ 2a Abs. 2, 80 Abs. 1 ArbGG im *Beschlußverfahren* entscheiden, könnte man deshalb zu dem Ergebnis kommen, daß hier das Beschlußverfahren die richtige Verfahrensart ist. Das BAG nimmt aber mit überzeugender Begründung an, daß Lohnansprüche eines Betriebsratsmitglieds auch nach dem Inkrafttreten des BetrVG 1972, durch das die Generalklausel in § 2 Abs. 1 Nr. 4 ArbGG — seit der Neufassung des Gesetzes vom 2. 7. 1979 (BGBl. I S. 853) § 2a Abs. 1 Nr. 1 ArbGG — eingefügt wurde, wie bisher im *Urteilsverfahren* geltend zu machen sind:

> „Das BetrVG 1972 hat die Rechtsgrundlage des Lohnfortzahlungsanspruchs des Betriebsratsmitglieds bei berechtigter Arbeitsversäumnis nicht geändert. Der auf dem Arbeitsverhältnis beruhende Anspruch des Betriebsratsmitglieds auf Fortzahlung seines Lohns ist durch das neue Gesetz nicht zu einem betriebsverfassungsrechtlichen, aus § 37 Abs. 2 BetrVG 1972 herzuleitenden Rechtsanspruch geworden"[1].

---

1 BAGE 25, 23 (25) = AP Nr. 1 zu § 37 BetrVG 1972, Bl. 2 V; bestätigt BAG AP Nr. 2 zu § 20 BetrVG 1972, jeweils mit Anm. von *Richardi*; weiterhin BAG AP Nr. 16 und 17 zu § 37 BetrVG 1972 mit lesenswerter Anm. von *Dütz*.

Da der Lohnanspruch seine Rechtsgrundlage im Arbeitsverhältnis hat, ist für ihn das Urteilsverfahren die richtige Verfahrensart. Das Arbeitsgericht braucht den Rechtsstreit auch nicht auszusetzen, um eine Entscheidung im Beschlußverfahren darüber herbeizuführen, ob die Arbeitsversäumnis notwendig war, um die Betriebsratsaufgaben ordnungsgemäß zu erfüllen. Es handelt sich insoweit lediglich um eine betriebsverfassungsrechtliche Vorfrage, die das Arbeitsgericht im Urteilsverfahren incidenter entscheiden kann[2].

3. Soweit Schmitz allerdings verlangt, daß ihm für die Teilnahme an der von der IG Metall veranstalteten Schulung auch die *Kosten* zu erstatten sind, ergibt sich dieser Anspruch nicht aus dem Arbeitsverhältnis, sondern Rechtsgrundlage kann hier nur die *Kostentragungspflicht des Arbeitgebers* nach § 40 BetrVG sein. Deshalb ist das Arbeitsgericht in diesem Fall nach § 2a Abs. 1 Nr. 1 ArbGG zuständig, und der Streit ist nach §§ 2a Abs. 2, 80 Abs. 1 ArbGG im *Beschlußverfahren* auszutragen. Die Klage ist deshalb insoweit *unzulässig*, weil das Urteilsverfahren nicht die richtige Verfahrensart ist. Sie braucht jedoch auch hinsichtlich des Kostenerstattungsanspruchs nicht abgewiesen zu werden, wenn Schmitz den Antrag auf *Abgabe* in das Beschlußverfahren stellt[3]. Er ist berechtigt, ein Beschlußverfahren einzuleiten, weil er von einem Streit über die Kostentragungspflicht bei Teilnahme an einer gewerkschaftlichen Schulungsveranstaltung materiell betroffen ist. Stellt Schmitz den Antrag, so muß daher das Arbeitsgericht den Streit über die Kostentragungspflicht zur weiteren Verhandlung im Beschlußverfahren abgeben.

II. Der Anspruch auf Lohnzahlung

1. Ein Anspruch auf Lohnzahlung besteht grundsätzlich nur dann, wenn der Arbeitnehmer die geschuldete Arbeitsleistung erbringt. Nach § 37 Abs. 2 BetrVG sind aber Mitglieder des Betriebsrats von ihrer beruflichen Tätigkeit ohne Minderung des Arbeitsentgelts zu befreien, wenn und soweit es nach Umfang und Art des Betriebs zur ordnungsgemäßen Durchführung ihrer Aufgaben erforderlich ist. Voraussetzung ist also, daß eine Arbeitsversäumnis notwendig wird, um Betriebsratsaufgaben zu erfüllen. Das BAG hat bereits zu § 37 BetrVG 1952 die Auffassung vertreten, daß auch die Teilnahme an einer von der Gewerkschaft veranstalteten Betriebsrätekonferenz zu den Aufgaben des Betriebsrats gehören kann, weil deren Erfüllung nur möglich ist, wenn der Betriebsrat seine Aufgaben und die ihm nach dem Gesetz zugewiesenen Befugnisse kennt[4]. Das BetrVG 1972 regelt nunmehr sogar ausdrücklich die Teilnahme an Schulungs- und Bildungsveranstaltungen in § 37 Abs. 6 und 7 BetrVG.

Nach § 37 Abs. 6 BetrVG ist ein Betriebsratsmitglied von seiner beruflichen Tätigkeit ohne Minderung des Arbeitsentgelts für die Teilnahme an Schu-

---

2 BAGE 4, 75 (77); *Dietz-Richardi*, BetrVG, § 37 RdNr. 153; *Nikisch*, Bd. III S. 162.
3 Vgl. auch BAG AP Nr. 17 zu § 37 BetrVG 1972.
4 Vgl. BAGE 1, 158 = AP Nr. 1 zu § 37 BetrVG 1952; BAG AP Nr. 10 zu § 37 BetrVG 1952.

lungs- und Bildungsveranstaltungen freizustellen, soweit diese Kenntnisse vermitteln, die für die Arbeit des Betriebsrats *erforderlich* sind. Außerdem hat nach § 37 Abs. 7 BetrVG jedes Betriebsratsmitglied während seiner regelmäßigen Arbeitszeit einen Anspruch auf bezahlte Freistellung für insgesamt drei bzw. vier Wochen zur Teilnahme an Schulungs- und Bildungsveranstaltungen, die von der zuständigen obersten Arbeitsbehörde des Landes, wo der für den Lehrinhalt verantwortliche Träger der Veranstaltung seinen Sitz hat[5], nach Beratung mit den Spitzenorganisationen der Gewerkschaften und der Arbeitgeberverbände als *geeignet* anerkannt sind. Der Unterschied besteht darin, daß § 37 Abs. 6 BetrVG die allgemeine Regelung des § 37 Abs. 2 BetrVG auf die Teilnahme an Schulungs- und Bildungsveranstaltungen für entsprechend anwendbar erklärt, soweit dort Kenntnisse vermittelt werden, die für die Arbeit des Betriebsrats erforderlich sind: Es besteht für diesen Anspruch *keine zeitliche Grenze*, sofern die Kenntnisse für die Arbeit des Betriebsrats *notwendig* sind. § 37 Abs. 7 BetrVG bestimmt dagen *zusätzlich*, daß jedes Betriebsratsmitglied einen *zeitlich begrenzten* Anspruch auf bezahlte Freistellung hat, um an Schulungs- und Bildungsveranstaltungen teilzunehmen, die als *geeignet* anerkannt sind.

2. Für die Beantwortung der Frage, ob der Anspruch aus § 37 Abs. 6 oder 7 BetrVG gegeben ist, kommt es deshalb entscheidend auf die *Themen* an, die in einer Schulungs- und Bildungsveranstaltung behandelt werden.

Die vom LAG Hamm aufgestellte These, daß eine Schulung nur dann im Sinne des § 37 Abs. 6 BetrVG erforderlich sei, wenn sie — aufbauend auf allgemeinen Grundkenntnissen — spezielle Kenntnisse vermittele, die für die konkrete Tätigkeit des Betriebsrats notwendig seien, während für die Erlangung der Grundkenntnisse lediglich die Schulungsmöglichkeit nach § 37 Abs. 7 BetrVG in Betracht komme[6], kann in dieser Allgemeinheit nicht als gesetzeskonform angesehen werden[7]. Auch das BAG kommt zu dem Ergebnis, daß für eine derartige Abgrenzung der Gesetzeswortlaut nichts hergibt:

> „Statt dessen ist darauf abzustellen, ob die Kenntnisse für die Betriebsratsarbeit ‚erforderlich' sind (Abs. 6) oder lediglich ‚geeignet' im Sinne des Abs. 7. Erforderliche Kenntnisse sind nur solche Kenntnisse, die der Betriebsrat unter Berücksichtigung der konkreten Situation des einzelnen Betriebes sofort oder doch auf Grund einer typischen Fallgestaltung demnächst benötigt, um seine Aufgaben sachgemäß wahrnehmen zu können. Das vermittelte Wissen muß sich unmittelbar auf die Betriebsratstätigkeit auswirken. Es kann sich dabei sowohl um sog. Grundwissen handeln, insbesondere in der Zeit nach Inkrafttreten des neuen BetrVG, um das Wissen um dieses Gesetz als der Grundlage des Zusammenwirkens von Arbeitgeber und Betriebsrat schlechthin, als auch um sog. Spezialkenntnisse, die insbesondere einzelne Betriebsratsmitglieder für ihre Betriebsratstätigkeit, z.B. in besonderen Fachausschüssen des Betriebsrats, benötigen"[8].

---

5 Vgl. BAGE 25, 452 (465) = AP Nr. 7 zu § 37 BetrVG 1972; BAG AP Nr. 19 zu 37 BetrVG 1972; *Dietz-Richardi*, BetrVG, § 37 RdNr. 126f.

6 LAG Hamm EzA § 37 BetrVG 1972 Nr. 3.

7 Vgl. *Dietz-Richardi*, BetrVG, § 37 RdNr. 74ff.

8 BAGE 25, 348 (353f.).

Für § 37 Abs. 6 BetrVG genügt also nicht, daß die vermittelten Kenntnisse für die Arbeit des Betriebsrats verwertbar oder nützlich sind, sondern insoweit besteht lediglich der Anspruch aus § 37 Abs. 7 BetrVG. Der Zusammenhang mit der Betriebsratstätigkeit muß allerdings auch in diesem Fall gewahrt bleiben. Das BAG sieht den Unterschied in folgendem:

> „Während der Begriff der Erforderlichkeit unmittelbar auf die konkrete und aktuelle oder doch alsbald anfallende Arbeit des Betriebsrats zu beziehen ist, genügt es für den individuellen Freistellungsanspruch des einzelnen Betriebsratsmitglieds nach Abs. 7, daß die Veranstaltung in einem weiteren Zusammenhang mit der Betriebsratstätigkeit steht. Die vermittelten Kenntnisse brauchen für die Betriebsratstätigkeit lediglich nützlich, d. h. förderlich zu sein, ohne daß es darauf ankommt, daß die Kenntnisse für die konkrete Arbeit des Betriebsrats im konkreten Betrieb auch benötigt werden"[9].

Da der Anspruch aus § 37 Abs. 7 BetrVG zeitlich limitiert ist, muß stets zunächst geprüft werden, ob ein Anspruch aus § 37 Abs. 6 BetrVG in Betracht kommt. Der Betriebsrat hatte, wie diese Vorschrift es verlangt, dem Arbeitgeber die Teilnahme seines Vorsitzenden und die zeitliche Lage der Schulungs- und Bildungsveranstaltung rechtzeitig bekanntgegeben. Der Anspruch hängt deshalb ausschließlich davon ab, ob die dort vermittelten Kenntnisse für die Betriebsratsarbeit erforderlich waren und ob zu ihrer Erlangung eine Teilnahme für die Dauer von insgesamt fünf Tagen gerechtfertigt ist. In diesem Zusammenhang muß berücksichtigt werden, daß das BetrVG 1972 nicht nur eine Novellierung, sondern eine umfassende und zum Teil auch komplizierte Neuregelung des Betriebsverfassungsrechts gebracht hat. Daher ist jedenfalls für die erste Zeit nach Inkrafttreten des BetrVG 1972 eine Schulung, die eine Einführung in diese komplizierte Rechtsmaterie brachte, für die Betriebsratsarbeit im Sinne des § 37 Abs. 6 BetrVG notwendig[10].

Schmitz hat deshalb gegen die Firma Herbst einen Anspruch auf Fortzahlung des Lohns für die Teilnahme an dem Schulungsseminar.

3. Ob Schmitz den Anspruch auf Lohnfortzahlung auch für die Zeit hat, während der er in seiner Eigenschaft als Betriebsratsvorsitzender die Gießerei besuchte, hängt davon ab, ob er nach § 37 Abs. 2 BetrVG von seiner beruflichen Tätigkeit ohne Minderung des Arbeitsentgelts zu befreien war. Voraussetzung ist, daß er eine Betriebsratsaufgabe erfüllte. Nach § 80 Abs. 1 Nr. 1 BetrVG gehört zu den *allgemeinen Aufgaben* eines Betriebsrats, darüber zu wachen, daß die zugunsten der Arbeitnehmer bestehenden Gesetze, Tarifverträge und

---

9 BAGE 25, 452 (467 f.) = AP Nr. 7 zu § 37 BetrVG 1972, Bl. 7 R; a. A. hinsichtlich der Themenabgrenzung *Däubler*, Schulung und Fortbildung von Betriebsratsmitgliedern und Jugendvertretern nach § 37 BetrVG 1972, 3. Aufl. (1978), S. 29 ff.; dazu *Dietz-Richardi*, BetrVG, § 37 RdNr. 68 ff.

10 Vgl. BAGE 25, 348; weiterhin BAGE 25, 407 (412 f.) = AP Nr. 9 zu § 89 ArbGG. Die Einführung in das Betriebsverfassungsrecht kann jedoch auch noch zu einem späteren Zeitpunkt im Sinne des § 37 Abs. 6 BetrVG erforderlich sein, wenn Arbeitnehmer erstmals in den Betriebsrat gewählt werden und aus diesem Grund die Kenntnis des Betriebsverfassungsrechts notwendig ist, damit der Betriebsrat seine Arbeit ordnungsgemäß erfüllen kann; so BAG AP Nr. 35 zu § 37 BetrVG 1972; *Dietz-Richardi*, BetrVG, § 37 RdNr. 75.

Betriebsvereinbarungen durchgeführt werden. Außerdem hat der Betriebsrat nach § 87 Abs. 1 Nr. 11 BetrVG ein Mitbestimmungsrecht bei der Festsetzung der Akkordsätze. Kommt es also in einer Betriebsabteilung zu Akkordstreitigkeiten, so gehört es zu den Aufgaben des Betriebsrats, sich Klarheit darüber zu verschaffen, aus welchen Gründen sie bestehen.

Weitere Voraussetzung ist aber nach § 37 Abs. 2 BetrVG, daß die Befreiung von der beruflichen Tätigkeit nach Umfang und Art des Betriebs zur ordnungsgemäßen Durchführung dieser Aufgabe erforderlich ist. Wie bei der *Geschäftsführung mit fremdem Risiko* ist eine Arbeitsversäumnis als notwendig anzuerkennen, die der Betreffende nach *pflichtgemäßem Ermessen* auf Grund der gegebenen Tatsachen für *notwendig* halten durfte. Entscheidend ist also, daß die Akkordstreitigkeiten in der Gießerei so schwerwiegend waren, daß sie eine Versäumung von Arbeitszeit auch unter Berücksichtigung der Interessen des Arbeitgebers erforderten.

Liegen die Voraussetzungen des § 37 Abs. 2 BetrVG vor, so besteht ein Rechtsanspruch auf Arbeitsbefreiung. Dieser Anspruch richtet sich gegen den Arbeitgeber, der die Arbeitsbefreiung durch einen einseitigen Gestaltungsakt vorzunehmen hat. Das Betriebsratsmitglied darf sich deshalb nicht ohne weiteres von seinem Arbeitsplatz entfernen, um Betriebsratsaufgaben zu erfüllen. Es hat vielmehr den Arbeitgeber bzw. dessen Vertreter um Freistellung zu ersuchen. Wird ihm diese aber verweigert, so kann er sich selbständig entfernen, soweit die Arbeitsversäumnis notwendig ist, um sein Betriebsratsamt ordnungsgemäß auszuüben; denn es wäre mit der Unabhängigkeit des Betriebsrats unvereinbar, wenn vom Willen des Arbeitgebers abhinge, ob eine bestimmte Betriebsratsaufgabe rechtzeitig erfüllt werden kann. Zutreffend stellt das BAG fest:

> „In Fällen plötzlich notwendig werdender Arbeitsversäumnis ist mit Rücksicht darauf, daß die Betriebsratsaufgaben nicht weniger wichtig sind als die nach dem Arbeitsvertrag zu leistende Arbeit, eine Regelung gewollt, die nicht den Betriebsrat einseitig belastet. Eine Freistellung des Betriebsratsmitgliedes ist hier also nicht erforderlich, so daß es auch einer Einwilligung des Arbeitgebers nicht bedarf“[11].

Das Betriebsratsmitglied ist also lediglich verpflichtet, sich bei dem Arbeitgeber abzumelden und ihm die Gründe mitzuteilen, weshalb eine Arbeitsversäumnis notwendig wird. Letzteres muß man verlangen, damit der Arbeitgeber sich auf den Ausfall der Arbeitskraft einrichten kann. Es hätte genügt, wenn Schmitz sich unter Angabe der Gründe beim Obermontagemeister abgemeldet hätte, weil dieser insoweit Arbeitgeberfunktionen wahrnimmt[12]. Da nicht einmal dies geschehen ist, hat Schmitz für die Zeit seines Besuchs der zum Betrieb gehörenden Gießerei keinen Anspruch auf Lohn.

---

11 BAGE 4, 75 (78f.).

12 BAGE 4, 75 (80) verlangt, daß sich das Betriebsratsmitglied bei dem *Arbeitgeber* abmeldet. Dieser muß sich aber die Kenntnis von Arbeitnehmern zurechnen lassen, die er mit der Leitung und Beaufsichtigung des Arbeitsvorgangs betraut hat; vgl. zum Rechtsinstitut der Wissensvertretung *Richardi*, AcP Bd. 169, 385ff.

III. Der Anspruch auf Kostenerstattung für die Teilnahme an dem gewerkschaftlichen Schulungsseminar

1. Sowohl in § 37 Abs. 6 als auch in § 37 Abs. 7 BetrVG wird nur geregelt, unter welchen Voraussetzungen ein Betriebsratsmitglied an Bildungs- und Schulungsveranstaltungen teilnehmen kann, ohne daß eine Minderung seines Arbeitsentgelts eintritt bzw. unter welchen Voraussetzungen es Anspruch auf bezahlte Freistellung hat. Deshalb ist bestritten, ob der Arbeitgeber auch die Kosten zu tragen hat, die einem Betriebsratsmitglied entstehen, wenn es an einer Schulungs- und Bildungsveranstaltung im Sinne des § 37 Abs. 6 oder 7 BetrVG teilnimmt. § 40 Abs. 1 BetrVG ordnet nämlich lediglich an, daß die durch die *Tätigkeit* des Betriebsrats entstehenden Kosten vom Arbeitgeber zu tragen sind. Teilweise wird deshalb die Auffassung vertreten, daß die Betriebsratsmitglieder keinen Anspruch auf Ersatz der Kosten haben, die ihnen durch die Teilnahme an Schulungs- und Bildungsveranstaltungen entstehen[13]. Begründet wird dieses Ergebnis vor allem damit, daß der Besuch eines Schulungskurses keine Tätigkeit des Betriebsrats sei und daß § 37 Abs. 6 und 7 BetrVG für die Teilnahme an Schulungs- und Bildungsveranstaltungen eine abschließende Regelung enthielten. Dabei wird aber übersehen, daß § 37 und § 40 BetrVG *verschiedene Tatbestände* regeln: § 37 BetrVG behandelt die Auswirkungen der Betriebsratstätigkeit auf das *Arbeitsverhältnis* des Betriebsratsmitglieds, während § 40 BetrVG die *Kostentragung für Betriebsratstätigkeit* regelt. Außerdem bestätigt die Bezugnahme in § 37 Abs. 6 BetrVG auf Abs. 2 dieser Vorschrift, daß der Kursbesuch eines Betriebsratsmitglieds rechtlich auf der *gleichen Stufe* steht wie die sonstige Betriebsratstätigkeit.

Das BAG gibt deshalb für Schulungen nach § 37 Abs. 6 BetrVG — nicht aber für Schulungen nach § 37 Abs. 7 BetrVG — den Anspruch auf Kostenerstattung aus § 40 BetrVG[14]. Für das BAG ist die folgende Überlegung ausschlaggebend:

> „Die Tätigkeit des Betriebsrats im unmittelbaren Sinne und die für seine Arbeit erforderliche Schulung sind derart eng miteinander verzahnt, daß sie sachlich nicht voneinander getrennt werden können"[15].

Berücksichtigt man weiterhin, daß die Betriebsratsmitglieder ihr Amt unentgeltlich als Ehrenamt führen (§ 37 Abs. 1 BetrVG), so muß man folgerichtig zu dem Ergebnis kommen, daß ein Arbeitnehmer notwendige Aufwendungen,

---

13 Vgl. LAG Hamm, DB 1972, 1729; LAG Düsseldorf/Köln, DB 1972, 1924 und DB 1973, 1356; *Erdmann-Jürging-Kammann*, BetrVG, 1972, § 40 RdNr. 8; *Buchner*, DB 1972, 1236 (1238f.); *Jacobi-Rausch*, DB 1972, 972; *Kraft*, DB 1973, 2519 (2523).

14 Vgl. zu § 37 Abs. 6 BetrVG: BAGE 24, 459; bestätigt durch BAGE 25, 482; BAG AP Nr. 7 und 11 zu § 40 BetrVG 1972; zur Vereinbarkeit mit dem Grundgesetz BVerfGE 47, 191 (197) = AP Nr. 13 zu § 40 BetrVG 1972; zu § 37 Abs. 7 BetrVG: BAGE 25, 357 = AP Nr. 6 zu § 37 BetrVG 1972; wie das BAG auch *Fitting-Auffarth-Kaiser*, BetrVG, § 40 RdNr. 12ff.; *Wiese*, GK-BetrVG, § 40 RdNr. 15ff.; *Däubler* (s. Fußn. 9), S. 107ff.; a.A. sowohl für Schulungen nach Abs. 6 als auch für Schulungen nach Abs. 7 *Dietz-Richardi*, BetrVG, § 40 RdNr. 26ff.; *Richardi*, Anm. in EzA § 40 BetrVG 1972 Nr. 12.

15 BAGE 25, 482 (487).

die er als Betriebsratsmitglied macht, nicht selbst zu tragen braucht; denn er soll durch das Betriebsratsamt zwar keinen Vorteil, aber auch keinen Nachteil haben.

2. Problematisch ist, ob für die Kostentragungspflicht eine Rolle spielt, daß die Schulungs- und Bildungsveranstaltung von der IG Metall durchgeführt wurde. Es wird die Auffassung vertreten, daß eine Kostentragung durch den Arbeitgeber für die Teilnahme an *gewerkschaftlichen* Schulungsveranstaltungen gegen die Grundsätze des Koalitionsrechts verstoße, nach denen insbesondere die finanzielle Unabhängigkeit des jeweiligen Sozialpartners von der Gegenseite gewährleistet sein müsse[16]. Dabei wird übersehen, wie auch das BAG hervorhebt, daß die im Betrieb vertretenen Gewerkschaften, wie vor allem in § 2 Abs. 1 BetrVG anerkannt wird, eine *Hilfsfunktion im Rahmen der Betriebsverfassung* ausüben[17]. Das BAG stellt dazu fest:

> „Die Verpflichtung des Arbeitgebers, für erforderliche Schulungs- und Bildungsveranstaltungen nach § 37 Abs. 6 BetrVG 1972 im Rahmen des Prinzips der Verhältnismäßigkeit die Kosten zu übernehmen, gilt für alle Veranstaltungsträger. Wenn die Gewerkschaften insoweit eine weithin noch vorhandene Lücke ausfüllen, so handeln sie nicht kraft ihrer allgemeinen Koalitionsaufgaben, insbesondere nicht als Tarifpartner, sondern auf Grund ihrer betriebsverfassungsrechtlichen Unterstützungsfunktion, wie sie vor allem in § 2 Abs. 1 BetrVG 1972, aber auch in zahlreichen anderen Vorschriften dieses Gesetzes angesprochen ist“[18].

Das BAG hat zwar im Ergebnis recht, wenn es in diesem Zusammenhang ausführt:

> „Eine aus Art. 9 Abs. 3 GG abzuleitende Gleichgewichtslage, die ‚Parität‘ der Koalitionen, wird nicht verletzt, wenn die Verbände auf einer anderen Ebene, eben der des Betriebsverfassungsrechts, als Ordnungsfaktoren letztlich für den vom Gesetz geforderten friedlichen Ausgleich von Interessengegensätzen (§ 74 Abs. 1 Satz 2, Abs. 2 Satz 1, § 2 Abs. 1 BetrVG 1972) tätig werden“[19].

Aber es trifft nicht zu, wenn der Eindruck erweckt wird, als erfüllten die Gewerkschaften nicht zugleich auch eine eigene Aufgabe; denn wie das BVerfG anerkannt hat, wird die Beteiligung der Koalitionen in der Betriebsverfassung durch das Grundrecht der Koalitionsfreiheit in Art. 9 Abs. 3 GG verfassungsrechtlich gewährleistet, ist also Bestandteil der kollektiven *Koalitionsbetätigungsgarantie*[20]. Das schließt aber nicht aus, daß die Betriebsratsmitglieder gegen den Arbeitgeber einen Kostenerstattungsanspruch haben, wenn die gewerkschaftliche Schulungsveranstaltung sich auf die Vermittlung von Kennt-

---

16 Vgl. LAG Düsseldorf, DB 1973, 1357; *Buchner*, DB 1972, 1236 (1239); *Hiersemann*, BB 1973, 287; *Ohlgardt*, BB 1973, 333 (334) und BB 1973, 1215 (1216); *Eich*, DB 1974, 91 ff.

17 Vgl. BAGE 24, 459 (464 ff.) und 25, 482 (488 ff.).

18 BAGE 25, 482 (489).

19 BAGE 25, 482 (489 f.).

20 So für die Koalitionsbetätigung im Personalvertretungswesen bereits BVerfGE 19, 303 = AP Nr. 7 zu Art. 9 GG; bestätigt und ausdrücklich darauf erstreckt, daß Gleiches für die Betätigung der Koalitionen im Bereich des Betriebsverfassungsrechts gelten müsse, BVerfGE 50, 290 (372) = AP Nr. 1 zu § 1 MitbestG 1976.

nissen beschränkt, die für die Betriebsratsarbeit erforderlich sind. Der Inhalt der Schulungs- und Bildungsveranstaltung zieht die Grenze zu den sonstigen gewerkschaftlichen Schulungsveranstaltungen, bei denen eine Kostentragungspflicht des Arbeitgebers nicht besteht und auch nicht mit der Koalitionsfreiheit vereinbar wäre. Für die Schulungs- und Bildungsveranstaltungen im Sinne des § 37 Abs. 6 BetrVG gilt dagegen nur die folgende immanente Schranke der Kostentragungspflicht:

> „Ein Verstoß gegen die Grundsätze des Koalitionsrechts läge dann vor, wenn und soweit die Gewerkschaften aus derartigen Veranstaltungen für sich finanziellen Gewinn erzielten"[21].

3. Da Schmitz an einer Schulung teilgenommen hat, die unter § 37 Abs. 6 BetrVG fällt, hat er Anspruch auf Ersatz seiner Aufwendungen. Diese müssen allerdings, wie sich insoweit aus der allgemeinen Regelung in § 37 Abs. 2 BetrVG als Anhaltspunkt ergibt, nach Umfang und Art des Betriebs erforderlich sein. Auch das BAG nimmt eine derartige immanente Schranke an, wenn es feststellt:

> „Der Betriebsrat hat somit bei seinen Aufwendungen den Grundsatz der Verhältnismäßigkeit zu beachten"[22].

Da hier aber nichts vorgetragen ist, aus dem sich ergeben könnte, daß die entstandenen Kosten nicht notwendig oder unverhältnismäßig waren, kann Schmitz in voller Höhe die Erstattung der ihm entstandenen Kosten verlangen.

IV. Die Kündigung des Arbeitsverhältnisses

1. Die fristlose Entlassung setzt eine *außerordentliche Kündigung* des Arbeitsverhältnisses voraus. Für Betriebsratsmitglieder besteht nach § 15 KSchG ein besonderer Kündigungsschutz: Ihre Kündigung ist, wenn der Betrieb oder die Betriebsabteilung, in der sie beschäftigt werden, nicht stillgelegt wird, unzulässig. Aus wichtigem Grund kann aber auch das Arbeitsverhältnis eines Betriebsratsmitglieds gekündigt werden, wenn die nach § 103 BetrVG erforderliche Zustimmung vorliegt oder durch gerichtliche Entscheidung ersetzt ist.

2. a) Eine außerordentliche Kündigung ist zulässig, wenn ein *wichtiger Grund* vorliegt. Als wichtiger Grund kommt insbesondere beharrliche Arbeitsverweigerung in Betracht[23]. Soweit allerdings die Arbeitsversäumnis nach § 37 Abs. 2 bzw. § 37 Abs. 6 oder 7 BetrVG gerechtfertigt ist, liegt auch keine Verletzung der Pflichten aus dem Arbeitsverhältnis vor. Im vorliegenden Fall hatte Schmitz zwar das Recht, an dem von der IG Metall veranstalteten Schulungsseminar teilzunehmen. Er hätte aber am 19. 6. 1972 nicht, ohne dies dem Arbeitgeber mitzuteilen, die zum Betrieb gehörende Gießerei aufsuchen dür-

---

21 BAGE 24, 459 (466).
22 BAGE 24, 459 (466).
23 Vgl. auch Fußn. 18 bei Fall 8, S. 94.

fen. Selbst wenn die Akkordstreitigkeiten dort so schwerwiegend waren, daß sie eine Arbeitsversäumnis rechtfertigten, hätte er sich zumindest abmelden müssen. Schmitz hat also *betriebsverfassungswidrig* gehandelt, als er von sich aus die Gießerei aufsuchte. Darin liegt *zugleich* eine *Verletzung seiner Arbeitspflicht*, weil eine Arbeitsversäumnis nur gerechtfertigt ist, wenn ein Betriebsratsmitglied zulässigerweise Betriebsratsaufgaben erfüllt.

Man muß allerdings beachten, daß die dem Betriebsrat obliegenden Amtspflichten keine Pflichten aus dem Arbeitsverhältnis sind. Nach § 78 Satz 2 BetrVG dürfen Mitglieder des Betriebsrats um ihrer Tätigkeit willen weder benachteiligt noch bevorzugt werden. Verstöße allein gegen *Amtspflichten* eines Betriebsratsmitglieds sind deshalb *niemals* ein *Grund zur fristlosen Entlassung*[24]. Es kommt hier vielmehr nur eine *Amtsenthebung* durch Beschluß des Arbeitsgerichts nach § 23 Abs. 1 BetrVG in Betracht. Zutreffend stellt das BAG fest:

> „Die Kündigung ist das Mittel, um auf Gegebenheiten im Bereich des Arbeitsverhältnisses zu antworten, § 23 Abs. 1 BetrVG dagegen gibt die Möglichkeit, Erscheinungen in der Ebene der Betriebsverfassung zu begegnen"[25].

Das Verhalten eines Betriebsratsmitglieds, das eine Amtspflichtverletzung enthält, kann aber wie hier zugleich auch einen Verstoß gegen die Pflichten aus dem Arbeitsverhältnis darstellen und möglicherweise aus diesem Grund eine außerordentliche Kündigung rechtfertigen. Die theoretisch einfache Trennung zwischen Amtspflichten und Pflichten aus dem Arbeitsverhältnis ist deshalb in ihrer praktischen Durchführung außerordentlich schwierig. Das BAG hat das Problem erkannt und folgende Feststellung getroffen:

> „Das Betriebsratsmitglied steht in dieser Hinsicht, was die Frage der Pflichtverletzung aus dem Vertrag und die Schwere dieser Verletzung betrifft, jedem anderen Arbeitnehmer, soweit ihm aus wichtigem Grund gekündigt werden kann, gleich. Dabei ist aber zu beachten, daß der normale Weg, gegen grobe Pflichtverletzungen eines Betriebsratsmitglieds vorzugehen, für den Arbeitgeber in der Regel darin besteht, den Ausschluß aus dem Betriebsrat gemäß § 23 BetrVG zu beantragen. Soll dieser Sondervorschrift nicht ihre praktische Bedeutung genommen werden, so müssen an die Annahme einer schweren Verletzung des Arbeitsvertrages, an die das Gesetz das Recht zur fristlosen Entlassung knüpft, besonders strenge Anforderungen gestellt werden"[26].

Die Tendenz ist zu billigen[27]. Dennoch erscheint fraglich, ob bei Amtspflichtverletzungen, die wie im Rahmen von § 37 Abs. 2 BetrVG stets zugleich eine Pflichtverletzung aus dem Arbeitsverhältnis darstellen, eine derartige Lösung

---

24 So ausdrücklich BAGE 12, 220 (227) = AP Nr. 8 zu § 626 BGB Druckkündigung, Bl. 3; vgl. auch *Hueck-Nipperdey*, Bd. I S. 684; *Söllner*, S. 241.

25 BAGE 12, 220 (227) = AP Nr. 8 zu § 626 BGB Druckkündigung, Bl. 3.

26 BAGE 1, 185 (189 f.) = AP Nr. 2 zu § 13 KSchG, Bl. 2 R; vgl. auch BAGE 2, 138 (141 f.) = AP Nr. 3 zu § 13 KSchG, Bl. 2; BAGE 2, 266 (270) = AP Nr. 4 zu § 13 KSchG, Bl. 2 R; BAGE 12, 141 (142 f.) = AP Nr. 16 zu § 13 KSchG, Bl. 1 und R; BAGE 12, 220 (227) = AP Nr. 8 zu § 626 BGB Druckkündigung, Bl. 3; BAG AP Nr. 1 zu § 103 BetrVG 1972, Bl. 5 R; BAG AP Nr. 1 zu § 15 KSchG 1969.

27 Vgl. dazu auch *Ramm*, JZ 1964, 546 (553 f.).

der Konfliktsituation gerecht wird, in die ein Arbeitnehmer nur als Betriebsratsmitglied geraten kann. Gerade hier kann man Betriebsratsamt und Arbeitnehmerstellung nicht trennen. Wenn man ernst nimmt, daß einem Arbeitnehmer aus seiner Betriebsratstätigkeit kein Nachteil erwachsen soll, so wird man bei der Amtspflichtverletzung im Rahmen von § 37 Abs. 2 BetrVG, die stets zugleich eine Pflichtverletzung aus dem Arbeitsverhältnis darstellt, *lediglich* auf den Weg verweisen, die *Amtsenthebung* nach § 23 Abs. 1 BetrVG durch Beschluß des Arbeitsgerichts zu beantragen[28]. Ein Recht zur fristlosen Entlassung kommt deshalb *nicht* in Betracht, wenn ein Verstoß gegen Pflichten aus dem Arbeitsverhältnis sich im Rahmen der Betriebsratstätigkeit ereignet. Aber auch vom Standpunkt des BAG aus wird man im vorliegenden Fall zu dem Ergebnis kommen, daß ein wichtiger Grund zur fristlosen Auflösung des Arbeitsverhältnisses nicht vorliegt.

b) Nach § 103 BetrVG bedarf die außerordentliche Kündigung von Betriebsratsmitgliedern der *Zustimmung des Betriebsrats*. Wird sie verweigert, so kann das Arbeitsgericht sie auf Antrag des Arbeitgebers ersetzen, wenn die außerordentliche Kündigung unter Berücksichtigung aller Umstände gerechtfertigt ist. Da im vorliegenden Fall die Firma Herbst das Arbeitsverhältnis kündigte, ohne die Zustimmung des Betriebsrats einzuholen, ist die Kündigung auch aus diesem Grund nichtig.

3. a) Problematisch ist deshalb, ob Schmitz beantragen kann, das Arbeitsverhältnis aufzulösen und den Arbeitgeber zur Zahlung einer Abfindung zu verurteilen. Nach § 9 KSchG besteht dieses Recht, wenn das Gericht feststellt, daß das Arbeitsverhältnis durch eine sozialwidrige Kündigung nicht aufgelöst ist. Wie sich aus § 13 Abs. 1 Satz 3 KSchG ergibt, kann der Arbeitnehmer diesen Antrag aber auch bei einer außerordentlichen Kündigung stellen, wenn das Gericht feststellt, daß sie unbegründet ist. Diese Regelung gilt aber nicht, wenn die Kündigung aus einem *anderen Grund* rechtsunwirksam ist als der fehlenden sozialen Rechtfertigung oder dem Mangel des wichtigen Grundes (§ 13 Abs. 3 KSchG).

Da im vorliegenden Fall die außerordentliche Kündigung nicht nur deshalb rechtsunwirksam ist, weil kein wichtiger Grund vorliegt, sondern auch deshalb, weil die Zustimmung des Betriebsrats fehlt, stellt sich die Frage, ob Schmitz den Auflösungsantrag stellen kann. Für die Beantwortung ist ausschlaggebend, daß die Lösungsmöglichkeit des § 13 Abs. 1 Satz 3 i. V. mit § 9 KSchG für den Arbeitnehmer eine Vergünstigung darstellt, die ihm nicht deshalb genommen werden kann, weil die Kündigung nicht nur aus dem Grund, bei dem sie gegeben ist, sondern auch noch aus einem anderen Grund unwirksam ist[29].

b) Jedoch stellt sich die Frage, ob § 13 Abs. 1 KSchG überhaupt für Betriebsratsmitglieder gilt. Sie ist vor allem deshalb von Bedeutung, weil nach Satz 2

28 *Wiedemann*, Anm. AP Nr. 28 zu § 66 BetrVG, Bl. 7 R, 8; ähnlich auch *Säcker*, RdA 1965, 372ff.

29 Vgl. *Hueck*, KSchG, § 13 RdNr. 51.

dieser Vorschrift die Rechtsunwirksamkeit einer außerordentlichen Kündigung nur durch Erhebung der Feststellungsklage innerhalb von drei Wochen geltend gemacht werden kann; wird diese Frist versäumt, so ist der Mangel des wichtigen Grundes geheilt (§ 13 Abs. 1 Satz 2 i. V. mit §§ 4, 7 KSchG). Wer der Auffassung ist, daß diese Fristbegrenzung bei Betriebsratsmitgliedern nicht gelten soll, begründet dies mit der Annahme, daß § 15 KSchG eine abschließende Regelung enthält: Sei ein wichtiger Grund nicht gegeben, so verstoße die außerordentliche Kündigung gegen ein gesetzliches Verbot, nämlich gegen § 15 KSchG, und es sei nicht § 13 Abs. 1, sondern § 13 Abs. 3 KSchG anwendbar[30]. Der Wortlaut des § 15 Abs. 1 KSchG könnte für diese Auslegung sprechen, da dort *nicht* von einer *außerordentlichen Kündigung* die Rede ist, sondern die Kündigung eines Betriebsratsmitgliedes ausnahmsweise zulässig sein soll, wenn *Tatsachen* vorliegen, die den Arbeitgeber zur Kündigung aus *wichtigem Grund* ohne Einhaltung einer Kündigungsfrist berechtigen, und die nach § 103 BetrVG erforderliche Zustimmung vorliegt oder durch gerichtliche Entscheidung ersetzt ist. Dennoch wird man § 15 Abs. 1 KSchG so verstehen müssen, daß für außerordentliche Kündigungen gegenüber Betriebsratsmitgliedern, abgesehen davon, daß sie der Zustimmung des Betriebsrats bedürfen, die *allgemeinen* gesetzlichen Bestimmungen maßgebend bleiben. Soweit die Unwirksamkeit einer außerordentlichen Kündigung auf dem Mangel des wichtigen Grundes beruht, gehört zu ihnen auch die Regelung in § 13 Abs. 1 KSchG. § 13 Abs. 1 KSchG enthält eine Sonderregelung, die § 13 Abs. 3 KSchG ausschließt, soweit eine außerordentliche Kündigung wegen Fehlens eines wichtigen Grundes rechtsunwirksam ist[31]. Wenn § 15 Abs. 1 KSchG die Kündigung eines Betriebsratsmitglieds aus wichtigem Grund zuläßt, so liegt es nahe, daß auch hier § 13 Abs. 1 KSchG gilt, wenn über das Vorliegen des wichtigen Grundes Streit herrscht[32].

c) Auch ein Betriebsratsmitglied kann deshalb nach § 13 Abs. 1 Satz 3 KSchG die Auflösung des Arbeitsverhältnisses und die Zahlung einer Abfindung beantragen, wenn es innerhalb von drei Wochen die Rechtsunwirksamkeit einer außerordentlichen Kündigung gemäß § 4 KSchG geltend macht. Voraussetzung ist, daß ihm die Fortsetzung des Arbeitsverhältnisses nicht mehr zuzumuten ist. Der Begriff der Unzumutbarkeit ist nicht mit dem Begriff in § 626 Abs. 1 BGB identisch[33]. Zur Rechtfertigung des Auflösungsantrags genügt, daß dem Arbeitnehmer die Fortsetzung des Arbeitsverhältnisses gerade wegen der grundlosen Kündigung des Arbeitgebers nicht mehr zugemutet werden kann[34]. Dabei brauchen die Gründe nicht schon zur Zeit der Kündigung vor-

---

30 *Fitting-Auffarth-Kaiser*, BetrVG, § 103 RdNr. 24; *Herschel-Steinmann*, KSchG, § 11 RdNr. 6 e, § 13 RdNr. 19; *Auffarth-Müller*, KSchG (1960), § 13 RdNr. 24.

31 BAGE 5, 354 (357); *Hueck*, KSchG, § 15 RdNr. 63.

32 Ebenso BAGE 5, 354; *Hueck-Nipperdey*, Bd. I S. 685 und dort Fußn. 41; *Nikisch*, Bd. I S. 807; *Dietz-Richardi*, BetrVG, Anhang zu § 103 RdNr. 17; *Hueck*, KSchG, § 15 RdNr. 63; *Etzel*, KR, § 15 KSchG RdNr. 41.

33 Vgl. BAG vom 26. 11. 1981 — 2 AZR 509/79, DB 1982 S. 757 — SAE 1982 S. 133 mit zust. Anm. von *Beitzke*; a. A. die bisher h. M.; vgl. *Hueck*, KSchG, § 9 RdNr. 18.

34 Vgl. BAGE 16, 285 (292) = AP Nr. 20 zu § 7 KSchG, Bl. 3.

zuliegen, sondern sie können sich auch erst im Laufe des Prozesses ergeben, sofern sie mit der Kündigung oder dem Kündigungsprozeß in Zusammenhang stehen[35].

d) Fraglich ist aber, zu welchem *Zeitpunkt* das Arbeitsgericht das Arbeitsverhältnis aufzulösen hat. Nach § 9 Abs. 2 KSchG, der gemäß § 13 Abs. 1 Satz 3 KSchG für die außerordentliche Kündigung *entsprechend* gilt, muß das Arbeitsgericht für die Auflösung des Arbeitsverhältnisses den Zeitpunkt festsetzen, an dem es bei sozial gerechtfertigter Kündigung geendet hätte. Diese entsprechende Anwendung auf die außerordentliche Kündigung kann bedeuten, daß das Arbeitsverhältnis erst nach Ablauf der Kündigungsfrist beendet sein soll, die der Arbeitgeber bei einer ordentlichen Kündigung hätte einhalten müssen. Das BAG hat diese Ansicht aber zu Recht abgelehnt[36]. § 9 Abs. 2 KSchG bedeutet, daß der Arbeitnehmer bei einer Auflösung des Arbeitsverhältnisses durch Urteil des Arbeitsgerichts die Beendigungswirkung der Kündigung hinnehmen muß; die materiellen Nachteile werden durch die Zahlung der Abfindung ausgeglichen. Überträgt man diesen Gedanken auf die außerordentliche Kündigung, so bedeutet eine entsprechende Anwendung des § 9 Abs. 2 KSchG, daß der *Arbeitnehmer* zwar nicht die *Berechtigung* zur außerordentlichen Kündigung, aber deren *Beendigungswirkung* anzuerkennen bereit ist, weil ihm die Fortsetzung des Arbeitsverhältnisses nicht zuzumuten ist.

4. Da für die Auflösung des Arbeitsverhältnisses kein wichtiger Grund vorgelegen hat und Schmitz innerhalb von drei Wochen nach der Kündigung Klage auf Feststellung erhoben hat, daß das Arbeitsverhältnis durch die Kündigung nicht aufgelöst wurde, ist er berechtigt, nach § 13 Abs. 1 Satz 3 KSchG die Auflösung des Arbeitsverhältnisses und die Zahlung einer Abfindung zu beantragen. Sofern Schmitz die Fortsetzung des Arbeitsverhältnisses nicht zuzumuten ist, wird daher das Arbeitsgericht das Arbeitsverhältnis zum 19. 6. 1972 auflösen und die Firma Herbst zu einer Abfindung verurteilen, deren Höhe sich nach § 10 KSchG richtet.

---

35 BAGE 12, 174 (182) = AP Nr. 20 zu § 66 BetrVG, Bl. 4.

36 BAGE 5, 354 (358f.); ebenso *Hueck-Nipperdey*, Bd. I S. 673; *Nikisch*, Bd. I S. 797f.; *Hueck*, KSchG, § 13 RdNr. 12.

Fall 10 **Arbeitskampf — Streikbeteiligung und Arbeitsverhältnis — Rechtmäßigkeit eines Streiks — Problem des sog. wilden Streiks — Mitbestimmung des Betriebsrats während eines Arbeitskampfes**

Ausgangsfälle:

BAG vom 28. 1. 1955 — GS 1/54, BAGE 1, 291 = AP Nr. 1 zu Art. 9 GG Arbeitskampf = SAE 1956, 1 *(Nikisch)* = AR-Blattei Arbeitskampf II Entsch. 4 = JZ 1955, 836;
BAG vom 20. 12. 1963 — 1 AZR 428/62, BAGE 15, 174 = AP Nr. 32 zu Art. 9 GG Arbeitskampf *(Mayer-Maly)* = SAE 1964, 144 *(Dietz)* = AR-Blattei Arbeitskampf II Entsch. 11 *(Bulla)*;
BAG vom 14. 2. 1978 — 1 AZR 76/76, BAGE 30, 50 = AP Nr. 58 zu Art. 9 GG Arbeitskampf *(Konzen)* = EzA Art. 9 GG Arbeitskampf Nr. 22 *(Herschel)* = SAE 1980, 139 *(Seiter)* = AR-Blattei Arbeitskampf I Entsch. 14.

Die Panther-Schuh GmbH unterhält einen Betrieb in Nürnberg. Am 6. 12. 1982 nahmen die in der Zuschneiderei im Akkord beschäftigten Arbeitnehmer bei Betriebsbeginn die Arbeit nicht auf. Sie verlangten die Zahlung eines 25%igen Zuschlages für die Verarbeitung von Chevrolin. Der Geschäftsführer lehnte dies ab und forderte die Arbeitnehmer auf, die Arbeit unverzüglich aufzunehmen. Nachdem dieser Aufruf erfolglos geblieben war, erhielten die Arbeitnehmer ein Schreiben mit folgendem Wortlaut: „Nachdem Sie der Aufforderung, die Arbeit wiederaufzunehmen, nicht nachgekommen sind, kündigen wir hiermit fristlos das Arbeitsverhältnis wegen beharrlicher Arbeitsverweigerung“. Diese Erklärung erhielt mit einem Einschreibebrief, der am 6. 12. 1982 abgesandt war, auch der Arbeiter Alois Huber. Da der Postbote ihn aber am 7. 12. 1982 nicht angetroffen hatte, hatte er lediglich einen Benachrichtigungszettel hinterlassen; das Kündigungsschreiben bekam Huber erst am 10. 12. 1982.

Als Huber am 13. 12. 1982 seine Arbeit antreten wollte, wurde ihm vom Betriebsleiter entgegengehalten, er sei fristlos entlassen worden und werde daher nicht mehr beschäftigt. Nachdem Vermittlungsbemühungen ohne Erfolg blieben, erhob Huber am 31. 12. 1982 vor dem Arbeitsgericht Nürnberg Klage auf Feststellung, daß das Arbeitsverhältnis durch die Kündigung nicht aufgelöst worden sei.

Wie ist die Rechtslage?

LÖSUNG

A. Zulässigkeit der Klage

Streitgegenstand ist, ob das Arbeitsverhältnis mit Alois Huber durch die Kündigung vom 6. 12. 1982 aufgelöst ist. Das Arbeitsgericht ist deshalb nach § 2

Abs. 1 Nr. 3 lit. b ArbGG zuständig; es entscheidet im Urteilsverfahren (§§ 2 Abs. 5, 46 Abs. 1 ArbGG).

Das für die Feststellungsklage gemäß § 256 Abs. 1 ZPO erforderliche rechtliche Interesse des Klägers ergibt sich aus der Regelung in § 13 Abs. 1 Satz 2 i. V. mit §§ 4 Satz 1, 7 KSchG; es ist daher stets anzunehmen. Da der Kläger geltend machen wird, die Arbeitsniederlegung rechtfertige keine fristlose Entlassung, muß er die Feststellungsklage innerhalb von drei Wochen seit Zugang der Kündigung erheben (§ 13 Abs. 1 Satz 2 i. V. mit § 4 Satz 1 KSchG). Da es sich aber um eine materiellrechtliche Frist handelt, ist für die Zulässigkeit unerheblich, ob die Feststellungsklage rechtzeitig erhoben wurde. Auch wenn man in der Dreiwochenfrist eine prozessuale Ausschlußfrist sieht, gilt Gleiches; denn die Frist bezieht sich nur auf die Geltendmachung des wichtigen Grundes, nicht auf die Rechtsunwirksamkeit der Kündigung schlechthin[1]. Wer vom prozessualen Charakter der Dreiwochenfrist ausgeht, muß deshalb ebenfalls erst bei der Begründetheit der Klage prüfen, ob sie gewahrt ist.

Die Klage ist zulässig.

B. Begründetheit der Klage

I. Außerordentliche Kündigung des Arbeitsverhältnisses

Da das Arbeitsverhältnis fristlos aufgelöst werden soll, handelt es sich um eine außerordentliche Kündigung. Nach § 626 Abs. 1 BGB setzt sie einen wichtigen Grund voraus. Soweit Alois Huber geltend macht, er liege nicht vor, muß er aber die Feststellungsklage innerhalb der Dreiwochenfrist des § 4 Satz 1 KSchG erhoben haben (§ 13 Abs. 1 Satz 2 KSchG). Deshalb stellt sich die Frage, ob er diese Frist eingehalten hat. Sie beginnt mit Zugang der Kündigung; erst mit ihr ist nämlich die Kündigung als Willenserklärung wirksam geworden (§ 130 Abs. 1 BGB). Ein Einschreibebrief ist nicht schon dann zugegangen, wenn der Postbote bei der Zustellung niemanden antrifft und deshalb lediglich einen Benachrichtigungszettel hinterläßt[2]. Deshalb ist die Kündigung nicht am 7. 12., sondern erst am 10. 12. 1982 zugegangen. Mit der Erhebung der Feststellungsklage hat deshalb Alois Huber die Dreiwochenfrist gewahrt.

Die außerordentliche Kündigung ist nur wirksam, wenn die Arbeitsniederlegung einen wichtigen Grund i. S. des § 626 Abs. 1 BGB darstellt. Damit stellt sich das Problem nach der rechtlichen Bewertung des Streiks und seiner Wirkung auf das Arbeitsverhältnis.

II. Grundrecht auf Streik?

Wie bereits die Weimarer Reichsverfassung, so hat auch das Grundgesetz darauf verzichtet, ein Streikrecht als Grundrecht im Verfassungstext zu verankern.

1 Vgl. dazu ausführlich Fall 7 — S. 73 f.
2 Vgl. BAGE 13, 313 = AP Nr. 4 zu § 130 BGB.

Seit der Aufhebung der Koalitionsverbote durch § 152 Abs. 1 der GewO vom 21. 6. 1869 war es zunächst im Bereich der gewerblichen Arbeit rechtlich erlaubt, sich zur „Erlangung günstiger Lohn- und Arbeitsbedingungen, insbesondere mittelst Einstellung der Arbeit oder Entlassung der Arbeiter" zusammenzuschließen. Diese Koalitionsfreiheit wurde durch Art. 159 der Weimarer Reichsverfassung für jedermann und für alle Berufe gewährleistet; man wählte aber bewußt nicht den Begriff der *Koalitionsfreiheit*, sondern den Begriff der „Vereinigungsfreiheit zur Wahrung und Förderung der Arbeits- und Wirtschaftsbedingungen", ohne zugleich einen Hinweis auf die Kampfmittel in die verfassungsrechtliche Garantie aufzunehmen, um dadurch zum Ausdruck zu bringen, daß mit der Koalitionsfreiheit nicht zugleich die Kampffreiheit verfassungsrechtlich gewährleistet ist[3]. Auch der Art. 165 Abs. 1 WeimRV sprach nur davon, daß die beiderseitigen Organisationen und ihre Vereinbarungen anerkannt werden, ohne den Arbeitskampf zu erwähnen. Warum Art. 159 WeimRV nicht zugleich die Freiheit der Kampfbetätigung einschloß, hat *Hugo Sinzheimer* so begründet: „Wie man zu den wirtschaftlichen Kämpfen stehen mag, so ist doch sicher, daß sie einen Übergang bilden, einen Übergang zu höheren gesellschaftlichen Zuständen, in denen der soziale Verfassungsgeist immer weiteren Raum gewinnt. Einen solchen Übergang wird man nicht verfassungsrechtlich verewigen, so daß in der Verfassung selbst ein Widerstand gegen jede weitere Entwicklung errichtet ist"[4].

Ähnlich vertrat man noch unmittelbar nach dem Erlaß des Grundgesetzes überwiegend die Auffassung, daß die Kampffreiheit als Bestandteil der *allgemeinen Handlungsfreiheit* verfassungsrechtlichen Schutz genießt[5], zumal Art. 9 Abs. 3 GG als Grundrecht ebenfalls nur „das Recht zur Wahrung und Förderung der Arbeits- und Wirtschaftsbedingungen Vereinigungen zu bilden", für jedermann gewährleistet und man von einer verfassungsrechtlichen Verankerung des Streikrechts bewußt abgesehen hat, weil man die damit verbundene Kasuistik für verfassungsrechtlich nicht kodifizierbar hielt[6]. Erst durch das Gesetz über die Notstandsverfassung vom 24. 6. 1968 fand der Begriff des Arbeitskampfes Eingang in den Verfassungstext: Art. 9 Abs. 3 Satz 3 GG bestimmt, daß Maßnahmen, die im Verteidigungs- oder sonstigen Notstandsfall ergriffen werden können, sich nicht gegen Arbeitskämpfe richten dürfen, die zur Wahrung und Förderung der Arbeits- und Wirtschaftsbedingungen von Koalitionsvereinigungen geführt werden. Diese Vorschrift enthält nur eine *Schranken-Schranke*, ohne eine positive Garantie für den Arbeitskampf zu geben[7]. Aber mittelbar wird durch sie die bereits zur herrschenden Lehre gelangte Interpretation bestätigt, daß der Arbeitskampf vom kollektiven Schutzbereich der *Koalitionsfreiheit* in Art. 9 Abs. 3 GG erfaßt wird[8].

---

3 Vgl. vor allem *Sinzheimer*, Grundzüge des Arbeitsrechts, 2. Aufl. (1927), S. 86f.; weiterhin *Anschütz*, Die Verfassung des Deutschen Reichs vom 11. August 1919, 14. Aufl. (1933, Nachdruck 1965), Art. 159 Anm. 5.

4 *Sinzheimer*, Grundzüge (s. Fußn. 3), S. 86.

5 *Nikisch*, Bd. II S. 24ff., 104f.; *Dietz*, in: Die Grundrechte, Bd. III/1 (1958), S. 417 (463); *ders.*, JuS 1968, 1 (4); vgl. auch *Ramm*, Das Koalitions- und Streikrecht der Beamten (1970), S. 120ff., wenn er die Grenzen der Streikfreiheit der Schrankentrias des Art. 2 Abs. 1 GG entnimmt.

6 Vgl. JöR n.F. Bd. 1 (1951), 116 (123).

7 Vgl. *R. Scholz*, Koalitionsfreiheit als Verfassungsproblem (1971), S. 38f.

8 Ebenso zur Bedeutung des Art. 9 Abs. 3 Satz 3 GG: *A. Hueck*, RdA 1968, 430ff.; *Rüthers*, DB 1968, 1948ff.; *ders.*, Rechtsprobleme der Aussperrung unter besonderer Berücksichtigung des Pressewesens (1980), S. 34f.

Er steht in einem Funktionszusammenhang zur *Tarifautonomie*, bei der schon seit langem anerkannt ist, daß sie durch Art. 9 Abs. 3 GG mitgarantiert wird[9].

III. Streikbeteiligung und Arbeitsverhältnis

1. Eine Verfassungsgarantie der Streikfreiheit bedeutet noch keineswegs die Zuweisung eines *subjektiven Streikrechts*. Das ist vor allem deshalb von Bedeutung, weil der Arbeitnehmer vertraglich verpflichtet ist, seine Arbeitsleistung zu erbringen. Noch in der Weimarer Zeit hat man deshalb verlangt, daß ein Arbeitnehmer sein Arbeitsverhältnis aufkündigt, bevor er an einem Streik teilnimmt, um auf die Gestaltung seiner Arbeits- und Wirtschaftsbedingungen Einfluß zu nehmen. Es gab „kein subjektives Streikrecht, das die Arbeitsniederlegung rechtfertigt"[10]. Der Streik war also weder verboten, noch rechtfertigte er die Verletzung gesetzlicher oder vertraglicher Pflichten.

Diese Rechtslage spiegelt Bewertungen wider, die für die dogmatische Systembildung des bürgerlichen Rechts maßgebend sind; denn im Mittelpunkt der BGB-Dogmatik steht das Rechtsverhältnis als rechtliche Beziehung einer Person zu einer anderen. Für das Streikproblem ist ohne Durchbrechung dieses Grundsatzes keine angemessene Lösung zu gewinnen, obwohl man auch den Vorzug dieser traditionellen bürgerlich-rechtlichen Betrachtungsweise nicht übersehen darf: Organisation und Zielsetzung eines Streiks waren nicht reglementiert, sondern frei, sofern man im Einsatz der Kampfmittel die rechtlichen Spielregeln beachtete. Diesen Rechtszustand konnte man aber vor allem deshalb nicht aufrechterhalten, weil die Kündigung kein geeignetes Kampfmittel darstellt. Durch den Streik soll das Verhandlungsgleichgewicht der Arbeitnehmer bei der Regelung ihrer Arbeitsbedingungen durch Tarifvertrag hergestellt und gewahrt werden[11]. Deshalb wird das Verfassungsgebot der Verhältnismäßigkeit verletzt, wenn man die Arbeitnehmer zur Herbeiführung eines Tarifvertrags auf die Kündigung ihrer Arbeitsverhältnisse verweist, obwohl die Tarifautonomie für sie verfassungsrechtlich garantiert ist[12]. Das gilt um so mehr, als der Kündigungsschutz unmittelbar den Bestand des Arbeitsverhältnisses sichert. Seit dem KSchG vom 10. 8. 1951 ist die sozial ungerechtfertigte Kündigung rechtsunwirksam, und daher bedeutete es einen normativen Widerspruch innerhalb der Rechtsordnung, hätte man individualrechtlich daran festgehalten, daß die Arbeitsniederlegung ohne fristgerechte Kündigung des Arbeitsverhältnisses stets einen Arbeitsvertragsbruch darstellt.

---

9 Vgl. BAGE 33, 140 (150ff.) = AP Nr. 64 zu Art. 9 GG Arbeitskampf; grundlegend für die Standortverlagerung in den Schutzbereich des Art. 9 Abs. 3 GG: *Rüthers*, Streik und Verfassung (1960), S. 19ff.; entsprechend *Brox-Rüthers*, Arbeitskampfrecht, 2. Aufl. (1982), RdNr. 85f., S. 36ff.; weiterhin *Säcker*, Grundprobleme der kollektiven Koalitionsfreiheit (1969), S. 81f.

10 So *Sinzheimer*, Grundzüge (s. Fußn. 3), S. 189.

11 Vgl. BAGE 33, 140 (150f.) = AP Nr. 64 zu Art. 9 GG Arbeitskampf.

12 Vgl. *Richardi*, Die Grenzen der Zulässigkeit des Streiks (1980), S. 16ff.

Obwohl eine Regelungsnotwendigkeit besteht, fehlt eine gesetzliche Arbeitskampfordnung. Das BAG hat daher vorsichtig Schritt für Schritt Grundsätze entwickelt, die es überhaupt erst ermöglichen, von der Streikfreiheit sinnvoll Gebrauch zu machen. Insbesondere ging es darum, ein Arbeitskampfsystem zu entwickeln, das ohne Bindung an ein Kündigungserfordernis die Niederlegung der Arbeit gestattet.

2. Der Große Senat des BAG hat bereits in seinem Beschluß vom 28. 1. 1955 durch einen bemerkenswerten Akt richterlicher Rechtsfortbildung mit der traditionellen rechtlichen Bewertung des Streiks gebrochen:

> „Der von einer Gewerkschaft beschlossene, von den Arbeitnehmern ohne fristgemäße Kündigung durchgeführte legitime Streik um die Arbeitsbedingungen berechtigt die bestreikten Arbeitgeber nicht zur außerordentlichen fristlosen Einzelentlassung des einzelnen Arbeitnehmers oder mehrerer einzelner Arbeitnehmer wegen Vertragsverletzung“[13].

Damit hat der Senat die differenzierende Betrachtungsweise aufgegeben und eine *kollektivrechtliche Einheitslösung* des Streikproblems entwickelt. Seine Entscheidung ist zu begrüßen, weil durch sie der Arbeitskampf in seiner Bedeutung für die soziale Ordnung rechtlich anerkannt wird[14]. Seine Auffassung verdient auch Zustimmung, soweit sie sich auf den Arbeitskampf tariffähiger Partner beschränkt und ihn um seiner Funktion für die Tarifautonomie willen rechtlich privilegiert. Dieser normative Zusammenhang kommt in der Ausgangsentscheidung noch nicht klar zum Ausdruck, weil der Große Senat sich auf eine Argumentation aus dem *soziologischen* Wesen des Streiks beschränkt[15].

Der für das BAG tragende Rechtsgedanke liegt in der Feststellung:

> „Der Arbeitskampf als *einheitliches* Geschehen darf nicht kollektivrechtlich anders behandelt werden als individualrechtlich“[16].

In ihr stellt der Große Senat zwei Thesen auf, die für die rechtliche Wertung des Streikproblems entscheidend sein sollen:

a) Der Streik ist ein *einheitliches* Geschehen.

> „Ein maßgebendes Element des Streiks ist die gemeinsame und planmäßig durchgeführte Arbeitseinstellung durch eine größere Anzahl von Arbeitnehmern zu einem bestimmten Kampfziel. Die Niederlegung der Arbeit durch den Arbeitnehmer ist kein Einzelvorgang. Als solcher wäre er wirkungslos und sinnlos. Entscheidend ist die bewußt gewollte, solidarische Gemeinsamkeit des Handelns, die beim gewerkschaftlichen Streik in der gemeinschaftlichen Durchführung des Streikbeschlusses besteht. Der Streik ist auch in seiner Durchführung durch die Arbeitnehmer ein Kollektivakt, der aus den Arbeitsniederlegungen in ihrer Verbundenheit besteht. Beim Streik handelt nicht der Einzelne, sondern es handeln die Streikenden als Gruppe“[17].

---

13 BAGE 1, 291 (3. Leitsatz und S. 308).

14 Vgl. dazu *Richardi*, RdA 1966, 241 ff.

15 Vgl. auch *Seiter*, Streikrecht und Aussperrungsrecht (1975), S. 15 ff., 19 ff.

16 BAGE 1, 291 (303); grundlegend insoweit für diese Entscheidung: *Bulla*, Festschrift für Nipperdey (1955), S. 163 ff., insbes. S. 179 ff.

17 BAGE 1, 291 (303 f.).

b) Ein einheitlicher Akt, wie ihn der Streik darstellt, kann *rechtlich* nur *einheitlich* bewertet werden. Das BAG führt dazu aus:

> „Die rechtliche Bewertung muß dieser Wirklichkeit des Streiks entsprechen. Die streikweise Arbeitsniederlegung darf daher nicht individualrechtlich gesehen werden, sie ist im kollektiven Zusammenhang zu betrachten, in dem sie steht. Das Handeln des Arbeitnehmers ist nicht in seiner Vereinzelung, nicht als Individualhandeln, sondern als Kollektivhandeln als Mitglied seiner Gruppe zu bewerten, der er durch seine Streikbeteiligung angehört“[18].

3. Diese Begründung ist nicht schlüssig. Der Streik ist in der Wirklichkeit kein einheitlicher Akt, sondern wird durch verschiedene Maßnahmen verwirklicht, durch die das Streikgeschehen höchst unterschiedlich in Erscheinung treten kann[19]. Der Große Senat geht daher in seiner rechtlichen Bewertung von einer phänomenologischen Einsicht in das Wesen des Streiks aus, die es ihm ermöglicht, den Streik als einheitliches Geschehen in der Wirklichkeit zu verstehen[20]. Daraus folgt aber nicht, daß er nicht Gegenstand verschiedener rechtlicher Bewertungen sein kann. Wenn man von diesen Bedenken absieht, müßte das BAG folgerichtig zu dem Ergebnis kommen, daß die Streikbeteiligung eines Arbeitnehmers niemals einen Arbeitsvertragsbruch darstellt, der den Arbeitgeber zur fristlosen Kündigung berechtigt. Das BAG scheint diese Annahme auch zu bestätigen, macht sodann aber eine folgenschwere Einschränkung, die für seine Ansicht eine bemerkenswerte Inkonsequenz darstellt[21]:

> „Sind Streik und Streikbeteiligung in diesem Sinne ausschließlich kollektivrechtliche Größen, so scheidet die Charakterisierung der Streikbeteiligung als Verletzung des Einzelarbeitsvertrages und damit als vertragswidrig und rechtswidrig dann aus, *wenn der Streik als Kollektivakt rechtmäßig ist*“[22].

Für den als Kollektivakt *rechtswidrigen* Streik soll also die Feststellung keine Bedeutung haben, daß die Streikbeteiligung eines Arbeitnehmers nicht als Individualhandeln rechtlich bewertet werden kann. Die Arbeitsniederlegung ohne Kündigung des Arbeitsverhältnisses stellt vielmehr einen Arbeitsvertragsbruch dar, der den Arbeitgeber berechtigt, die einzelnen Arbeitnehmer auf Grund einer außerordentlichen Kündigung fristlos zu entlassen.

IV. Rechtmäßigkeit des Streiks

1. Daher stellt sich die Frage, wann ein Streik als Kollektivakt *rechtmäßig* ist. Der Große Senat hat in dem Beschluß vom 28. 1. 1955 auf sie keine Antwort gegeben, die eine überzeugende normative Begründung für die Lösung dieses

---

18 BAGE 1, 291 (304).

19 Vgl. auch *Kraft*, RdA 1968, 434 ff.

20 Vgl. dazu das aufschlußreiche Bekenntnis von *Nipperdey* zu einer phänomenologischen Methode, *Hueck-Nipperdey*, Bd. II/1, S. 82.

21 Darauf weisen auch hin: *Bydlinski*, Vertragsrecht und Arbeitskampf, in: Österreichische Zeitschrift für öffentliches Recht 1957/1958, 300 (321); *Ramm*, JZ 1961, 273 (274); *ders.*, AuR 1964, 129 (133); *Zeuner*, JZ 1962, 425 (426).

22 BAGE 1, 291 (305) — Hervorhebung vom Verfasser.

Kernproblems darstellt. Er hat sich auf die Feststellung beschränkt, daß der gewerkschaftliche Streik, an dem die Arbeitnehmer sich beteiligen, kollektivrechtlich *legitim* sein muß. Arbeitsunterbrechungen aus diesem Grund seien *sozialadäquat*, da der Arbeitskampf in bestimmten Grenzen auf Grund der bestehenden freiheitlichen und sozialen Grundordnung *erlaubt* sei[23].

2. Da keine Maßstäbe gegeben werden, bleibt offen, wann ein Streik kollektivrechtlich legitim ist. *Nipperdey*, auf den vor allem das BAG sich stützt, verlangt, daß der Arbeitskampf nach allen Richtungen legitim sein muß[24]. Darunter versteht er, daß der Arbeitskampf weder verfassungswidrig noch amtswidrig noch tarifwidrig noch betriebsverfassungswidrig noch deliktisch sein darf[25]. Die Feststellung der Tarifwidrigkeit, Betriebsverfassungswidrigkeit und Amtswidrigkeit bereitet im allgemeinen keine besonderen Schwierigkeiten. Ausschlaggebend für die rechtliche Bewertung des Arbeitskampfes ist dagegen die Frage, ob er eine *unerlaubte Handlung* darstellt. Nach Ansicht des BAG verwirklicht der Streik zwar den Tatbestand des § 823 Abs. 1 BGB, da er einen Eingriff in das absolute Recht am eingerichteten und ausgeübten Gewerbebetrieb darstellt[26]; der gewerkschaftliche Streik mit erlaubtem Kampfziel und erlaubten Kampfmitteln sei aber nicht rechtswidrig, falls er als ultima ratio unternommen werde[27].

Nipperdey hat die maßgeblichen Bewertungsgrundsätze unter dem Begriff der *Sozialadäquanz* zusammengefaßt[28]. Nur der sozialinadäquate Streik verletzt das Recht des Arbeitgebers am eingerichteten und ausgeübten Gewerbebetrieb. Die Sozialadäquanz hat sich deshalb zum dogmatischen Zentralbegriff des Arbeitskampfrechts entwickelt[29]. *Nipperdey* hat für sie die folgenden sechs Prinzipien aufgestellt[30]:

1. Der Arbeitskampf darf nur zwischen tariffähigen Parteien geführt werden.
2. Die Kampfforderung muß durch Tarifvertrag geregelt werden können.

---

23 BAGE 1, 291 (300, 306f.).

24 *Hueck-Nipperdey*, Grundriß, S. 291.

25 Vgl. *Hueck-Nipperdey*, Grundriß, S. 292, 295ff.

26 BAGE 2, 75 (76f.) = AP Nr. 2 zu Art. 9 GG Arbeitskampf; bestätigt durch BAGE 15, 174 (195) = AP Nr. 32 zu Art. 9 GG Arbeitskampf, Bl. 10; BAGE 15, 202 (205) = AP Nr. 33 zu Art. 9 GG Arbeitskampf, Bl. 2 R; BAGE 15, 211 (215) = AP Nr. 34 zu Art. 9 GG Arbeitskampf, Bl. 2 R. Diese Bewertung steht in Widerspruch zu der früher herrschenden Lehre, die den Streik als unerlaubte Handlung nur nach § 826 BGB würdigte. Der Wandel in der Rechtsprechung geht vor allem zurück auf das Rechtsgutachten zum Zeitungsstreik 1952 von *Nipperdey*, in: Schriftenreihe der BDA, Heft 9 (1953). Dagegen vor allem *Ramm*, AuR 1964, 321ff. und zuletzt *Seiter*, Streikrecht (s. Fußn. 15), S. 455ff.

27 BAGE 15, 174 (191); vgl. auch BAGE 15, 211 (216) = AP Nr. 34 zu Art. 9 GG Arbeitskampf, Bl. 3. Konkreter dagegen BAGE 2, 75 (77) = AP Nr. 2 zu Art. 9 GG Arbeitskampf, Bl. 2: Rechtswidrig ist, ,,wenn um Ziele gestreikt wird, die dem geltenden Tarifvertragsrecht widersprechen''.

28 *Hueck-Nipperdey*, Bd. II, 6. Aufl. (1957), S. 639; Grundriß, S. 298; *ders.*, NJW 1967, 1985 (1992f.); vgl. dazu auch *Seiter*, Streikrecht (s. Fußn. 15), S. 448ff.

29 *Bulla*, RdA 1962, 6 (8ff.) und Festschrift für Nipperdey (1965), Bd. II, S. 79 (93ff.); *Galperin*, Festschrift für Nipperdey (1965), Bd. II, S. 197ff.

30 *Hueck-Nipperdey*, Grundriß, S. 300ff.

3. Der Arbeitskampf darf nicht gegen Grundregeln des Arbeitsrechts, insbesondere des kollektiven Arbeitsrechts verstoßen.
4. Der Arbeitskampf muß die ultima ratio sein.
5. Der Arbeitskampf muß die Prinzipien fairer Kampfführung beachten.
6. Arbeitskämpfe zur Abwehr eines kollektiven sozialinadäquaten Angriffs sind sozialadäquat.

Die Rechtsprechung des BAG zum Arbeitskampf beruht im wesentlichen auf der Anerkennung dieser Grundsätze.

Die Lehre von der Sozialadäquanz geht auf *Welzel* zurück, der sie für das Strafrecht entwickelt hat[31]. Sie beruht auf der Erkenntnis, daß die strafrechtlichen Tatbestände Verhaltensformen umschreiben, die in der sozialen Ordnung mißbilligt werden. Handlungen, die sich völlig im Rahmen der normalen, geschichtlich gewordenen sozialen Ordnung des Lebens bewegen, sind deshalb als „völlig sozial-*normale* Tätigkeit von vornherein aus dem Deliktstatbestand auszuscheiden"[32]. Die Sozialadäquanz ist also ausschließlich ein Tatbestandsproblem[33]. Dennoch haben *Welzel* und ihm folgend *Nipperdey* lange Zeit in ihr einen (gewohnheitsrechtlichen) Rechtfertigungsgrund tatbestandsmäßigen Verhaltens erblickt[34]. Sie übersahen, daß das Problem eines Rechtfertigungsgrundes sich nur bei einem tatbestandsmäßigen, also sozialinadäquaten Verhalten stellt[35]. Erst dieser Irrtum machte es möglich, die Sozialadäquanz als Maßstab für die Rechtmäßigkeit von Arbeitskämpfen heranzuziehen.

Sozialadäquat ist ein Geschehen, das in jeder Hinsicht der sozial-normalen Ordnung des Gemeinschaftslebens entspricht, so daß das Problem seiner Rechtmäßigkeit gar nicht auftritt[36]. Davon kann bei einem Streik aber nicht die Rede sein; er stellt vielmehr eine Abweichung von dem sonst normalen Ablauf des Arbeitslebens dar, wie das BAG selbst erkennt, wenn es ihn nur als *ultima ratio* zulassen will[37]. Seine Rechtmäßigkeit kann also nicht aus einer sozialen Adäquanz erklärt werden[38]. Erst recht geht es nicht an, sie als Maßstab für die Rechtmäßigkeit von Arbeitskämpfen zu verwenden; denn die soziale Adäquanz ist kein Rechtmäßigkeitsmaßstab. Wer sie dennoch als solchen verwendet, umschreibt damit nur, daß er den Arbeitskampf, der ein an sich sozialinadäquates Geschehen darstellt, unter bestimmten Voraussetzungen als rechtmäßig anerkennt. Die Sozialadäquanz stellt deshalb für die

---

31 *Welzel*, ZStW Bd. 58 (1939), 491 (514ff., 557ff.); *ders.*, Das Deutsche Strafrecht, 11. Aufl. (1969), S. 55f.

32 *H. J. Hirsch*, ZStW Bd. 74 (1962), 78 (86).

33 So ursprünglich und auch zuletzt wieder *Welzel* (s. Fußn. 31); ebenso früher *Nipperdey*, Zeitungsstreikgutachten (s. Fußn. 26), S. 44; grundlegend *H. J. Hirsch*, Die Lehre von den negativen Tatbestandsmerkmalen (1960), S. 283ff.; *ders.*, ZStW Bd. 74 (1962), 78ff.

34 So zuletzt noch *Welzel*, Das Deutsche Strafrecht, 8. Aufl. (1963), S. 76; *Nipperdey*, NJW 1957, 1777ff. und bei *Enneccerus-Nipperdey*, Allgemeiner Teil des Bürgerlichen Rechts, 15. Aufl. (1960), S. 1299f.; vgl. auch BAGE 1, 291 (306).

35 So zuletzt auch *Welzel*, Strafrecht (s. Fußn. 31), S. 57; *Nipperdey*, NJW 1967, 1985 (1993).

36 Vgl. auch *Nikisch*, Bd. II, S. 118.

37 Vgl. zum ultima-ratio-Prinzip *Picker*, RdA 1982, 331ff.

38 *H. J. Hirsch*, ZStW Bd. 74 (1962), 78 (124f.); ähnlich bereits *Niese*, Streik und Strafrecht (1954), S. 33ff. und *Nikisch* (s. Fußn. 36).

rechtliche Bewertung eine Leerformel dar, bei der im besonderen Maße die Gefahr einer Konkretisierung durch außerrechtliche Normen besteht[39].

3. Die phänomenologische Methode, der das BAG sich verschrieben hat, vermag nicht das Problem zu lösen, wie der Streik in seinem Verhältnis zu den Pflichten aus dem Einzelarbeitsverhältnis zu *bewerten* ist. Sie relativiert vielmehr die Bindung an das Gesetz. Das BAG ist nur dazu legitimiert, unter Respektierung der Streikfreiheit nach bisherigem Recht die *Privilegierung* bestimmter Arbeitskämpfe anzuerkennen, soweit für sie aus Wertungen des positiven Rechts eine normative Begründung möglich ist.

a) In Teil II Art. 6 Nr. 4 der Europäischen Sozialcharta vom 18. 10. 1961 wird, um die wirksame Ausübung des Rechtes auf Kollektivverhandlungen zu gewährleisten, das „Recht der Arbeitnehmer und Arbeitgeber auf kollektive Maßnahmen einschließlich des Streikrechts im Falle von Interessenkonflikten, vorbehaltlich etwaiger Verpflichtungen aus geltenden Gesamtarbeitsverträgen" anerkannt. Die Europäische Sozialcharta ist durch Gesetz vom 19. 9. 1964 ratifiziert worden und gilt seit dem 26. 2. 1965 als einfaches Gesetzesrecht in der Bundesrepublik. Die an der Europäischen Sozialcharta beteiligten Staaten haben sich aber das Recht vorbehalten, für sich die Ausübung des Streikrechts durch Gesetz zu regeln, vorausgesetzt, daß damit verbundene Beschränkungen des Streikrechts „in einer demokratischen Gesellschaft zum Schutze der Rechte und Freiheiten anderer oder zum Schutze der öffentlichen Sicherheit und Ordnung, der Sicherheit des Staates, der Volksgesundheit und der Sittlichkeit notwendig sind" (Art. 31 Abs. 1 ESC und Anhang zu Teil II Art. 6 Nr. 4 ESC). Deshalb kann offen bleiben, ob die Europäische Sozialcharta innerstaatliches, von den deutschen Gerichten anzuwendendes Recht enthält[40]. Mit ihr stünde nicht in Widerspruch, wenn verlangt würde, die Kampfbeteiligung mit den Pflichten aus dem Arbeitsverhältnis in Einklang zu bringen.

b) Bei normativer Betrachtung rechtfertigen ausschließlich die Funktionsvoraussetzungen der Tarifautonomie die Zulässigkeit der Streikbeteiligung ohne Bindung an ein Kündigungserfordernis[41]. Für Tarifkonflikte muß die Möglichkeit des Arbeitskampfes gegeben werden[42]. Durch die Tarifautonomie wird die kollektive Einflußnahme auf die Gestaltung der Arbeits- und Wirtschaftsbedingungen anerkannt und durch Art. 9 Abs. 3 GG sogar verfassungsrechtlich garantiert[43]. Die tarifvertraglichen Normen beherrschen des-

---

39 Vgl. dazu schon *H. J. Hirsch*, Die Lehre von den negativen Tatbestandsmerkmalen (1960), S. 284. Gegen die Sozialadäquanz als Rechtmäßigkeitskriterium des Arbeitkampfes deshalb: *Bernert*, Zur Lehre von der „sozialen Adaequanz" und den „sozialadaequaten Handlungen" (1966), S. 91 f.; *Ramm*, AuR 1966, 161 ff.; *Rüthers*, AuR 1967, 131 (132 f.).

40 Verneinend *Hueck-Nipperdey*, Bd. II/2 S. 922 ff.; *Seiter*, Streikrecht (s. Fußn. 15), S. 129 ff.; bejahend *Söllner*, S. 78 — jeweils mit weiteren Angaben.

41 Vgl. *Seiter*, Streikrecht (s. Fußn. 15), S. 182 ff.; *Richardi*, Zulässigkeit des Streiks (s. Fußn. 12), S. 21 ff.

42 Ebenso BAGE 23, 292 (306) = AP Nr. 43 zu Art. 9 GG Arbeitskampf, Bl. 6 R.

43 Vgl. BVerfGE 4, 96 (106 f.); 18, 18 (26, 28); 20, 312 (317); 38, 281 (306); 44, 322 (340 f.); 50, 290 (367 f.).

halb das Arbeitsverhältnis tarifgebundener Arbeitgeber und Arbeitnehmer mit unabdingbarer Wirkung (§§ 3 Abs. 1, 4 Abs. 1 TVG); sie verdrängen einzelvertragliche Abmachungen, soweit sie ihnen entgegenstehen und keine Abweichung zugunsten des einzelnen Arbeitnehmers enthalten (§ 4 Abs. 3 TVG). Daher ist es teleologisch gerechtfertigt, die Streikbeteiligung mit dem Pflichtenkreis aus dem Einzelarbeitsverhältnis in Einklang zu bringen, wenn die Arbeitsniederlegung der Interessenwahrnehmung im Rahmen der Tarifautonomie dient. Der Vorrang des Tarifvertrags legitimiert, daß durch die Niederlegung der Arbeit nicht Pflichten aus dem Arbeitsverhältnis verletzt werden, soweit durch die Kampfhandlung der Abschluß eines Tarifvertrags erzwungen werden soll[44].

Diese Privilegierung gilt auch, wenn ein Arbeitnehmer nicht der streikführenden Gewerkschaft angehört. Das BAG begründet dies mit dem Hinweis: ,,Der erkämpfte Tarifvertrag entfaltet zwar seine normative Wirkung nur für die tarifgebundenen Arbeitnehmer, praktisch werden jedoch die Nichtorganisierten stets gleichgestellt''[45]. Hier wird der Bruch sichtbar, der das geltende Kollektivarbeitsrecht durchzieht, wenn es im Tarifvertragsrecht auf die freiwillige Zugehörigkeit zu einem Kollektivverband abstellt und im Arbeitskampfrecht von der Marktposition als Arbeitgeber und Arbeitnehmer ausgeht[46].

4. Der Funktionszusammenhang mit der Tarifautonomie erklärt zugleich, daß der nicht von einer Gewerkschaft geführte Streik keine Privilegierung im Einzelarbeitsverhältnis verdient. Für die rechtliche Bewertung ist deshalb von ausschlaggebender Bedeutung, daß der Tarifkampf und der sog. wilde Streik *wesensverschiedene Formen* des Arbeitskampfes im Rahmen der Arbeitsverfassung sind[47].

Nach der Konzeption des BAG ist Voraussetzung eines kollektivrechtlich legitimen Streiks, daß er von einer Gewerkschaft geführt wird. Demzufolge ist der wilde Streik schon deshalb, weil er nicht von einer Gewerkschaft geführt wird, als Kollektivakt rechtswidrig und daher die Streikbeteiligung nach der kollektivrechtlichen Einheitslösung des BAG ein Vertragsbruch, der den Arbeitgeber zur außerordentlichen Kündigung des Arbeitsverhältnisses berechtigt[48]. Mit dieser Argumentation stößt man jedoch auf Schwierigkeiten, wenn den streikenden Arbeitnehmern *individualrechtlich* ein *Zurückbehaltungsrecht* zur Seite steht oder sie ihr Arbeitsverhältnis zuvor *gekündigt* haben, so daß nach Ablauf der Kündigungsfrist das Arbeitsverhältnis aufgelöst ist. Mit der Beurteilung, ob der Streik als Kollektivakt rechtmäßig oder rechtswidrig ist, wird wenig gewonnen. Das BAG ist gezwungen, die gemeinsame Ausübung eines Zurückbehaltungsrechts vom wilden Streik zu unterscheiden:

---

44 *Richardi*, RdA 1966, 241 (247); ähnlich *Promberger*, Arbeitskampf und Einzelarbeitsvertrag (1967), S. 72f.; *Zeuner*, JZ 1962, 425 (427); *Ramm*, AuR 1964, 129 (136f.).

45 BAGE 33, 195 (202) = AP Nr. 66 zu Art. 9 GG Arbeitskampf, Bl. 3 V.

46 Vgl. dazu *Seiter*, Streikrecht (s. Fußn. 15), S. 37ff.

47 Vgl. *Richardi*, NJW 1978, 2057 (2064f.).

48 Vgl. BAGE 15, 174 (191ff.) = AP Nr. 32 zu Art. 9 GG Arbeitskampf; BAG, AP Nr. 37 zu Art. 9 GG Arbeitskampf; BAGE 22, 162 = AP Nr. 41 zu Art. 9 GG Arbeitskampf; BAGE 30, 50 (57ff.).

„Die Ausübung des Zurückbehaltungsrechts ist die Geltendmachung einer bestehenden individualrechtlichen Position mit dem Ziel der Durchsetzung dieses bestehenden Individualrechts. Dagegen ist das Ziel des Arbeitskampfes die mit dem Mittel des Drucks gewollte Herbeiführung eines bestimmten Erfolgs, und zwar ohne Rücksicht darauf, ob rechtlich ein Anspruch hierauf besteht oder nicht. Zwar sind die Ausübung des Zurückbehaltungsrechts und Arbeitskampfmaßnahmen zwei Erscheinungsformen der Arbeitsniederlegung. Aber infolge ihrer verschiedenen Zielrichtung schließen beide Formen einander aus. Das bedeutet, daß eine Arbeitsniederlegung nicht gleichzeitig Streik (Arbeitskampf) und Ausübung des Zurückbehaltungsrechts sein kann"[49].

Da vom äußeren Erscheinungsbild kein Unterschied zu bestehen braucht, ist nach Ansicht des BAG, „um das Vorliegen eines Zurückbehaltungsrechts annehmen zu können, von besonderer Wichtigkeit, daß die die Arbeitsleistung verweigernden Arbeitnehmer in einer jeden Zweifel ausschließenden Weise den Arbeitgeber hiervon in Kenntnis setzen"[50]. Demnach wird den Arbeitnehmern zur Obliegenheit gemacht, eine klare und eindeutige Erklärung abzugeben, wenn sie gemeinsam ein Zurückbehaltungsrecht ausüben, weil die Arbeitsniederlegung sich sonst als Streik darstellt. Diese Abgrenzungsprobleme treten nicht auf, wenn man die normativ maßgebliche Frage darauf beschränkt, ob und unter welchen Voraussetzungen eine Streikbeteiligung mit den Pflichten aus dem Einzelarbeitsverhältnis in Einklang steht. Keineswegs kann man, wenn man von diesem Ansatzpunkt ausgeht, nur deshalb, weil die gemeinsame Ausübung eines Zurückbehaltungsrechts sich als Streik darstellt, zu dem Ergebnis gelangen, daß die Nichterfüllung der Arbeitspflicht in Wahrnehmung eines Leistungsverweigerungsrechts einen Vertragsbruch darstellt[51]. Wenn dagegen der Streik ein *Regelungsziel* hat, ist der für diesen Zweck vorgezeichnete Weg die Tarifautonomie. Wenn Arbeitnehmer ein Regelungsziel außerhalb des Tarifvertragssystems verfolgen, rechtfertigt eine Arbeitsniederlegung keinen Vertragsbruch[52].

5. Deshalb ist die Arbeitsniederlegung im vorliegenden Fall ein wichtiger Grund, der eine außerordentliche Kündigung rechtfertigt.

---

49 BAGE 15, 174 (189); vgl. auch BAGE 30, 50 (58).

50 BAGE 15, 174 (189).

51 Vgl. *Kraft*, RdA 1968, 286 (293); *Rüthers*, JZ 1970, 625 ff.; *Löwisch-Hartje*, RdA 1970, 321 (325 ff.); ausführlich *Seiter*, Streikrecht (s. Fußn. 10), S. 429 ff.

52 Kein Vertragsbruch liegt vor, wenn die Arbeitnehmer ihr Arbeitsverhältnis zuvor gekündigt haben; denn nach Ablauf der Kündigungsfrist ist das Arbeitsverhältnis aufgelöst. Wenn man dennoch in der Massenänderungskündigung einen rechtswidrigen wilden Streik erblickt (vgl. *Rüthers*, DB 1970, 2120 [2126 ff.]), ist auch insoweit der Funktionszusammenhang mit der Tarifautonomie der maßgebliche Gesichtspunkt. Die individualrechtlich zulässige Kündigung wird funktionswidrig eingesetzt, wenn durch sie eine Gruppe von Arbeitnehmern planmäßig Druck auf den Arbeitgeber ausüben will, um durch parallel gestaltete Einzelarbeitsverträge eine Erhöhung der Arbeitsentgelte oder sonst eine Verbesserung der Arbeitsbedingungen zu erzwingen. Diese Feststellung ändert zwar nichts an dem Eintritt der Rechtsfolge, daß die Arbeitsverhältnisse nach Ablauf der Kündigungsfrist aufgelöst sind, wenn der Arbeitgeber das Vertragsangebot nicht annimmt. Aber für die Bestimmung weiterer Rechtsfolgen, z. B. für den Anspruch auf Schadensersatz wegen Eingriffs in das Recht am eingerichteten und ausgeübten Gewerbebetrieb nach § 823 Abs. 1 BGB, ist entscheidend, ob die Durchsetzung eines einzelvertraglichen Regelungsziels durch eine Massenänderungskündigung rechtswidrig ist. Nur die Gewerkschaften sind, sofern die Bindung an eine tarifvertragliche Friedenspflicht

V. Mitbestimmung des Betriebsrats im Arbeitskampf

1. Nach dem Sachverhalt ist offen, ob der Betriebsrat beteiligt wurde. Nach § 102 Abs. 1 BetrVG ist er vor jeder Kündigung zu hören; eine ohne Anhörung des Betriebsrats erklärte Kündigung ist unwirksam. Das gilt nicht nur für die ordentliche, sondern auch für die außerordentliche Kündigung.

2. Problematisch ist, wie ein Arbeitskampf sich auf die Rechtsstellung des Betriebsrats auswirkt. Für die Betriebsverfassung bestimmt § 74 Abs. 2 Satz 1 BetrVG, daß Maßnahmen des Arbeitskampfes zwischen Arbeitgeber und Betriebsrat unzulässig sind. Dadurch wird die betriebsverfassungsrechtliche Friedenspflicht konkretisiert und zugleich festgelegt, daß die Betriebsverfassung nicht von einem *Konfrontationsmodell*, sondern von einem *Kooperationsmodell* beherrscht wird, also primär auf dem Gedanken des Zusammenwirkens beruht[53]. Das Arbeitskampfverbot richtet sich an den Arbeitgeber und den Betriebsrat in ihrer *betriebsverfassungsrechtlichen Funktion*. Es bedeutet lediglich, daß in der Betriebsverfassung der Arbeitskampf als *Rechtsinstitut* ausscheidet[54].

Das BetrVG enthält keine Bestimmung über die Rechtsstellung des Betriebsrats während eines Arbeitskampfes. Die Maßstäbe, die hier zu gelten haben, ergeben sich aber aus der Grundkonzeption der Betriebsverfassung. Der Betriebsrat wird nur gebildet, um die Mitbestimmung der Arbeitnehmer in der Betriebsverfassung zu verwirklichen. Er hat keine Funktion außerhalb dieses Bereichs. Schon aus diesem Grund ist er nicht berechtigt, sich an Maßnahmen eines Arbeitskampfes zu beteiligen, der von anderen Personen oder Verbänden gegen den Arbeitgeber geführt wird. Das betriebsverfassungsrechtliche Arbeitskampfverbot führt aber nicht zu einem Ausschluß oder einer Beschränkung der Beteiligungsrechte des Betriebsrats während eines Arbeitskampfes. § 74 Abs. 2 Satz 1 BetrVG verbietet lediglich, daß der Betriebsrat bei der Ausübung der Mitwirkungs- und Mitbestimmungsrechte seine Beteiligung von kampftaktischen Erwägungen abhängig macht und deshalb durch sein Verhalten Einfluß auf den Arbeitskampf nimmt.

---

nicht entgegensteht, berechtigt, eine Massenänderungskündigung als Kampfmaßnahme zu organisieren. Die Änderungskündigung des einzelnen Arbeitnehmers wird zwar in ihrer Wirksamkeit nicht dadurch in Frage gestellt, daß andere Arbeitnehmer mit ihrer Kündigung ein gleiches Regelungsziel verfolgen. Da aber eine Änderungskündigung nur dann die Funktion einer Kampfmaßnahme erhält, wenn sie als Massenänderungskündigung *organisiert* wird, ist entscheidend darauf abzustellen, *wer* das Recht hat, sie zu organisieren (vgl. dazu auch *Seiter*, Streikrecht [s. Fußn. 15], S. 420ff.). Nur die Gewerkschaft, nicht bereits eine *Koalitionsverabredung* kann sich an der Tarifautonomie beteiligen. Diese Einschränkung einer verbandsautonomen Gestaltung der Arbeitsbedingungen soll die Funktionsfähigkeit des Koalitionsverfahrens gewährleisten; denn „nur Koalitionen, die diese Aufgabe sinnvoll erfüllen können, kann der Staat an der Tarifautonomie teilnehmen lassen" (BVerfGE 18, 18 [28]). Damit wäre es unvereinbar, einer bloßen Koalitionsverabredung zu gestatten, einen Streik durch die Organisation von Massenänderungskündigungen zu führen. Vgl. dazu im einzelnen *Richardi*, Zulässigkeit des Streiks (s. Fußn. 12), S. 21ff.

53 Vgl. *Dietz-Richardi*, BetrVG, § 74 RdNr. 14.

54 Ebenso BAGE 28, 302 (306f.) = AP Nr. 52 zu Art. 9 GG Arbeitskampf, Bl. 2 R; vgl. auch *Dietz-Richardi*, BetrVG, § 74 RdNr. 15.

Der Arbeitskampf ist kein Grund, den Betriebsrat von der Ausübung der gesetzlich eingeräumten Beteiligungsrechte auszuschließen. Das Tarifvertragssystem mit arbeitskampfrechtlicher Konfliktlösung und die betriebsverfassungsrechtliche Mitbestimmungsordnung bestehen nebeneinander.

3. Der Grundsatz, daß die Funktionsfähigkeit des Betriebsrats während eines Arbeitskampfes gewahrt bleibt, bedeutet nicht, daß der Betriebsrat eine *Rechtsposition innerhalb des Arbeitskampfrechts* erlangt. Diese Erkenntnis ist wesentlich, um das Spannungsverhältnis zur Mitbestimmungsausübung während eines Arbeitskampfes zu klären. Kampfmaßnahmen, die das Arbeitskampfrecht dem Arbeitgeber einräumt, können nicht von einer Beteiligung des Betriebsrats abhängen. Das gilt auch, soweit man sie interpretatorisch unter einen betriebsverfassungsrechtlichen Mitbestimmungstatbestand subsumieren kann. Man kann den Arbeitgeber bei der Ausübung seiner Kampfrechte nicht der Kontrolle des Betriebsrats unterwerfen, ohne dadurch zugleich seine Rechtsstellung im Arbeitskampf einzuschränken. Das Arbeitskampfrecht soll das Verhandlungsgleichgewicht der Tarifvertragsparteien sichern, um die Funktionsfähigkeit der Tarifautonomie zu gewährleisten[55]. Kampfrechte haben deshalb ihre normative Grundlage im *Paritätsprinzip*. Sie bestehen als Angriffs- und Verteidigungswaffen nur insoweit, als sie geeignet, erforderlich und verhältnismäßig sind, um das Verhandlungsgleichgewicht in einer Tarifauseinandersetzung zu sichern oder herzustellen[56]. Diesen systematischen Zusammenhang berücksichtigt das BAG, wenn es eine *arbeitskampfkonforme Auslegung* der Beteiligungsrechte fordert[57].

Das BAG hat die Rechtsstellung des Arbeitgebers im Arbeitskampf nicht nur kollektivrechtlich ausgestaltet, sondern es hat auch auf individualrechtlicher Ebene Konsequenzen aus der Zulässigkeit des Arbeitskampfes gezogen. Deshalb hat der Arbeitgeber nicht nur das Recht zur Aussperrung, sondern er kann, wenn nach arbeitskampfrechtlichen Grundsätzen ein Streik rechtswidrig ist, auch eine außerordentliche Kündigung erklären. Der Sache nach handelt es sich also nicht nur um eine individualrechtliche Problematik, sondern entscheidend sind *kollektivrechtliche Zuordnungskriterien*, durch die festgelegt wird, daß individualrechtliche Sanktionsmittel eingesetzt werden können. Diese gehören deshalb ebenfalls, weil für sie arbeitskampfbedingte Gründe ausschlaggebend sind, zum System des Arbeitskampfrechts. Wenn der Arbeitgeber wegen Beteiligung an einem rechtswidrigen Streik eine außerordentliche Kündigung erklärt, handelt es sich also um eine *Kampfkündigung*, bei der eine Anhörung des Betriebsrats nach § 102 BetrVG entfällt.

Das BAG stellt dazu fest:

> „Im Hinblick auf die Konfrontation zwischen Arbeitnehmerschaft und Arbeitgeber infolge der Arbeitsniederlegung ist der Betriebsrat rechtlich gehindert, personelle Beteiligungsrechte bei Maßnahmen auszuüben, die der Arbeitgeber als Gegenmaßnahme auf eine rechtswidrige Arbeitsniederlegung trifft"[58].

---

55 Vgl. BAGE 33, 140 (150, 153 ff.) = AP Nr. 64 zu Art. 9 GG Arbeitskampf.
56 So BAGE 33, 140 (174 f.) = AP Nr. 64 zu Art. 9 GG Arbeitskampf, Bl. 14 V.
57 Vgl. BAGE 30, 50 (62).
58 BAGE 30, 50 (62).

4. Wenn wie im vorliegenden Fall der Betriebsrat nicht beteiligt wurde, ist dies deshalb für die Rechtswirksamkeit der außerordentlichen Kündigung unerheblich.

VI. Ergebnis

Das Arbeitsverhältnis mit Alois Huber ist durch die außerordentliche Kündigung wirksam aufgelöst worden. Seine Klage ist nicht begründet und wird deshalb abgewiesen.

Fall 11 **Arbeitskampf — Streik und tarifvertragliche Friedenspflicht — Sukzessivaussperrung — suspendierende oder lösende Aussperrung — Wiedereinstellungspflicht — Mutterschutz — Schwerbehindertenschutz**

Ausgangsfälle:

BAG vom 28. 1. 1955 — GS 1/54, BAGE 1, 291 = AP Nr. 1 zu Art. 9 GG Arbeitskampf = SAE 1956, 1 *(Nikisch)* = AR-Blattei Arbeitskampf II Entsch. 4 = JZ 1955, 386;

BAG vom 14. 10. 1960 — 1 AZR 233/58, BAGE 10, 88 = AP Nr. 10 zu Art. 9 GG Arbeitskampf *(Wieczorek/Gift)* = SAE 1961, 130 *(Herschel)*;

BAG vom 21. 4. 1971 — GS 1/68, BAGE 23, 292 = AP Nr. 43 zu Art. 9 GG Arbeitskampf = SAE 1972, 1 *(Richardi)* = EzA Art. 9 GG Nr. 6 = AR-Blattei Arbeitskampf I Entsch. 3 *(Löwisch)* = RdA 1971, 185;

BAG vom 26. 10. 1971 — 1 AZR 113/68, BAGE 23, 484 = AP Nr. 44 zu Art. 9 GG Arbeitskampf *(Richardi)* = SAE 1973, 33 *(Buchner)* = AuR 1972, 122 *(van Gelder)* = EzA Art. 9 GG Nr. 7 = AR-Blattei Arbeitskampf I Entsch. 4 *(Löwisch)* = RdA 1972, 55;

BAG vom 19. 6. 1973 — 1 AZR 521/72, BAGE 25, 226 = AP Nr. 47 zu Art. 9 GG Arbeitskampf = SAE 1975, 177 *(Richardi)* = EzA Art. 9 GG Nr. 8 = AR-Blattei Arbeitskampf I Entsch. 7 *(Löwisch)* = NJW 1973, 1994;

BAG vom 10. 6. 1980 — 1 AZR 822/79 und 1 AZR 168/79, BAGE 33, 140 und 185 = AP Nr. 64 und 65 zu Art. 9 GG Arbeitskampf *(Mayer-Maly)* = EzA Art. 9 GG Arbeitskampf Nr. 37 und 36 *(Rüthers)* = SAE 1980, 287 und 273 *(Kraft)* = AR-Blattei Arbeitskampf III Entsch. 6 und 7 *(Löwisch/Mikosch)*.

Am 11. 10. 1982 brach in den Betrieben der Firma Kunststoffpreß-GmbH ein von der IG Chemie-Papier-Keramik beschlossener Streik aus. Die Arbeitnehmer kündigten nicht und hielten bei der Arbeitsniederlegung auch keine Kündigungsfrist ein. Der Streik sollte die GmbH, die Mitglied des Unternehmerverbandes Kunststoffverarbeitende Industrie Rheinland-Pfalz e.V. ist, zum Abschluß eines Firmentarifvertrags zwingen. Die GmbH, die einen Tarifvertrag für die Angestellten bereits mit der Deutschen Angestellten-Gewerkschaft (DAG) abgeschlossen hatte, richtete daraufhin an fast alle Arbeitnehmer ein Schreiben, das im wesentlichen folgendermaßen abgefaßt war: „In Abwehr des gegen meinen Betrieb gerichteten Streiks wird Ihr Arbeitsverhältnis hiermit fristlos gelöst". Diese Mitteilung erhielten sechs Arbeitnehmer am 12. 10. 1982, zwölf Arbeitnehmer am 13. 10. 1982, achtzehn Arbeitnehmer am 14. 10. 1982 und vierundzwanzig Arbeitnehmer am 15. 10. 1982, unter ihnen auch der Schwerbehinderte Alois Besenreiter sowie der Buchhalter Franz Feueröcher und die Stenokontoristin Rosa Hausotter, die sich am Streik überhaupt nicht beteiligt hatte, weil sie bereits im neunten Monat schwanger war. Am 29. 10. 1982 brach der Streik zusammen. Eine tarifvertragliche Wiedereinstellungsklausel wurde nicht vereinbart.

Alois Besenreiter, Franz Feueröcher und Rosa Hausotter sind der Auffassung, daß ihr Arbeitsverhältnis nicht fristlos gelöst werden konnte. Sie verlangen Wiedereinstellung.

LÖSUNG

I. Außerordentliche Kündigung des Arbeitsverhältnisses

1. Sofern die Erklärung der Kunststoffpreß-GmbH eine *außerordentliche Kündigung* des Arbeitsverhältnisses darstellt, muß nach § 626 Abs. 1 BGB ein wichtiger Grund die fristlose Entlassung der Arbeitnehmer rechtfertigen. Aber auch wenn ein wichtiger Grund vorliegt, besteht zugunsten einer schwangeren Arbeitnehmerin das Kündigungsverbot des § 9 MuSchG. Es bezieht sich nicht nur auf ordentliche Kündigungen[1]. Das Arbeitsverhältnis der Rosa Hausotter wurde deshalb nicht durch eine außerordentliche Kündigung aufgelöst.

2. Gleiches gilt für die außerordentliche Kündigung gegenüber einem *Schwerbehinderten*. Nach § 12 i.V. mit § 18 Abs. 1 SchwbG bedarf nicht nur die ordentliche, sondern auch die außerordentliche Kündigung des Arbeitsverhältnisses eines Schwerbehinderten der *vorherigen Zustimmung* der Hauptfürsorgestelle. Diese soll sie zwar erteilen, wenn die Kündigung aus einem Grund erfolgt, der nicht im Zusammenhang mit der Schwerbehinderung steht (§ 18 Abs. 4 SchwbG). Für die Kündigung ist aber die Zustimmung eine *Wirksamkeitsvoraussetzung*, so daß es nicht darauf ankommt, ob die Hauptfürsorgestelle sie zu erteilen hat, sondern ausschließlich darauf, ob sie vorliegt. Wenn allerdings bei einer außerordentlichen Kündigung die Hauptfürsorgestelle auf einen Antrag des Arbeitgebers nicht die Entscheidung innerhalb von zehn Tagen vom Tage des Eingangs des Antrags an trifft, so gilt nach Ablauf dieser Frist die Zustimmung als erteilt. Selbst wenn die Kunststoffpreß-GmbH den

1 BAGE 2, 233 (237) = AP Nr. 4 zu § 9 MuSchG, Bl. 2 R.

Antrag gestellt hätte, war die Zehntagesfrist aber noch nicht abgelaufen, als Alois Besenreiter das Schreiben erhielt. Deshalb ist sein Arbeitsverhältnis nicht durch eine außerordentliche Kündigung aufgelöst.

3. Der Buchhalter Franz Feueröcher hat dagegen keinen besonderen Kündigungsschutz. Ob ihm gegenüber eine außerordentliche Kündigung in Betracht kommt, hängt deshalb ausschließlich davon ab, ob die Beteiligung am Streik für den Arbeitgeber einen wichtigen Grund zur fristlosen Auflösung des Arbeitsverhältnisses darstellt.

II. Streikbeteiligung und Arbeitsverhältnis

1. Nach der Rechtsprechung des BAG ist die Arbeitsniederlegung kein Arbeitsvertragsbruch, wenn der Arbeitnehmer sich an einem gewerkschaftlichen Streik im Rahmen einer Tarifauseinandersetzung beteiligt[2].

2. Sie ist mit dem Pflichtenkreis aus dem Einzelarbeitsverhältnis nur vereinbar, wenn eine Gewerkschaft den Streik führt. Wirksamkeitsvoraussetzung ist deshalb, daß die Gewerkschaft den Streik beschlossen hat; denn die Privilegierung der Arbeitsniederlegung dient der Tarifautonomie[3].

3. Folgt man der Konzeption des BAG, so ist weiterhin Voraussetzung, daß der Streik *legitim* ist. Da der Gesetzgeber bisher nicht geregelt hat, unter welchen Voraussetzungen ein Arbeitskampf rechtlich zulässig ist, hat der Große Senat des BAG in seinem Beschluß vom 21. 4. 1971 Leitlinien gegeben, die als „gesetzesvertretendes Richterrecht" heranzuziehen sind[4]:

> „Arbeitskämpfe müssen zwar nach unserem freiheitlichen Tarifvertragssystem möglich sein, um Interessenkonflikte über Arbeits- und Wirtschaftsbedingungen im äußersten Fall austragen und ausgleichen zu können. In unserer verflochtenen und wechselseitig abhängigen Gesellschaft berühren aber Streik wie Aussperrung nicht nur die am Arbeitskampf unmittelbar Beteiligten, sondern auch Nichtstreikende und sonstige Dritte sowie die Allgemeinheit vielfach nachhaltig. Arbeitskämpfe müssen deshalb unter dem obersten Gebot der *Verhältnismäßigkeit* stehen. Dabei sind die wirtschaftlichen Gegebenheiten zu berücksichtigen, und das Gemeinwohl darf nicht offensichtlich verletzt werden"[5].

Mit dem Grundsatz der Verhältnismäßigkeit wird das Prinzip genannt, das den weiteren Ausbau des Arbeitskampfrechts beherrschen soll. Nach Ansicht des Großen Senats ist vor allem die *Zweck-Mittel-Relation* der entscheidende Gesichtspunkt. Dabei geht es aber nicht bloß darum, ob zur Erreichung eines bestimmten Zweckes ein Mittel in Relation steht, sondern vorgelagert ist die Beantwortung der Frage, ob das Mittel *geeignet* und *erforderlich* ist, um diesen Zweck zu erreichen[6]. Soweit der Große Senat in diesem Zusammenhang

---

2 Vgl. Fall 10 — S. 111 ff.
3 Vgl. Fall 10 — S. 116 f.
4 BAGE 23, 292 ff.
5 BAGE 23, 292 (306) — Hervorhebung vom Verfasser.
6 Vgl. auch *Löwisch*, ZfA 1971, 319 (321).

verlangt, daß das Gemeinwohl nicht offensichtlich verletzt werden darf, ist nicht an eine Gemeinwohlbindung als *Schranke der Tarifautonomie* gedacht. Eine Kontrolle über die Tarifautonomie wird nämlich nicht ausgeübt. Die Tarifpartner bestimmen selbst, ob ihre Forderungen mit dem Gemeinwohl zu vereinbaren sind. Man geht gerade bei der Tarifautonomie davon aus, daß das Gemeinwohl nicht von oben her festgelegt werden kann, sondern sich von selbst ergibt, wenn die Tarifvertragsparteien ihre Aufgaben kraft freier Entscheidung wahrnehmen, sofern sie dabei die Spielregeln beachten. Die Wahrung des Gemeinwohls ist also dem antagonistischen Zusammenwirken der Sozialpartner anvertraut. Die Gemeinwohlbindung bezieht sich daher *nicht* auf den *materiellen Interessenausgleich*, der im Rahmen der Tarifautonomie zustande kommt, sondern sie bezieht sich auf das *Verfahren*, das die Sozialpartner wahren müssen, um zu dem Interessenausgleich zu kommen. Für den Arbeitskampf sind daher Regeln zu schaffen, durch deren Beachtung die Tarifvertragsparteien das Gemeinwohl nicht offensichtlich verletzen.

4. Der von einer Gewerkschaft geführte Streik ist legitim, wenn er um den Abschluß eines Tarifvertrags geführt wird und die ultima ratio darstellt[7]. Voraussetzung ist deshalb, daß die Forderung der Gewerkschaft, um derentwillen ein Streik geführt werden soll, *möglicher Inhalt eines Tarifvertrags* sein kann[8]. Aber auch wenn eine Kampfforderung nicht Gegenstand eines Tarifvertrags sein kann, ergibt sich daraus nicht ohne weiteres, daß der Streik insgesamt rechtswidrig ist. Man darf sich also nicht von einer *Rührei-Theorie*[9] leiten lassen, nach der für die Rechtswidrigkeit eines Streiks bereits genügt, wenn von mehreren Kampfzielen auch nur ein Kampfziel rechtswidrig ist, ebenso wie, um im Bild zu bleiben, ein schlechtes Ei ausreicht, um das ganze Rührei zu verderben. Außerdem hat das BAG zwei Vermutungen aufgestellt:

> „1. Führt eine Gewerkschaft einen Streik um die Regelung von Arbeits- und Wirtschaftsbedingungen, so besteht eine Vermutung dafür, daß dieser Streik rechtmäßig ist.
>
> 2. Es besteht eine Vermutung dafür, daß ein von einer Gewerkschaft geführter Streik die Regelung von Arbeits- und Wirtschaftsbedingungen zum Gegenstand hat“[10].

Deshalb ist hier davon auszugehen, daß keine Kampfforderung erhoben wurde, die nicht Gegenstand eines Tarifvertrags sein kann[11]. Keine Rolle spielt, daß ein Tarifvertrag bereits mit einer anderen Gewerkschaft besteht; denn wegen des Erfordernisses der beiderseitigen Tarifgebundenheit nach §§ 3 Abs. 1, 4 Abs. 1 Satz 1 TVG gilt der mit der DAG abgeschlossene Tarifvertrag

---

7 Vgl. zur Bedeutung des ultima-ratio-Prinzips für die Tarifautonomie *Picker*, RdA 1982, 331 ff.

8 Vgl. BAGE 23, 484 (502); BAGE 30, 189 = AP Nr. 62 zu Art. 9 GG Arbeitskampf.

9 Der Ausdruck stammt von *Reuß*, AuR 1966, 33.

10 BAGE 25, 226 (233 f.).

11 Vgl. zum Risiko bei der Durchsetzung einer neuartigen tariflichen Regelung, wenn über deren rechtliche Zulässigkeit noch keine höchstrichterlichen Entscheidungen vorliegen und in der Rechtswissenschaft unterschiedliche Auffassungen mit jeweils guten Gründen vertreten werden, BAGE 30, 189 = AP Nr. 62 zu Art. 9 GG Arbeitskampf.

nicht für die Mitglieder der IG Chemie-Papier-Keramik. Im übrigen besteht die Tarifzuständigkeit der DAG auch nur für die Arbeitsverhältnisse der Angestellten, so daß die Arbeitsverhältnisse der Arbeiter nicht einmal vom Geltungsbereich dieses Tarifvertrags erfaßt sein können[12].

5. Voraussetzung für die Rechtmäßigkeit des Streiks ist weiterhin, daß er nicht gegen die *Friedenspflicht* aus einem geltenden Tarifvertrag verstößt[13]; denn jeder Tarifvertrag entfaltet neben seiner Gestaltungsfunktion eine Friedensfunktion[14]. Die Friedenspflicht besteht auch ohne besondere Vereinbarung; denn sie ist nichts anderes als eine besondere Ausprägung des Grundsatzes *pacta sunt servanda*: Während der Geltungsdauer eines Tarifvertrags darf kein Arbeitskampf um einen *bereits geregelten Gegenstand* geführt werden (relative Friedenspflicht). Falls ein Tarifvertrag zwischen der IG Chemie-Papier-Keramik und dem Unternehmerverband Kunststoffverarbeitende Industrie Rheinland-Pfalz bestehen sollte, stellt sich deshalb das Problem, ob der Streik um den Abschluß eines Firmentarifvertrags gegen die relative Friedenspflicht aus dem Verbandstarifvertrag verstößt. Die Friedenspflicht gehört zwar nicht zum normativen, sondern nur zum schuldrechtlichen Teil des Tarifvertrags. Der Tarifvertrag ist aber insoweit ein Vertrag zugunsten Dritter[15]. Die Friedenspflicht schützt also auch die tarifgebundenen Mitglieder der Tarifvertragsparteien. Regelt ein Verbandstarifvertrag bereits den Kampfgegenstand, so verletzt die Gewerkschaft ihre Friedenspflicht aus dem Verbandstarifvertrag, wenn sie während seiner Geltungsdauer gegen einen tarifgebundenen Arbeitgeber Kampfmaßnahmen ergreift, um den Abschluß eines Firmentarifvertrags zu erzwingen. Ein Streik mit einem derartigen Ziel ist tarifwidrig und deshalb nicht legitim.

Da der Sachverhalt keinen Hinweis enthält, ist davon auszugehen, daß kein Verbandstarifvertrag besteht. Der Streik ist deshalb legitim. Durch die Streikbeteiligung der einzelnen Arbeitnehmer werden die Rechte und Pflichten aus dem Arbeitsverhältnis suspendiert. Die Arbeitsniederlegung ist daher kein wichtiger Grund, der eine außerordentliche Kündigung rechtfertigt. Eine Lösung der Arbeitsverhältnisse kann deshalb nur kollektivrechtlich auf Grund einer Aussperrung erfolgt sein.

III. Recht zur Aussperrung

1. Die Aussperrung ist die von einem oder mehreren Arbeitgebern planmäßig vorgenommene Nichtzulassung einer Gruppe von Arbeitnehmern zur Arbeits-

---

12 Vgl. zur Tarifzuständigkeit BAGE 16, 329ff. = AP Nr. 1 zu § 2 TVG Tarifzuständigkeit; BAGE 22, 296ff. = AP Nr. 3 zu § 2 TVG Tarifzuständigkeit.

13 Vgl. BAG AP Nr. 3 zu § 1 TVG Friedenspflicht, Bl. 2 R. Dem aufmerksamen Leser wird auffallen, daß nach dieser Entscheidung offenbar nicht jeder „sozialadäquate" Streik legitim ist, während in BAGE 1, 291 (300, 306f.) die Sozialadäquanz davon abhängig gemacht wird, daß der Streik legitim ist.

14 Vgl. dazu *Hueck-Nipperdey*, Grundriß, S. 216ff.; *Söllner*, S. 80f.

15 BAG AP Nr. 4 zu § 1 TVG Friedenspflicht.

leistung bei Verweigerung der Lohnzahlung, um dadurch ein bestimmtes Ziel zu erreichen[16]. Die Aussperrung ist das dem Streik der Arbeitnehmer vergleichbare Kampfmittel der Arbeitgeberseite.

Die Kunststoffpreß-GmbH erklärt in ihren Schreiben an die einzelnen Arbeitnehmer, daß sie die Arbeitsverhältnisse in Abwehr des gegen ihren Betrieb gerichteten Streiks auflöse. Sie stützt die fristlosen Entlassungen nicht auf Umstände, die bei jedem einzelnen Arbeitnehmer unterschiedlich sein können, sondern sie trifft mit ihnen eine Maßnahme gegen den Streik. Es liegt also eine *Abwehraussperrung* vor. Dabei spielt es keine Rolle, daß die Arbeitsverhältnisse nicht durch eine Handlung zum gleichen Zeitpunkt aufgelöst werden.

> „Die Aussperrung kann vielmehr auch sukzessiv, zeitlich nacheinander in einem angemessenen Zeitraum, durchgeführt werden, wenn nur die einzelnen Maßnahmen eindeutig erkennen lassen, daß sie auf einem einheitlichen Kampfentschluß beruhend planmäßig in Ausführung des Entschlusses erfolgen"[17].

Die Kunststoffpreß-GmbH hat also eine sukzessiv durchgeführte Abwehraussperrung vorgenommen.

2. Bis zur Entscheidung des Großen Senats des BAG vom 28. 1. 1955 bestand für die Aussperrung keine besondere rechtliche Regelung. Das bürgerliche Recht steht wegen seiner individualrechtlichen Struktur dem Phänomen des Arbeitskampfes blind gegenüber; Streik und Aussperrung waren an die Schranken des Individualrechts gebunden[18]. Der Arbeitgeber konnte sich deshalb von seinen Pflichten gegenüber den Arbeitnehmern nur durch eine Kündigung der einzelnen Arbeitsverhältnisse befreien. Von diesem Modell geht noch § 25 KSchG aus[19]. Bei einem Streik, an dem die Arbeitnehmer sich ohne fristgemäße Kündigung beteiligen, konnte der Arbeitgeber aber die Arbeitsverhältnisse fristlos durch eine außerordentliche Kündigung auflösen.

Diese Möglichkeit entfällt jedoch, seitdem das BAG die Beteiligung an einem legitimen Streik nicht mehr individualrechtlich als Vertragsbruch bewertet. Dem Arbeitgeber bliebe daher als Abwehrmaßnahme nur die ordentliche Kündigung, um die Arbeitsverhältnisse aufzulösen. Diese Kampfkündigung wäre von den Vorschriften des KSchG befreit, wie sich aus § 25 KSchG ergibt.

Der Große Senat des BAG war in dem Beschluß vom 28. 1. 1955 der Meinung, daß durch die von ihm vorgenommene neue Bewertung des Streikgeschehens das Prinzip der *Kampfparität* verletzt wird, wenn den bestreikten Arbeitgebern dadurch das Recht der fristlosen Lösung der Arbeitsverhältnisse als Abwehrkampfmaßnahme genommen wird.

---

16 Vgl. BAGE 10, 88 (92); *Hueck-Nipperdey*, Bd. II/2, S. 900; *Brox-Rüthers*, Arbeitskampfrecht, 2. Aufl. (1982), RdNr. 45, S. 21. Bestritten ist, ob der Wille zur Wiedereinstellung nach Beendigung des Arbeitskampfes begriffsnotwendig zur Aussperrung gehört; so BAG, aaO.; ablehnend *Brox-Rüthers*, aaO., RdNr. 49, S. 22.

17 BAGE 10, 88 (92); kritisch *Ramm*, JZ 1961, 273 (276).

18 Vgl. Fall 10 — S. 111.

19 Vgl. *Seiter*, Streikrecht und Aussperrungsrecht (1975), S. 319ff.

„Die Anerkennung des Arbeitskampfes, das Prinzip der Neutralität und der Gleichheitsgrundsatz des Art. 3 GG verbieten es dem Staat, d.h. seiner Gesetzgebung, seiner Verwaltung und Rechtsprechung, die Kampfmittel der beiden Sozialpartner ungleichmäßig zu behandeln. Es gilt der Grundsatz der Waffengleichheit, der Kampfparität"[20].

Das BAG ging davon aus, daß weiterhin der Grundsatz der *Kampffreiheit* besteht.

„Dabei darf jede Gruppe in den Grenzen des legitimen Kampfes das ihr gemäße, historisch überkommene, der Natur der Sache entsprechende Kampfmittel wählen"[21].

Der Große Senat kam jedoch aus denselben Gründen wie beim Streik zu einer rechtlichen Neubewertung der Aussperrung. Auch sie sei *Kollektivakt* und deshalb als einheitliche Größe nur *kollektivrechtlich* zu erfassen.

„So wie beim Streik die Verpflichtung zur Arbeitsleistung die Arbeitnehmer nicht an der sofortigen Arbeitsniederlegung hindert, so stehen auch bei der Aussperrung weder die Regeln über die ordentliche Kündigung und die Kündigungsfristen, noch die Bestimmungen über die fristlose Entlassung, noch § 615 BGB der sofortigen Ausschließung von der Arbeit entgegen. Diese rechtliche Beurteilung allein wird auch dem Prinzip der Kampfparität gerecht"[22].

Bei der Rechtsfolgenbestimmung hielt der Große Senat aber daran fest, „daß das Kampfmittel der Aussperrung in Deutschland von jeher *Lösung* der Arbeitsverhältnisse gewesen ist und sich historisch so entwickelt hat, wenn auch entsprechend der bisherigen individualrechtlichen Meinung in der Form der Kündigung"[23]. Er kam deshalb, weil er das Kampfrisiko nicht wesentlich anders verteilen wollte als nach der bisherigen rechtlichen Bewertung des Arbeitskampfproblems, für die Aussperrung zu dem folgenden Ergebnis:

„Der von einer Gewerkschaft ohne fristgemäße Kündigung der Arbeitsverhältnisse durchgeführte Streik um die Arbeitsbedingungen berechtigt die bestreikten Arbeitgeber, im Wege der kollektiven Abwehraussperrung die Arbeitsverhältnisse der streikenden Arbeitnehmer fristlos zu lösen"[24].

Damit war die Aussperrung als ein *Rechtsinstitut der Arbeitsverfassung* anerkannt: Die mit dem Ziel der Lösung der Arbeitsverhältnisse vorgenommene Aussperrung ist ein *Lösungstatbestand eigener Art*, der nicht den Regeln des Kündigungsrechts und des Kündigungsschutzrechts unterliegt.

3. Die Feststellung im Beschluß des Großen Senats des BAG vom 28. 1. 1955 bezog sich auf eine Aussperrung *streikender* Arbeitnehmer. Keine unmittelbare Stellungnahme enthielt er zu der Frage, ob auch *arbeitswillige* Arbeitnehmer ausgesperrt werden können. Man ging jedoch davon aus, daß der Aussperrung als Kollektivmaßnahme insoweit keine Grenzen gezogen sind[25].

---

20 BAGE 1, 291 (308).
21 BAGE 1, 291 (309).
22 BAGE 1, 291 (310).
23 BAGE 1, 291 (310).
24 BAGE 1, 291 (292 – 6. Leitsatz).
25 Vgl. insbesondere BAGE 14, 52 = AP Nr. 24 zu Art. 9 GG Arbeitskampf.

Bedenken richten sich vor allem gegen die vom BAG angenommene Lösungstheorie; sie wurde überwiegend abgelehnt: Aus dem Grundsatz der Kampfparität hat man teilweise ableiten wollen, daß die Kampfmittel als solche gleich sein müßten und nur dieselbe Rechtswirkung haben könnten[26]. Deshalb sollte eine Aussperrung stets nur *suspendierenden* Charakter haben[27]. Allerdings wurde daraus nicht die Konsequenz gezogen, daß der Arbeitgeber nach Beendigung eines Arbeitskampfes alle ausgesperrten Arbeitnehmer weiterbeschäftigen muß[28]. Vom Standpunkt der Suspendierungstheorie aus wurde vielmehr lediglich ein *zusätzlicher Gestaltungsakt* des Arbeitgebers für erforderlich gehalten, wenn der ausgesperrte Arbeitnehmer nach Beendigung des Arbeitskampfes nicht mehr beschäftigt werden kann, wobei streitig war, ob der Arbeitgeber eine außerordentliche Kündigung aus wichtigem Grund[29] oder lediglich eine ordentliche Kündigung unter Wahrung der Kündigungsfristen erklären kann[30] und ob eine derartige ordentliche Kündigung als Kampfkündigung nach § 25 KSchG von den Schranken des allgemeinen, aber nicht des besonderen Kündigungsschutzes befreit ist[31] oder ob diese Kündigung zwar unter das Kündigungsschutzgesetz fällt, aber stets sozial gerechtfertigt ist, wenn der Arbeitsplatz im Arbeitskampf weggefallen ist[32], oder nur dann, wenn er nicht durch Neueinstellungen, sondern durch Rationalisierungsmaßnahmen im Betrieb während des Arbeitskampfes weggefallen ist[33].

4. Der Große Senat des BAG hat in dem grundlegenden Beschluß vom 21. 4. 1971 seine Rechtsgrundsätze zur Aussperrung *abgeändert* und *fortentwickelt*. Er stellt fest, daß im Rahmen des Prinzips der *Verhältnismäßigkeit* nicht nur Streiks der Arbeitnehmer, sondern auch Aussperrungen als Kampfmaßnahme der Arbeitgeber zulässig seien.

> „Könnte die eine Seite, nämlich die Arbeitnehmerschaft, vertreten durch die Gewerkschaft, allein das Kampfgeschehen bestimmen und wäre der Arbeitgeber auf ein Dulden und Durchstehenmüssen des Arbeitskampfes beschränkt, so bestünde die Gefahr, daß die Regelung der Arbeitsbedingungen nicht mehr auf einem System freier Vereinbarungen beruht, das Voraussetzung für ein Funktionieren und innerer Grund des Tarifvertragssystems ist. Vorbehaltlich der konkreten, insbesondere auch der wechselnden wirtschaftlichen Situation, die vorgegeben ist, muß im Prinzip sichergestellt sein, daß nicht eine Tarifvertragspartei der anderen von vornherein ihren Willen aufzwingen kann, sondern daß möglichst gleiche Verhandlungschancen bestehen. Auf andere Weise kann die Tarifautonomie unter Ausschluß der staatlichen Zwangsschlichtung nicht funktionieren"[34].

---

26 Vgl. vor allem *Reuß*, AuR 1963, 225 (228).

27 Vgl. *Reuß*, AuR 1963, 225 ff.; *ders.*, AuR 1964, 97 ff.; *ders.*, JZ 1965, 233 ff.; *ders.*, AuR 1969, 129 ff., 205 ff.; *Rüthers*, AuR 1967, 129 (134 f.); *ders.*, DB 1969, 967 ff.; *Söllner*, DB 1969, 838 f.; so auch noch *Brox-Rüthers*, Arbeitskampfrecht (s. Fußn. 16), RdNr. 205 f., S. 127 ff.

28 Vgl. dazu *Beuthien*, JZ 1969, 629 ff.

29 *Brox-Rüthers*, Arbeitskampfrecht (1965), S. 226 ff.; *Rüthers*, DB 1969, 967 (972); *Söllner*, DB 1969, 838 (839); weiterhin *Zeuner*, JZ 1962, 425 (427 f.); *Fabricius*, RdA 1962, 94 (99); *Evers*, Arbeitskampffreiheit, Neutralität, Waffengleichheit und Aussperrung (1969), S. 62 f.

30 *Bertele*, Rechtsnatur und Rechtsfolgen der Aussperrung (1960), S. 121 ff.; *Reuß*, AuR 1969, 129 (133 f.); *Kunze*, AuR 1969, 289 ff.; *Beuthien*, JZ 1969, 629 (630); *van Gelder*, DB 1970, 204 (205 ff.).

31 So *Bertele* (s. Fußn. 30), S. 121 ff.; *Säcker*, DB 1969, 1890, 1940 (1944).

32 So wohl *van Gelder*, DB 1970, 204 (207 f.).

33 *Kunze*, AuR 1969, 289 (290 f.); ähnlich wohl *Beuthien*, JZ 1969, 629 (630).

34 BAGE 23, 292 (308).

a) Damit bleibt die *Kampfparität* der maßgebliche Rechtsgrundsatz für das Arbeitskampfrecht[35]. Für die Funktionsfähigkeit des Tarifvertragssystems ist nämlich von ausschlaggebender Bedeutung, daß zwischen den Tarifvertragsparteien ein *Verhandlungsgleichgewicht* besteht. Nur wenn es vorhanden ist, kann der Tarifvertrag seine Funktion erfüllen und entspricht dem Gedanken der *Vertragsgerechtigkeit*. Im Schrifttum wird die Kampfparität als Rechtsgrundsatz manchmal abgelehnt, weil Streik und Aussperrung sich tatsächlich verschieden auf Arbeitgeber und Arbeitnehmer auswirken. Eine Aussperrung soll unzulässig sein; denn ihr Ziel sei, die alte Disparität zwischen Arbeitgeber und Arbeitnehmer wiederherzustellen, während durch die Anerkennung des Streikrechts das durch das wirtschaftliche Übergewicht der Arbeitgeber bestimmte Machtverhältnis zu den Arbeitnehmern ausbalanciert werde[36]. Dabei wird übersehen, daß zwar im Verhältnis zwischen Arbeitgeber und Arbeitnehmer das Fehlen der Gleichgewichtslage durch das Recht ausgeglichen werden muß, daß aber gerade dort, wo in Ausführung dieses Rechtsgedankens die kollektive Gestaltung der Arbeitsbedingungen zugelassen wird, die Rechtsordnung von einem Gleichgewicht der Kräfte ausgehen muß. Die Kampfparität ist also ein *normatives Prinzip*, soweit der Arbeitskampf zur Lösung von Tarifkonflikten dient[37]. Wie der Streik um den Abschluß eines Tarifvertrags muß daher auch die Aussperrung als Kampfmaßnahme zulässig sein, soweit sie *instrumental* im Rahmen der *Tarifautonomie* eingesetzt wird.

b) Der Große Senat geht weiterhin wie in seinem Beschluß vom 28. 1. 1955 vom Grundsatz der *Kampffreiheit* aus. Die Gewerkschaft braucht nicht allen Arbeitnehmern im Kampfgebiet den Streikbefehl zu erteilen. Sie kann vielmehr die Arbeitsniederlegung auf wenige Arbeitnehmer beschränken, wenn sie meint, daß der dadurch ausgeübte Druck ausreicht, um ihr Ziel zu erreichen. Teil- und Schwerpunktstreiks sind zulässig. Dadurch kann sich das Verhandlungsgleichgewicht zu Lasten der Arbeitgeber verschieben, wenn sie nicht in der Lage sind, den Arbeitskampfrahmen zu korrigieren. Deshalb hat der Große Senat ausdrücklich anerkannt, daß auch die Aussperrung arbeitswilliger Arbeitnehmer, seien sie nun gewerkschaftlich organisiert oder nicht, grundsätzlich zulässig ist[38].

5. a) Der Erste Senat des BAG hat in den Urteilen vom 10. 6. 1980 die Zulässigkeit der Abwehraussperrung bestätigt, ihren Umfang gegenüber einem Angriffsstreik aber beschränkt[39]. Er fordert eine *materielle Paritätsbetrachtung*. Von den Befürwortern eines Aussperrungsverbots wurde geltend gemacht, daß bei einer sozio-ökonomischen Gesamtbetrachtung die Arbeitnehmerseite stets unterlegen sei und daher der Grundsatz der materiellen Parität zu einer generellen Unzulässigkeit der Aussperrung führen müsse[40]. Der Erste Senat

---

35 Vgl. auch *Richardi*, RdA 1971, 334 (336f.); *Scheuner*, RdA 1971, 327 (332f.).

36 Vgl. vor allem *Däubler*, Legalität und Legitimität der Aussperrung (1979), S. 5ff.; *Kittner*, Verbot der Aussperrung, o. J. (1979), S. 22ff.; *Musa*, RdA 1971, 346ff.

37 Vgl. *Richardi*, NJW 1978, 2057 (2061).

38 BAGE 23, 292 (309f.).

39 BAGE 33, 140 (162ff.) und 185 (192ff.).

40 Vgl. die Angaben in Fußn. 36.

hat dieser Argumentation entgegengehalten, „daß sie von der Gesetzgebung und der Rechtsprechung schlechthin unmögliches verlangen würde"; denn „die vielfältigen politischen, wirtschaftlichen und sozialen Gestaltungsmöglichkeiten entziehen sich weitgehend der Erfassung und vor allem einer vergleichenden Bewertung"[41]. Deshalb geht es nach Meinung des Ersten Senats auch „nur um eine *tarifbezogene Parität*"[42]. Die Notwendigkeit des Aussperrungsrechts sei bei ihr aber nicht aus dem Gesichtspunkt abzuleiten, die angreifende Gewerkschaft könne durch die Abgrenzung des Kampfrahmens bei einem Minimum an Aufwand ein Maximum an Schaden verursachen, indem sie die Verflochtenheit der Wirtschaft geschickt ausnutze; dieser Einwand vernachlässige die Verteilung des Betriebsrisikos bei Arbeitskämpfen, nach der alle Arbeitnehmer, die als Folge eines Teilstreiks nicht beschäftigt werden können — sei es aus technischen, sei es aus wirtschaftlichen Gründen —, ihre Beschäftigungs- und Lohnansprüche verlieren *(Arbeitskampfrisiko)*[43]. Der einzige Gesichtspunkt, weshalb der Erste Senat die Abwehraussperrung anerkennt, ist die ungleiche Lastenverteilung eines Teilstreiks für die Arbeitgeberseite[44]. Durch sie werde der konkurrenzbedingte Interessengegensatz der Arbeitgeber verschärft und damit die für Verbandstarifverträge notwendige *Solidarität der Verbandsmitglieder* nachhaltig gestört. Die Verbandssolidarität sei aber wegen der Erforderlichkeit von Druck und Gegendruck auch für die Arbeitgeberseite unerläßlich.

b) Zur Wahrung der Verbandssolidarität hält der Erste Senat des BAG für ausreichend, daß Abwehraussperrungen gegenüber einem Angriffsstreik nur begrenzt zulässig sind. Mit der Begründung aus der Kampfparität hat er den Grundsatz der Verhältnismäßigkeit für die Zulässigkeit einer Abwehraussperrung arbeitswilliger Arbeitnehmer durch zwei Schranken konkretisiert:

1. Das Tarifgebiet ist regelmäßig die angemessene Grenze des Kampfgebiets[45]. Zur Begründung sagt der Erste Senat:

> „Kommt es zur Auseinandersetzung um die gewerkschaftliche Forderung eines Verbandstarifvertrages, so ist für den angegriffenen Arbeitgeberverband die Solidarität seiner Mitgliedsunternehmen im Tarifgebiet erforderlich, aber auch ausreichend".

2. Innerhalb des Kampfgebiets darf die streikführende Gewerkschaft zwar alle Arbeitnehmer zum Streik aufrufen, der Arbeitgeberverband zur Abwehr eines Teilstreiks aber nur zahlenmäßig begrenzt Arbeitnehmer des Tarifgebiets in den Aussperrungsbeschluß einbeziehen:

> „Wenn durch einen Streikbeschluß weniger als ein Viertel der Arbeitnehmer des Tarifgebiets zur Arbeitsniederlegung aufgefordert werden, so handelt es sich um einen eng geführten Teilstreik, bei dem die beschriebenen Belastungen für die

---

41 BAGE 33, 140 (165).
42 BAGE 33, 140 (166) — Hervorhebung vom Verfasser.
43 BAGE 33, 140 (171); vgl. dazu auch BAGE 34, 331 = AP Nr. 70 zu Art. 9 GG Arbeitskampf; s. auch Fall 3 — S. 37 ff.
44 Vgl. BAGE 33, 140 (172 f.).
45 BAGE 33, 185 (193).

> Solidarität der Arbeitgeber und damit eine Verschiebung des Kräftegleichgewichts anzunehmen ist. Hier muß die Arbeitgeberseite den Kampfrahmen erweitern können, wobei eine Ausdehnung um 25 Prozent der betroffenen Arbeitnehmer nicht unproportional erscheint. Eine weitergehende Reaktion wird regelmäßig nicht proportional sein. Werden mehr als ein Viertel der Arbeitnehmer des Tarifgebiets zum Streik aufgerufen, ist das Bedürfnis der Arbeitgeber zur Erweiterung des Kampfrahmens entsprechend geringer. Insgesamt scheint nach dem Eindruck des Senats manches dafür zu sprechen, daß eine Störung der Kampfparität nicht mehr zu befürchten ist, wenn etwa die Hälfte der Arbeitnehmer eines Tarifgebiets entweder zum Streik aufgerufen werden oder von einem Aussperrungsbeschluß betroffen sind"[46].

Für die Aussperrung soll also eine *Zahlenbegrenzung* gelten, die umgekehrt proportional zur Zahl der streikenden Arbeitnehmer gestaltet ist, jedoch nicht ein Viertel der Arbeitnehmer des Tarifgebiets überschreiten darf und nach allerdings nicht abschließender Festlegung durch den Ersten Senat zu einem *Aussperrungsverbot* führt, wenn die Hälfte der Arbeitnehmer eines Tarifgebiets den Streikbefehl erhalten hat oder von einem Aussperrungsbeschluß betroffen ist.

c) Aussperrungsmaßnahmen, die einen nach diesen Kriterien unverhältnismäßigen Aussperrungsbeschluß befolgen, sind nach Ansicht des Ersten Senats des BAG rechtswidrig, und zwar auch, „wenn sich nur so wenige Verbandsmitglieder dem Arbeitskampf anschließen, daß im Ergebnis nicht unverhältnismäßig viele Arbeitnehmer betroffen sind"[47].

Im vorliegenden Fall geht es nicht um einen Verbandstarifvertrag, sondern um einen *Firmentarifvertrag*. Die vom Ersten Senat des BAG aufgestellten Maßstäbe sind deshalb hier nicht einschlägig. Zugleich zeigt diese Fallkonstellation, daß es zu eng ist, die Zulässigkeit der Abwehraussperrung ausschließlich mit der Wahrung der Verbandssolidarität zu begründen. Hier steht ein einzelner Arbeitgeber einer Gewerkschaft gegenüber. Deshalb kann man Zweifel haben, ob er in der Lage ist, einen wirkungsvollen Druck oder Gegendruck auszuüben[48]. Das Verhandlungsgleichgewicht wäre jedenfalls nicht gewährleistet, wenn er nicht das Recht hätte, den Streik mit einer Aussperrung zu beantworten. Deshalb hat bereits der Große Senat des BAG im Beschluß vom 21. 4. 1971 festgestellt:

> „Auch der einzelne Arbeitgeber hat das Aussperrungsrecht. Art. 9 Abs. 3 GG besagt nichts Gegenteiliges. Er geht vielmehr nach seinem Wortlaut gerade von der Koalitionsfreiheit des einzelnen aus. Das kollektive Element beim Arbeitskampf auf der Seite des einzelnen Arbeitgebers kommt darin zum Ausdruck, daß bei ihm gebündelt die zahlreichen Arbeitsverhältnisse der bei ihm beschäftigten Arbeitnehmer zusammenlaufen. Für den Bereich seines Unternehmens kann eine kollektive Regelung der Arbeitsbedingungen erfolgen"[49].

---

46 BAGE 33, 140 (180f.).
47 BAGE 33, 140 (141 Leitsatz 4d).
48 Vgl. BAGE 23, 292 (309).
49 BAGE 23, 292 (309).

6. Deshalb bestehen keine Bedenken dagegen, daß die Firma Kunststoffpreß-GmbH fast alle Arbeitnehmer in die Abwehraussperrung einbezogen hat.

IV. Suspendierende und lösende Aussperrung im System der abgestuften Kampfmaßnahmen

1. Berücksichtigt man den instrumentalen Charakter von Streik und Aussperrung bei Tarifkonflikten, so fordert der Gedanke der Verhältnismäßigkeit, daß nicht mit Kanonen nach Spatzen geschossen wird. Der Große Senat hat deshalb ein System der abgestuften Kampfmaßnahmen entwickelt.

> „Nach dem Grundsatz der Verhältnismäßigkeit hat jede einen Arbeitskampf eröffnende Maßnahme, sowohl Streik wie Aussperrung, zunächst nur suspendierende Wirkung, d. h. nur die Hauptpflichten des Arbeitsverhältnisses ruhen. Im Regelfall wird aber auch die Aussperrung als Antwort auf einen Streik die Arbeitsverhältnisse wenigstens am Anfang nur suspendieren“[50].

Damit hat der Große Senat seine bisher vertretene Auffassung aufgegeben, daß jeder Streik mit einer lösenden Aussperrung beantwortet werden kann. Da die Arbeitsverhältnisse der streikenden Arbeitnehmer bereits durch den Streik suspendiert sind, erhält der Arbeitgeber durch das Kampfinstrument der *suspendierenden Aussperrung* vor allem das Recht, den *richtigen Arbeitskampfrahmen* zu bestimmen, indem er auch Arbeitnehmer, die sich am Streik nicht beteiligen, in das Kampfgeschehen einbeziehen kann.

Mit dem Einsatz der suspendierenden Aussperrung als Kampfinstrument ist allerdings die Betriebsstillegung verbunden. Da es nicht nur im Interesse des Arbeitgebers liegt, sondern auch im Interesse der am Kampfgeschehen nicht beteiligten Allgemeinheit, also vor allem der Verbraucher, daß die Produktionseinbuße so gering wie möglich bleibt und die Produktivität nicht leidet, muß die rechtliche Ordnung des Arbeitskampfes so beschaffen sein, daß die Unternehmer trotz des Streiks durch Neueinstellung von Arbeitskräften oder Rationalisierungsmaßnahmen die Produktion aufrechterhalten können. Der Große Senat kommt deshalb zu dem Ergebnis, daß unter bestimmten Voraussetzungen auch eine wirksame *Lösung* der Arbeitsverhältnisse durch Aussperrung in Betracht kommt. In der Tat wäre es eine Verkürzung des Ordnungsproblems, würde man die Aussperrung auf eine suspendierende Wirkung beschränken und aus dem Arbeitskampfrecht die Beantwortung der Frage ausklammern, ob der Arbeitnehmer auch bei einem rechtmäßigen Streik das *Risiko* eingeht, *seinen Arbeitsplatz zu verlieren*. Wenn man dem BAG im Grundansatz folgt, daß der Arbeitskampf zur Lösung von Tarifkonflikten aus den individualrechtlichen Schranken zu lösen ist, so muß das auch hier gelten. Der Rückgriff auf die Kündigung entspricht nicht dem dogmatischen Begründungszusammenhang der vom BAG entwickelten kollektivrechtlichen Konzeption. Man kann zwar formal das Lossagungsrecht des Arbeitgebers in den

50 BAGE 23, 292 (310).

Begriff der Kündigung einbetten. Entscheidend ist aber materiell, ob und inwieweit der Arbeitnehmer im Arbeitskampf das *Arbeitsplatzrisiko* trägt. Auf die Beantwortung dieser Frage sind die kündigungs- und kündigungsschutzrechtlichen Bestimmungen nicht zugeschnitten. Deshalb ist anzuerkennen, daß der Große Senat sich nicht hinter ihnen versteckt, sondern am *Rechtsinstitut der lösenden Aussperrung* festhält; denn auch bei einer Lösung des Problems über die Kündigung hängt das Ergebnis letztlich allein davon ab, wie man die Frage beantwortet, ob der Arbeitnehmer auch bei einem rechtmäßigen Streik das Risiko eingeht, seinen Arbeitsplatz zu verlieren. Der Weg über die Kündigung hat allerdings eindeutig den Mangel, daß der entscheidende Gesichtspunkt auf die Ebene des *Vorverständnisses* absinkt.

2. Wann der Arbeitgeber zu einer *lösenden Aussperrung* übergehen kann, durch die das Risiko für den Verlust des Arbeitsplatzes verwirklicht wird, ist im Beschluß vom 21. 4. 1971 wenig klar umschrieben. Der Große Senat differenziert zwischen rechtswidrigem und rechtmäßigem Steik. Bei rechtswidrigem Streik soll der Arbeitgeber bei Beachtung des Grundsatzes der Verhältnismäßigkeit eher zur lösenden statt zur suspendierenden Aussperrung greifen können, soweit es sich nicht um ganz kurze Arbeitsniederlegungen handele oder die Rechtmäßigkeit des Streiks zweifelhaft sei. Abgesehen davon, daß die Einschränkung die Praxis vor weitere Schwierigkeiten stellen wird, erscheint es außerordentlich zweifelhaft, mit den Kriterien der Rechtmäßigkeit und Rechtswidrigkeit eines Streiks eine unterschiedliche Abstufung des Rechts zur Lösung der Arbeitsverhältnisse durch Aussperrung zu begründen[51].

Bei einem rechtmäßigen Streik wird die Schwelle, von der an der Arbeitgeber die lösende Aussperrung erklären kann, erst dann erreicht, wenn *zusätzliche Umstände* vorliegen. Der Große Senat verlangt, daß der Arbeitskampf sich auf Arbeitnehmerseite zu besonderer Intensität entwickelt hat, die dadurch eintreten kann, daß der Streik längere Zeit andauert.

> „Da der Arbeitskampf den Neuabschluß eines Tarifvertrags bezweckt und der Arbeitsfriede als Normalzustand möglichst bald wieder hergestellt werden soll, kann es erforderlich werden, daß der Arbeitgeber auf einen länger dauernden Streik nunmehr mit der lösenden Aussperrung aus diesen oder anderen Gründen antwortet, mag er vorher schon suspendierend ausgesperrt haben oder auch nicht“[52].

Sodann stellt der Große Senat fest:

> „Der Arbeitgeber kann ferner versuchen, die Arbeitsplätze ‚einzusparen‘ (Rationalisierung) bzw. anderweit zu besetzen, insbesondere wenn eine längere Dauer des Arbeitskampfes zu erwarten ist. Fallen dadurch Arbeitsplätze endgültig weg, so kann der Arbeitgeber die davon betroffenen Arbeitnehmer lösend aussperren, unbeschadet der Möglichkeit, aus dringenden betrieblichen Erfordernissen zu kündigen“[53].

---

51 Vgl. dazu *Richardi*, RdA 1971, 334 (342f.).
52 BAGE 23, 292 (314).
53 BAGE 23, 292 (314).

Die Stufen, die der Große Senat für das Recht der lösenden Aussperrung bezeichnet, sind wenig klar umschrieben. Vollends verunsichert wird man aber durch die abschließende Bemerkung:

> „Die verschiedenen Gründe einer Lösung können auch zusammen bzw. nacheinander eintreten und jeweils eine kampfweise Lösung aller oder eines Teils der Arbeitsverhältnisse rechtfertigen“[54].

3. Trotz der lösenden Wirkung berücksichtigt der Große Senat, daß die Aussperrung ein Kampfmittel, also nicht *Selbstzweck*, sondern *Mittel zum Zweck* ist.

> „Zwar stellt die lösende Aussperrung eine Steigerung des Arbeitskampfmittels der Arbeitgeberseite dar, die deshalb auch zur Auflösung des rechtlichen Bandes des Arbeitsverhältnisses führt. Selbst nach der Steigerung des Arbeitskampfes und der Lösung des rechtlichen Bandes zwischen Arbeitnehmer und Arbeitgeber entspricht es aber nicht dem Grundsatz der Verhältnismäßigkeit, den Bestandsschutz der Arbeitsverhältnisse völlig außer acht zu lassen“[55].

Der Große Senat kommt deshalb zu dem Ergebnis, daß auch mit lösend ausgesperrten Arbeitnehmern nach Beendigung des Arbeitskampfes das Arbeitsverhältnis im Rahmen des Möglichen wiederaufgenommen werden muß. Der Arbeitnehmer hat einen *Anspruch auf Wiedereinstellung nach billigem Ermessen*. Von Bedeutung ist, daß die Wiedereinstellung lösend ausgesperrter Arbeitnehmer in vollem Umfang der *gerichtlichen Nachprüfung* unterliegt.

> „Die Wiedereinstellung nach billigem Ermessen ist nicht nur daraufhin zu prüfen, ob der Arbeitsplatz dieses Arbeitnehmers endgültig anderweit besetzt oder durch betriebliche Maßnahmen weggefallen ist, sondern auch daraufhin, ob die endgültige Lösung des Arbeitsvertragsverhältnisses gerade mit dem betroffenen Arbeitnehmer geboten war. Fallen von mehreren gleichartigen Arbeitsplätzen durch anderweitige Besetzung oder Einsparung nur einzelne Arbeitsplätze weg, muß die Frage der sachgerechten Auswahl geprüft werden. Der Arbeitgeber ist nicht berechtigt, beliebig zu erklären, von mehreren Arbeitsplätzen sei gerade derjenige Arbeitsplatz weggefallen oder anderweit besetzt, der bisher von einem ihm u. U. aus anderen Gründen mißliebigen oder unbequemen Arbeitnehmer besetzt war. Der Bestandsschutz des Arbeitsverhältnisses bezieht sich vielmehr gerade auch auf die sachgerechte Auswahl bei Entlassungen, wie das für den Bereich des Kündigungsschutzes in § 1 Abs. 3 KSchG zum Ausdruck kommt. Nicht zuletzt ist bei der Prüfung der Wiedereinstellung von Arbeitnehmern nach billigem Ermessen des Arbeitgebers auch die Situation nach dem Ende des Arbeitskampfes zu berücksichtigen“[56].

4. Das vom Großen Senat des BAG konzipierte System der abgestuften Kampfmaßnahmen beruht auf der Erkenntnis, daß für die Kampfrechte ausschließlich der Funktionszusammenhang mit der Herstellung und Wahrung des Verhandlungsgleichgewichts als Voraussetzung der Tarifautonomie maßgebend ist. Der Grundsatz der Kampffreiheit rechtfertigt keine Willkür im Arbeitskampf. Der Erste Senat des BAG hat deshalb zu Recht festgestellt:

---

54 BAGE 23, 292 (314).
55 BAGE 23, 292 (316).
56 BAGE 23, 292 (318 f.).

„Arbeitskämpfe stellen einen Eingriff in die vertraglichen Rechte dar und berühren dabei nicht nur die Interessen der am Arbeitskampf unmittelbar Beteiligten, sondern auch Dritte und die Allgemeinheit. Daraus ergibt sich das Verbot, Kampfmaßnahmen zu ergreifen, die unnötig oder ungeeignet sind oder außer Verhältnis zum angestrebten Ziel stehen“[57].

Daraus folgt, daß keine Freiheit in der Wahl der Kampfmittel, sondern nur eine Freiheit in der Wahl der Kampftaktik bestehen kann:

a) *Erste Stufe:* Der Arbeitgeber greift nicht zum Kampfmittel der suspendierenden Aussperrung, mit der notwendig eine Betriebsstillegung verbunden ist, sondern er versucht, die Produktion trotz des Streiks aufrechtzuerhalten. Der Arbeitgeber hat hier das Recht zur Einzellösung, wenn der Arbeitsplatz durch Rationalisierungsmaßnahmen eingespart oder anderweit besetzt wird, wobei auf dieser Stufe eine lösende Aussperrung gegenüber arbeitswilligen Arbeitnehmern nur in Betracht kommt, wenn ihr Arbeitsplatz durch Rationalisierungsmaßnahmen eingespart wird, und auch dann wird man verlangen müssen, daß eine Weiterbeschäftigung des Arbeitnehmers auf einem anderen Arbeitsplatz nicht möglich ist.

b) *Zweite Stufe:* Wählt der Arbeitgeber als Kampfstrategie die Betriebsstillegung und greift er daher zur suspendierenden Aussperrung, so hat sich der Arbeitskampf ausgeweitet. Der Arbeitnehmer kann deshalb während der Zeit, in der er suspendierend ausgesperrt ist, das Arbeitsverhältnis durch einseitige, empfangsbedürftige Willenserklärung fristlos lösen; er kann, wie der Große Senat in Anlehnung an einen Begriff aus dem Bergarbeitsrecht sagt, „abkehren“. Den entscheidenden normativen Gesichtspunkt für die Einräumung dieses Rechts sieht der Große Senat darin, daß der Arbeitgeber mit der Erklärung der suspendierenden Aussperrung die Kampfführung nicht mehr nur der Arbeitnehmerseite überläßt und sich darauf beschränkt, den Streik durchzustehen. Deshalb erhöht sich auch für die Arbeitgeberseite das Kampfrisiko. Der Arbeitgeber muß befürchten, daß er Arbeitskräfte verliert, die er nicht ersetzen kann; denn solange die Arbeitsverhältnisse lediglich auf Grund des Streiks suspendiert sind, ohne daß der Arbeitgeber diese Maßnahme kampfrechtlich beantwortet hat, steht dem einzelnen Arbeitnehmer nicht das Recht zu, durch eine sofortige Einzellösung seines Arbeitsverhältnisses aus dem nur von Arbeitnehmerseite geführten Arbeitskampf auszubrechen. Darin läge, wie der Große Senat feststellt, ein Übermaß zum Nachteil des Arbeitgebers.

Bei einer lediglich suspendierenden Aussperrung besteht zwar nach Beendigung des Arbeitskampfes die Verpflichtung beider vom Arbeitskampf betroffenen Arbeitsvertragsparteien zur Wiederaufnahme aller Rechte und Pflichten aus dem Arbeitsverhältnis; der Arbeitgeber hat aber als Folge der Erklärung der suspendierenden Aussperrung es in der Hand, „den Beginn der Wiederaufnahme der Arbeiten den betrieblichen und marktmäßigen Erfordernissen anzupassen, die sich aus der Arbeitsunterbrechung ergeben“[58]. Der Große

57 BAGE 33, 140 (174).
58 BAGE 23, 292 (311).

Senat weist hier ausdrücklich auf die Parallele zur Sukzessivaussperrung hin. Die sukzessive Beendigung der Aussperrung steht aber nicht im Belieben des Arbeitgebers, sondern auch hier ist das Gebot der Verhältnismäßigkeit zu beachten.

> „Ist der Streik beendet und wird die demgegenüber ausgesprochene suspendierende Aussperrung vom Arbeitgeber nicht mehr als eigenes Kampfmittel, etwa zur Erreichung weitergehender eigener Kampfziele aufrechterhalten, muß er die Suspendierung im Rahmen der betrieblichen Möglichkeiten zurücknehmen, weil in jeder zusätzlichen, durch betriebliche und marktmäßige Notwendigkeiten nicht gedeckten Aufrechterhaltung der suspendierenden Maßnahme seitens des Arbeitgebers ein Übermaß gesehen werden müßte, das nicht mehr dem Gedanken der Verhältnismäßigkeit im Arbeitskampf entspräche“[59].

c) *Dritte Stufe:* Führt die Kampfstrategie der Betriebsstillegung nicht zu einer Beendigung des Arbeitskampfes, so kann der Arbeitgeber zu einer Aussperrung durch Gesamtlösung der Arbeitsverhältnisse übergehen. Dabei spielt es nach Ansicht des Großen Senats keine Rolle, ob der Arbeitgeber vorher schon suspendierend ausgesperrt hat oder auch nicht. Dieser mit dem Gedanken der abgestuften Kampfmaßnahmen scheinbar in Widerspruch stehende Satz ist folgerichtig; denn es kann keine Rolle spielen, ob bereits der Streik oder erst eine suspendierende Aussperrung die Betriebsstillegung herbeigeführt hat. Entscheidend ist vielmehr, daß auch die lösende Aussperrung nur ein Kampfmittel ist, also nicht Selbstzweck, sondern Mittel zum Zweck. Sie ist daher nur zulässig, wenn sie eingesetzt wird, um nach einer Betriebsstillegung die Produktion wiederaufzunehmen.

Aber auch in diesem Fall kann wegen der Zweck-Mittel-Relation die kampfweise Lösung der Arbeitsverhältnisse nur bedeuten, daß der Arbeitgeber nicht zur Fortsetzung des Arbeitsverhältnisses gezwungen werden kann, wenn der Arbeitsplatz des ausgesperrten Arbeitnehmers auf Grund des Arbeitskampfes neu besetzt oder durch Rationalisierungsmaßnahmen weggefallen ist. Daher besteht auch bei einer lösenden Aussperrung nach Beendigung des Arbeitskampfes ein Wiedereinstellungsanspruch nach billigem Ermessen.

Der Große Senat erkennt also auch bei der lösenden Aussperrung den Bestandsschutz des Arbeitsverhältnisses an. Die Freistellung von den individualrechtlichen Schranken des Kündigungsrechts und Kündigungsschutzrechts ist also nicht als Freiraum zu verstehen, was mit dem sonst durch Gesetzgebung und Rechtsprechung ausgedehnten Bestandsschutz des Arbeitsplatzes kaum vereinbar wäre, sondern es gelten *kampfrechtliche Kategorien:* Der Arbeitgeber hat das Recht zur Einzellösung, wenn der Arbeitsplatz durch den Arbeitskampf weggefallen ist, indem er anderweit besetzt oder „eingespart“ wurde. Wählt er dagegen die lösende Aussperrung aller Arbeitnehmer, so erhalten diese den Anspruch auf Wiedereinstellung, wenn der Arbeitsplatz nach Beendigung des Arbeitskampfes noch vorhanden ist.

---

59 BAGE 23, 292 (312).

d) Einen *besonderen Bestandsschutz* erkennt der Große Senat für Arbeitnehmer an, deren Arbeitsplatz durch besondere gesetzliche Regelung geschützt ist, also für Betriebsratsmitglieder, Personalratsmitglieder, Arbeitnehmervertreter im Aufsichtsrat, soweit sie aus dem Unternehmen kommen, sowie Schwerbehinderte und Frauen, für deren Arbeitsverhältnis das Kündigungsverbot nach § 9 MuSchG besteht.

> „Der Gedanke der Verhältnismäßigkeit gebietet, daß gegenüber dem durch besondere gesetzliche Regelung geschützten Personenkreis Aussperrungen nur mit suspendierender Wirkung erfolgen können"[60].

IV. Ergebnis

Die Kunststoffpreß-GmbH war zwar berechtigt, den Streik mit einer Aussperrung zu beantworten, und auch eine Aussperrung arbeitswilliger Arbeitnehmer war zulässig. Alois Besenreiter und Rosa Hausotter gehören aber zu dem Personenkreis, der durch besondere gesetzliche Regelung geschützt ist. Das Arbeitsverhältnis mit ihnen ist daher durch die sukzessiv durchgeführte Abwehraussperrung nicht aufgelöst, sondern lediglich suspendiert worden. Sie haben Anspruch auf Weiterbeschäftigung, ohne daß es einer Wiedereinstellung bedarf.

Ob das Arbeitsverhältnis mit Franz Feueröcher wirksam aufgelöst ist, er also lediglich einen Anspruch auf Wiedereinstellung hat, wenn der Arbeitsplatz noch vorhanden ist, hängt davon ab, ob der Arbeitgeber das Recht hatte, eine lösende Aussperrung zu erklären. Da nur eine suspendierende Aussperrung in Betracht kommt, wenn nicht besondere Umstände vorliegen, trägt der Arbeitgeber die Beweislast. Gelingt ihm nämlich nicht der Nachweis, daß die Voraussetzungen gegeben waren, zur lösenden Aussperrung überzugehen, so kann die von ihm begehrte Rechtsfolge nicht eintreten, daß die Arbeitsverhältnisse durch eine von ihm als lösend erklärte Aussperrung aufgelöst sind. Deshalb ist im Zweifelsfall davon auszugehen, daß auch Franz Feueröcher Anspruch auf Weiterbeschäftigung hat, ohne daß es einer Wiedereinstellung bedarf.

---

60 BAGE 23, 292 (313).

Fall 12 Übertariflicher Lohn und Tariflohnerhöhung — tarifvertragliche Effektivklausel

Ausgangsfälle:

BAG vom 6. 3. 1958 — 2 AZR 457/55, BAGE 5, 221 = AP Nr. 6 zu § 4 TVG Übertarifl. Lohn und Tariflohnerhöhung *(Tophoven)* = SAE 1958, 200 *(Reckenfelderbäumer)* = AR-Blattei Tariflohnerhöhung Entsch. 2 *(Endemann)* = NJW 1958, 1061;

BAG vom 14. 2. 1968 — 4 AZR 275/67, BAGE 20, 308 = AP Nr. 7 zu § 4 TVG Effektivklausel *(Bötticher)* = SAE 1968, 109 *(Knevels)* = AuR 1968, 316 (*E. Frey)* = JZ 1968, 743 *(Richardi)* = DB 1968, 1133.

Wlazeck ist Chemiefacharbeiter bei der Pyrochemie-GmbH. Er ist Mitglied der IG Chemie-Papier-Keramik; die Pyrochemie-GmbH gehört dem örtlichen Arbeitgeberverband der Chemischen Industrie an. Wlazeck bekam seinen Lohn auf Grund folgenden Schreibens der Pyrochemie-GmbH vom 12. 3. 1982: „Ihr derzeitiger Stundenlohn beträgt vom 1. 4. 1982 an 11,50 DM; der den Tariflohn übersteigende Betrag von 1,30 DM teilt sich in 0,70 DM Leistungszulage und 0,60 DM freiwillige, außertarifliche Zulage." Am 4. 10. 1982 schlossen die IG Chemie-Papier-Keramik und der Arbeitgeberverband der Chemischen Industrie einen neuen Lohntarifvertrag ab, durch den mit Wirkung vom 1. 10. 1982 an der für Wlazeck maßgebliche Stundenlohn um 0,60 DM auf 10,80 DM erhöht wurde. In § 3 dieses Tarifvertrags ist u. a. folgendes bestimmt: „Die tarifliche Erhöhung muß je Arbeitnehmer und Stunde voll wirksam werden." Dennoch zahlte die Pyrochemie-GmbH auch weiterhin bis zum 28. 2. 1983 einen Stundenlohn in Höhe von 11,50 DM. Wlazeck ist der Ansicht, die Pyrochemie-GmbH müsse ihm auf Grund des Tarifvertrags zu dem vereinbarten Stundenlohn 0,60 DM hinzuzahlen.

Wie ist die Rechtslage?

LÖSUNG

I.

Der Lohnanspruch Wlazecks ergibt sich aus § 611 BGB. Zweifelhaft ist im vorliegenden Fall lediglich, wie hoch der Stundenlohn ist, auf den Wlazeck Anspruch hat. Für das Arbeitsverhältnis ist typisch, daß sein Inhalt durch mehrere konkurrierende Gestaltungsfaktoren bestimmt werden kann[1]. Dabei kommt vor allem bei der Lohnregelung dem Tarifvertrag eine maßgebliche

---

1 Gestaltungsfaktoren des Arbeitsverhältnisses sind: Gesetz — Tarifvertrag — Betriebsvereinbarung — Einzelarbeitsvertrag — Weisungsrecht des Arbeitgebers. Aus der Regelung des positiven Rechts läßt sich in dieser Reihenfolge eine Rangordnung der verschiedenen Gestaltungsmittel begründen. Sie ist im einzelnen sehr umstritten; vgl. *Richardi*, Kollektivgewalt, S. 331 ff.

Bedeutung zu. Arbeitsentgelte und sonstige materielle Arbeitsbedingungen, die durch Tarifvertrag geregelt sind oder üblicherweise geregelt werden, können nach § 77 Abs. 3 BetrVG nicht Gegenstand einer Betriebsvereinbarung sein. Es besteht also auf kollektivrechtlicher Ebene eine ausschließliche Zuständigkeit für den Tarifvertrag zur Gestaltung materieller Arbeitsbedingungen.

1. Einen Tarifvertrag kann nur abschließen, wer *tariffähig* ist. Nach § 2 Abs. 1 TVG kommen als Tarifvertragspartei für die Arbeitnehmerseite nur die Gewerkschaften in Betracht, während auf der Arbeitgeberseite sowohl der einzelne Arbeitgeber als auch die Arbeitgebervereinigung tariffähig sind. Im vorliegenden Fall ist die Tariffähigkeit gegeben.

2. Die tariflichen Bestimmungen über die Lohnhöhe gehören zu den *Inhaltsnormen* des Tarifvertrags. Sie gelten, wie sich aus § 4 Abs. 1 Satz 1 TVG ergibt, unmittelbar und zwingend zwischen den beiderseits *Tarifgebundenen*, die unter den Geltungsbereich des Tarifvertrags fallen. Tarifgebunden sind nach § 3 Abs. 1 TVG regelmäßig nur die Mitglieder der Tarifvertragsparteien. Wenn also der Arbeitnehmer oder der Arbeitgeber nicht tarifgebunden ist, hat eine tarifvertragliche Regelung keine normative Wirkung auf ihr Arbeitsverhältnis. Im vorliegenden Fall sind die Parteien Mitglieder der tarifschließenden Verbände, so daß Tarifgebundenheit besteht. Das Arbeitsverhältnis unterliegt den maßgeblichen tariflichen Bestimmungen.

II.

Wlazeck hatte auf Grund des Schreibens vom 12. 3. 1982 einen *übertariflichen Lohn* erhalten. Es stellt sich daher die Frage, ob neben der tariflichen Regelung eine einzelvertragliche Abrede über denselben Gegenstand getroffen werden kann. Nach § 4 Abs. 1 Satz 1 TVG haben die Rechtsnormen des Tarifvertrags unmittelbare und zwingende Wirkung *(Unabdingbarkeit)*. Sie sind jedoch nur *einseitig* zwingend. Abweichende einzelvertragliche Abmachungen sind nach § 4 Abs. 3 TVG zulässig, soweit sie eine Änderung der tarifvertraglichen Regelung zugunsten des Arbeitnehmers enthalten *(Günstigkeitsprinzip)*. Wlazeck konnte also übertariflich entlohnt werden.

1. Wenn wie im vorliegenden Fall eine tarifliche Regelung durch einen neuen Tarifvertrag abgelöst wird, ist problematisch, welchen Einfluß die Neuregelung auf die bisher übertarifliche Vereinbarung hat. Das Günstigkeitsprinzip ist in § 4 Abs. 3 TVG als *zwingender Rechtsgrundsatz* festgelegt[2]. Die Tarifvertragsparteien können nur Mindestbedingungen schaffen; sie können keine Höchstarbeitsbedingungen festsetzen oder eine Bestimmung geben, unter welchen Voraussetzungen von ihrer Regelung zugunsten des Arbeitnehmers abge-

2 BAGE 10, 247 (225 f.) = AP Nr. 2 zu § 4 TVG Angleichungsrecht, Bl. 4 und R; *Hueck-Nipperdey*, Bd. II/1 S. 573; *Nikisch*, Bd. II S. 420 ff., insbes. S. 421; grundlegend *Nipperdey*, Festschrift für Herschel (1955), S. 9.

wichen werden kann. Die Tarifvertragsparteien können deshalb einzelvertraglich zugesagte Arbeitsbedingungen nicht beseitigen oder verschlechtern[3]. Einzelvertragliche Abreden bleiben vielmehr für das Arbeitsverhältnis maßgebend, soweit sie für den Arbeitnehmer günstiger als die tarifvertragliche Regelung sind. Damit ist nicht gesagt, daß sie bei einer Änderung des Tarifvertrags bestehen bleiben. Lediglich der Kollektivwille kann darüber nicht entscheiden. Die Einzelvertragsparteien können aber ausdrücklich oder stillschweigend vereinbart haben, daß die bisher übertariflichen Arbeitsbedingungen aufgehoben oder entsprechend geändert werden.

2. Für das Verhältnis von Kollektivmacht und Individualwille ähnlich liegt das Problem bei der Frage, welchen Einfluß eine *Verbesserung* der tariflichen Arbeitsbedingungen auf bisher günstigere Einzelvereinbarungen hat. Wenn der neue Tarifvertrag günstigere Arbeitsbedingungen gewährt, als sie nach den bisherigen Einzelvereinbarungen bestanden, wenn also die bisher übertariflichen Arbeitsbedingungen hinter der tariflichen Regelung zurückbleiben, so sind in jedem Fall die tariflichen Bestimmungen für das Arbeitsverhältnis maßgebend; das ergibt sich aus der Unabdingbarkeit der tarifvertraglichen Rechtsnormen. Wenn dagegen die einzelvertraglich vereinbarten Arbeitsbedingungen wie hier auch nach dem neuen Tarifvertrag günstiger sind, so bleiben sie nach dem Günstigkeitsprinzip wirksam. In beiden Fällen steht die Frage zur Entscheidung, ob die tariflichen Arbeitsbedingungen von der Tariflohnerhöhung *aufgesogen* oder ob sie verhältnismäßig erhöht werden, also auf diese *aufgestockt* werden.

Dem Tarifvertrag wird genügt, wenn die einzelvertraglich vereinbarten Arbeitsbedingungen nicht hinter den Tarifsätzen zurückbleiben. Daraus folgt, daß dem *Tarifrecht* nichts dafür entnommen werden kann, ob die bisherigen übertariflichen Löhne verhältnismäßig erhöht werden. Es hängt vielmehr vom Inhalt der *einzelvertraglichen* Vereinbarung ab, ob die übertariflichen Lohnbestandteile von einer Tariflohnerhöhung aufgesogen oder auf den jeweiligen Tariflohn aufgestockt werden. Zutreffend stellt das BAG fest:

> „Die Frage, welchen Einfluß eine Erhöhung des Tariflohns auf eine außerordentliche Zulage hat, ist also grundsätzlich vom Einzelvertrag und nicht etwa vom Tarifvertrag her zu entscheiden“[4].

In der Regel wird eine ausdrückliche Erklärung fehlen, so daß nur durch Auslegung und Ergänzung des Einzelarbeitsvertrags nach § 157 BGB festgestellt werden kann, ob ein übertariflicher Lohn tarifbeständig ist. Das BAG nennt die maßgeblichen Gesichtspunkte, die hier in Betracht kommen:

> „Anhaltspunkte für eine solche ergänzende Vertragsauslegung können insbesondere sein, ob die Zulage lediglich z. B. wegen Erhöhung der Lebenshaltungs-

---

3 Vgl. dazu ausführlich *Richardi*, Kollektivgewalt, S. 392 ff.

4 BAGE 5, 221 (223); bestätigt in BAGE 23, 399 (405) = AP Nr. 8 zu § 4 TVG Effektivklausel, Bl. 3 V. Daraus folgt für den Regelfall, daß die bisherigen übertariflichen Arbeitsbedingungen von einer Tariflohnerhöhung im Zweifel aufgesogen werden; vgl. BAGE 23, 399 (403) = AP Nr. 8 zu § 4 TVG Effektivklausel, Bl. 2; *Hueck-Nipperdey*, Bd. II/1 S. 595; aber auch *Nikisch*, Bd. II S. 448; *Wiedemann-Stumpf*, TVG, 5. Aufl. (1977), § 4 RdNr. 258.

kosten eine künftige Tariferhöhung hat vorwegnehmen wollen oder ob sie die besonderen Leistungen, die besonderen Fähigkeiten oder die besonderen Arbeitserschwernisse eines Arbeitnehmers oder einer Gruppe von Arbeitnehmern hat abgelten wollen. Ein weiteres Kennzeichen kann sein, ob der Arbeitgeber bei der Lohnabrechnung die Zulage besonders ausgewiesen hat oder nicht"[5].

Wenn man diese Kriterien der Entscheidung zugrunde legt, so kommt man zu dem folgenden Ergebnis: Nur die Leistungszulage in Höhe von 0,70 DM ist tarifbeständig, während die freiwillige außertarifliche Zulage in Höhe von 0,60 DM von der Tariflohnerhöhung aufgesogen wird. Wlazeck hätte deshalb auch in Zukunft, wenn man von der Regelung in § 3 des Tarifvertrags absieht, nur einen Anspruch auf Stundenlohn in Höhe von 11,50 DM.

III.

Man muß deshalb klären, welche Bedeutung die Bestimmung in § 3 des neuen Lohntarifvertrags für die Höhe des Stundenlohns hat. Es handelt sich um eine sogenannte *Effektivklausel*, deren Zweck es ist, auch die bisher übertariflich entlohnten Arbeitnehmer in den Genuß der Tariflohnerhöhung kommen zu lassen.

1. Der Inhalt einer derartigen Effektivklausel kann sehr verschieden sein, je nachdem, welche Wirkungen die Tarifvertragsparteien ihr beilegen wollen[6]. Sie kann den Inhalt haben, daß die bisher gezahlten effektiven Löhne, erhöht um den im Tarifvertrag vorgesehenen Betrag, als unabdingbare tarifliche Mindestlöhne anzusehen sind. Eine derartige Bestimmung bezeichnet man als *Effektivgarantieklausel*, da dem Arbeitnehmer der bisherige übertarifliche Lohn zuzüglich des Unterschieds zwischen dem alten und dem neuen Tarifsatz tarifvertraglich garantiert wird[7]. Eine so weitgehende Wirkung werden die Tarifvertragsparteien ihrer Abrede aber selten beilegen; regelmäßig wollen sie nur erreichen, daß die Tariflohnerhöhung auch den übertariflich entlohnten Arbeitnehmern zugute kommt[8]. Diese sogenannte *begrenzte Effektivklausel* soll also nur die Rechtswirkungen haben, wie sie eine arbeitsvertragliche Abrede entfaltet, nach der die übertariflichen Löhne bei einer Tariferhöhung verhältnismäßig angepaßt werden. Streitig ist, ob sie sich auch gegenüber einer widersprechenden einzelvertraglichen Aufsaugungsvereinbarung durchsetzen kann[9]. Wenn man eine derartige Verdrängungswirkung verneint, greift die begrenzte Effektivklausel nur ein, wenn dem Arbeitsvertrag weder im Wege der Auslegung noch durch Vertragsergänzung entnommen werden kann, was für den Fall einer Tariferhöhung gelten soll. Sie hat dann lediglich die Bedeutung einer *Auslegungsregel*.

---

5 BAGE 5, 221 (223).
6 Vgl. dazu ausführlich *Kunze*, AuR 1969, 225 ff.
7 *Hueck-Nipperdey*, Bd. II/1 S. 600 Fußn. 62a; *Nikisch*, Bd. II S. 452; *Wiedemann-Stumpf*, TVG (s. Fußn. 4), § 4 RdNr. 266; *Stahlhacke*, RdA 1957, 446 (448).
8 BAGE 20, 308 (312); *Hueck-Nipperdey*, Bd. II/1 S. 600 f.; *Nikisch*, Bd. II S. 452; *A. Hueck*, BB 1954, 776 (777, 779).
9 Vgl. *Richardi*, DB 1969, 1986 (1987).

Aus dem Wortlaut der Bestimmung in § 3 des Tarifvertrages ergibt sich, daß die tarifliche Lohnerhöhung für alle Arbeitnehmer lediglich voll wirksam werden soll. Es liegt also eine *begrenzte Effektivklausel* vor. Daraus, daß die Erhöhung je Arbeitnehmer wirksam werden soll, folgt zugleich, daß nicht nur eine Auslegungsregel aufgestellt wird, sondern daß auch entgegenstehende einzelvertragliche Aufsaugungsvereinbarungen verdrängt werden.

2. Die Effektivklausel kann nach dem Gegenstand ihrer Regelung nur eine tarifvertragliche *Inhaltsnorm* sein[10]. Sie regelt Rechte und Pflichten aus dem Arbeitsverhältnis. Sie vermag zwar nach ihrem Inhalt nicht Arbeitsverhältnisse zu erfassen, die erst nach dem Inkrafttreten des Tarifvertrags begründet werden. Diese Beschränkung hindert aber nicht daran, sie dem Begriff der Inhaltsnorm zuzuordnen, sofern sie als tarifvertragliche Rechtsnorm wirksam vereinbart werden kann.

Die Zulässigkeit tariflicher Effektivklauseln ist im Schrifttum außerordentlich umstritten. Seit der grundlegenden Untersuchung von *Alfred Hueck*[11] wird allgemein angenommen, daß der Tarifvertrag übertarifliche Arbeitsbedingungen, die auf einzelvertraglicher Grundlage verbindlich sind, nicht als tarifliche Regelung garantieren kann; die *Effektivgarantieklausel* wird deshalb für *unzulässig* gehalten[12]. Das BAG teilt diese Ansicht aus den folgenden drei rechtlichen Gesichtspunkten: Die Effektivgarantieklausel verstößt gegen den Gleichheitssatz des Art. 3 Abs. 1 GG, gegen Grundprinzipien des Tarifrechts und schließlich auch gegen die nach § 1 Abs. 2 TVG vorgeschriebene Schriftform für Tarifverträge[13].

Anders soll sich dagegen nach h. L. das Zulässigkeitsproblem bei der *begrenzten Effektivklausel* darstellen. Man hält sie für wirksam, weil sie gestattet, die angehobenen Arbeitsbedingungen durch einzelvertragliche Änderung auf die Tarifmindestsätze herabzusetzen[14]. Die unterschiedliche Bewertung stützt man darauf, daß der begrenzten Effektivklausel nur die Rechtswirkungen zukommen, wie sie eine arbeitsvertragliche Abrede hat, nach der die übertarifliche Zulage zu dem jeweiligen Tariflohn gezahlt werden soll. Vor allem unter dem Einfluß von *Nikisch*[15] hat das BAG jedoch in der vielbeachteten Entscheidung vom 14. 2. 1968 diese Ansicht verworfen und die begrenzte Effektivklausel aus denselben Gründen wie die Effektivgarantieklausel für unwirksam erklärt[16].

Das BAG erkennt zutreffend, daß eine unterschiedliche Bewertung nicht deshalb begründet werden kann, weil durch die begrenzte Effektivklausel die

---

10 Lies § 1 Abs. 1 TVG!

11 BB 1954, 776ff.

12 *Hueck-Nipperdey*, Bd. II/1 S. 602f.; *Nikisch*, Bd. II S. 452; grundlegend *A. Hueck*, BB 1954, 776 (778).

13 BAGE 20, 308 (317f.).

14 *Hueck-Nipperdey*, Bd. II/1 S. 601f., grundlegend *A. Hueck*, BB 1954, 776 (777); vgl. auch BAGE 6, 31 (34) = AP Nr. 2 zu § 4 TVG Effektivklausel, Bl. 1 R und 2; BAG AP Nr. 5 zu § 4 TVG Effektivklausel, Bl. 3 R.

15 Bd. II S. 454f.; BB 1956, 468ff.; besonders ausführlich BB 1961, 1205ff.

16 BAGE 20, 308; bestätigt für eine sog. Anrechnungsklausel in BAGE 23, 399 (404f.) = AP Nr. 8 zu § 4 TVG Effektivklausel, Bl. 3 V.

übertarifliche Zulage nicht Bestandteil der tariflichen Arbeitsbedingungen werde, sondern weiterhin auf der einzelvertraglichen Abmachung beruhe. Im Anschluß an *Nikisch* bezeichnet es diese Vorstellung als einen Widerspruch in sich. Auch die begrenzte Effektivklausel kann dem Arbeitnehmer nur einen sich aus dem *Tarifvertrag* ergebenden Anspruch auf die bisher gewährte Zulage verschaffen. Sie unterscheidet sich von der Effektivgarantieklausel nur dadurch, daß diese die bisher übertariflichen Zulagen mit unmittelbarer und zwingender Wirkung zum Tariflohn erhebt, während die begrenzte Effektivklausel die Arbeitsvertragsparteien nicht daran hindert, die übertarifliche Entlohnung bis zum Betrag des allgemein gewährten tariflichen Mindestlohnes herabzusetzen. Sie hat als tarifvertragliche Bestimmung lediglich *dispositiven* Charakter. Sie beherrscht die tarifunterworfenen Arbeitsverhältnisse aber ebenfalls mit unmittelbarer Wirkung. Deshalb besteht kein grundsätzlicher Unterschied zur Effektivgarantieklausel; in beiden Fällen wird die tarifvertragliche Gestaltungsmacht aus demselben Grund überschritten.

3. Vor allem *Bötticher* und *Stahlhacke* haben versucht, den Inhalt der begrenzten Effektivklausel anders zu deuten, um eine unterschiedliche Bewertung zur Effektivgarantieklausel zu begründen. *Bötticher* gibt ihr den Sinn, „daß den Arbeitsvertragsparteien *verboten* wird, die übertariflichen Arbeitsbedingungen allein aus Anlaß des neuen Tarifvertrages zu senken“[17]. Er interpretiert die begrenzte Effektivklausel als *negative Inhaltsnorm*. Damit sollen wegen des anderen Inhalts der Regelung die Bedenken entfallen, die man bisher gegen die Zulässigkeit begrenzter Effektivklauseln vorgebracht hat. Positive und negative Inhaltsnormen unterscheiden sich durch den verschiedenen Inhalt von Gebot und Verbot. Man muß daher klären, worin eine derartige negative Inhaltsnorm sich von einer als positiven Inhaltsnorm ausgestalteten Effektivklausel unterscheidet. *Bötticher* sieht ihr Wesen darin, daß sie nicht tarifvertragliche Ansprüche normativ erzeugen, „sondern daß sie *übertarifliche*, d.h. *arbeitsvertragliche* Ansprüche *erhalten* will“[18]. So treffend diese Umschreibung ist, muß ihr jedoch entgegengehalten werden, daß gerade darin der Zweck der begrenzten Effektivklausel sich nicht erschöpft. Sie will die übertariflichen Ansprüche dem Arbeitnehmer nicht bloß erhalten, sondern sie will sie *verbessern*. Wenn man der begrenzten Effektivklausel diesen Inhalt gibt, so kann man sie nicht mehr als negative Inhaltsnorm interpretieren; sie ist vielmehr, soweit sie eine Verbesserung der bisher übertariflich geleisteten Vergünstigungen anordnet, eine *positive Inhaltsnorm*[19].

---

17 RdA 1968, 418 (420); vgl. AP Nr. 7 zu § 4 TVG Effektivklausel, Bl. 9R, 10.

18 AP Nr. 7 zu § 4 TVG Effektivklausel, Bl. 10.

19 Die gleichen Bedenken richten sich gegen die These von *Wiedemann*, Gedächtnisschrift für Dietz (1973), S. 361 (366ff.), die Rechtswirkungen einer begrenzten Effektivklausel durch eine *Abschlußnorm* herbeizuführen, die dem Arbeitgeber „verbietet, ein übertarifliches Entgelt zu versprechen, ohne dies gleichzeitig zum jeweiligen Tariflohn zuzusagen“ (aaO., S. 367). Ein derartiges Abschlußverbot verhilft den Arbeitnehmern nicht zu Leistungen, die der Arbeitgeber nicht einzelvertraglich zugesagt hat, sondern kann lediglich zu dem Ergebnis führen, daß eine einzelvertragliche Abrede *nichtig* ist, wenn sie gegen das tarifliche Abschlußverbot verstößt.

Einen listenreichen Versuch hat *Stahlhacke* unternommen, um die begrenzte Effektivklausel zu retten[20]. Auch er hält es nicht für zulässig, einzelvertraglich begründete Leistungen durch eine dispositive Tarifnorm zu tarifvertraglichen Arbeitsbedingungen zu erheben[21]. Nach seiner Ansicht soll einer begrenzten Effektivklausel aber eine derartige Rechtswirkung auch nicht zukommen. Sie soll nur eine *punktuelle Wirkung* hinsichtlich der Frage der *Tarifbeständigkeit* haben, wie sie auch im Einzelarbeitsvertrag geregelt werden kann. Rechtsgrund für die übertarifliche Leistung sei aber weiterhin der Einzelarbeitsvertrag. *Stahlhacke* trennt also den Anspruch von den zusätzlich vereinbarten Modalitäten. Er rechnet die Tarifbeständigkeit einer Zulage lediglich zur Modalität des Anspruchs, die ihrerseits für den Tarifvertrag eine selbständige Regelungsmaterie darstellen soll. Mit diesem Kunstgriff entzieht er sich dem Vorwurf des BAG, die Rechtsquellen für Ansprüche aus dem Arbeitsverhältnis zu vertauschen, wenn man zur Disposition der Tarifvertragsparteien stellt, einen kraft Normwirkung begründeten Anspruch als einzelvertraglich fortbestehen zu lassen[22]. Diese Konstruktion, die eine unterschiedliche Bewertung zur Effektivgarantieklausel tragen soll, überzeugt aber schon deshalb nicht, weil die begrenzte Effektivklausel erst den Anspruch selbst schafft, der ohne sie nicht bestände. Der Arbeitgeber wird zu einer Leistung verpflichtet, die er bisher auf Grund des Arbeitsvertrags nicht zu erbringen brauchte. Es kann deshalb nicht bestritten werden, daß ein derartiger Anspruch erst durch den Tarifvertrag geschaffen wird.

4. Bei der Zulässigkeit tarifvertraglicher Effektivklauseln geht es um das Problem, ob der Tarifvertrag seine Regelung an die bestehenden Effektivlöhne anknüpfen kann. Im Schrifttum wird vielfach die These vertreten, daß die Tarifvertragsparteien einzelvertragliche Regelungen im übertariflichen Raum nicht beeinflussen können[23]. Auch das BAG begründet einen Verstoß der Effektivklauseln gegen Grundprinzipien des Tarifrechts mit der Feststellung, daß sie in einen Bereich eingreifen, der der freien und frei abänderlichen Vereinbarung durch den Einzelarbeitsvertrag vorbehalten ist[24]. Die These vom übertariflichen Raum, der der tarifvertraglichen Regelung verschlossen sein soll, ist jedoch in dieser Allgemeinheit nicht zutreffend[25]. Das zwingend festgelegte Günstigkeitsprinzip sichert dem Individualwillen zwar einen Bereich, in dem der einzelne Arbeitnehmer der kollektiven Ordnung nicht mehr unterliegt. Man muß hierbei aber darauf achten, daß dieser Bereich sich lediglich als *Reflexwirkung* aus der durch das Günstigkeitsprinzip beschränkten Kol-

20 RdA 1962, 223 ff.; DB 1969, 791 ff.

21 *Stahlhacke*, RdA 1962, 223 (225 f. und dort Fußn. 20).

22 BAGE 20, 308 (315 f.)

23 *Nikisch*, BB 1956, 468 (469); *ders.*, BB 1961, 1205; *Dietz*, in: Freiheit und Bindung im kollektiven Arbeitsrecht (1957), S. 13 (21); *ders.*, Probleme des Mitbestimmungsrechts (1966), S. 1 f.; *Wlotzke*, Das Günstigkeitsprinzip (1957), S. 63; *Karakatsanis*, Die kollektivrechtliche Gestaltung des Arbeitsverhältnisses und ihre Grenzen (1963), S. 116 f., 119; *Knevels*, SAE 1968, 115 (116).

24 BAGE 20, 308 (318).

25 *Bötticher*, RdA 1968, 418 (420) und Anm. AP Nr. 7 zu § 4 TVG Effektivklausel; vgl. auch schon *Richardi*, Kollektivgewalt, S. 407.

lektivmacht ergibt. Der übertarifliche Bereich stellt also nicht selbst eine Schranke der Tarifmacht dar.

Entscheidend spricht gegen die Effektivklausel, daß durch sie der *Gleichbehandlungsgrundsatz* verletzt wird[26]. Das geschieht in zweifacher Hinsicht: Die Effektivklausel hat keine Bedeutung für Arbeitnehmer, die schon bisher einen tarifbeständigen Anspruch auf übertarifliche Entlohnung haben; sie werden in ihrer bisherigen exklusiven Rechtsstellung nicht berücksichtigt. Bei der tarifvertraglichen Effektivklausel geht es deshalb insoweit nicht darum, daß der Tarifvertrag die Unterschiede in der einzelvertraglichen Gestaltung *respektiert*, sondern er *nivelliert* sie, ohne daß dafür ein sachlicher Grund besteht. Aber auch im Verhältnis zu den Arbeitnehmern, die bisher ausschließlich nach dem Tarifvertrag bezahlt wurden, liegt ein Verstoß gegen den Gleichbehandlungsgrundsatz vor, wenn Arbeitnehmer, deren einzelvertraglicher Anspruch auf übertarifliche Vergütung nicht tarifbeständig ist, auf Grund einer tarifvertraglichen Bestimmung in den Genuß der einzelvertraglich verlorengegangenen übertariflichen Leistung kommen. Mit dem Zweck der Koalitionsbindung ist eine derartige Differenzierung nicht vereinbar. Sie verstößt gegen den verbandsrechtlichen Gleichbehandlungsgrundsatz, der die tarifvertragliche Gestaltungsfreiheit begrenzt[27].

5. Diesen rechtlichen Bedenken gegen die Zulässigkeit entgeht man nicht, wenn man die tarifvertragliche Effektivklausel lediglich als *Auslegungsregel* für den Fall versteht, daß dem Arbeitsvertrag weder im Wege der Auslegung noch durch Vertragsergänzung entnommen werden kann, was für den Fall einer Tariferhöhung gelten soll[28]. Bei einem derart begrenzten Wirkungsbereich kommt die Tarifbestimmung weder den Arbeitnehmern zugute, die ausschließlich nach dem Tarifvertrag bezahlt werden, noch den Arbeitnehmern, für deren übertarifliche Entlohnung sich aus dem Einzelarbeitsvertrag eine eindeutige Bestimmung ergibt. Sie gilt also nur für Arbeitnehmer, bei denen die Frage nach dem Schicksal der übertariflichen Leistungen nicht beantwortet werden kann. Eine derartige Klausel hat, abgesehen davon, daß die Differenzierung ebenfalls willkürlich für die tarifgebundenen Arbeitnehmer ist, keine große praktische Bedeutung. Doch braucht hier auf diese Problematik nicht eingegangen zu werden, da, wie bereits festgestellt ist, im vorliegenden Fall der Tarifvertrag sich nicht darauf beschränkt, eine Auslegungsregel zu geben.

6. Die begrenzte Effektivklausel in § 3 des Lohntarifvertrages vom 4. 10. 1982 ist unwirksam. Wlazeck kann daher nicht verlangen, daß die Pyrochemie-GmbH ihm 0,60 DM zu dem vereinbarten Stundenlohn in Höhe von 11,50 DM hinzuzahlt.

---

26 Das hat bereits *A. Hueck*, BB 1954, 776 (778) erkannt.

27 Das BAG sieht den Verstoß in der Verletzung des verfassungsrechtlichen Gleichheitssatzes in Art. 3 Abs. 1 GG; es ist jedoch zweifelhaft, ob es dieser Anleihe aus dem Verfassungsrecht bedarf, da man zu demselben Ergebnis bereits auf Grund des privatrechtlichem Gleichbehandlungsgrundsatzes kommt; vgl. zu ihm grundlegend *G. Hueck*, Der Grundsatz der gleichmäßigen Behandlung im Privatrecht (1958).

28 Vgl. etwa *Söllner*, S. 113; *Kunze*, AuR 1969, 225 (228 ff.); *Wiedemann*, Gedächtnisschrift für Dietz (1973), S. 361 (365 f.).

Anhang

Orientierungshilfe zur Kündigungsschutzklage

Bei der Begutachtung eines Kündigungsstreits kommt es darauf an, daß bestimmte rechtliche Gesichtspunkte nicht übersehen werden:

1. Teil: Zulässigkeit der Klage

Die Zulässigkeit der Klage bereitet im allgemeinen keine Schwierigkeiten. Die Zuständigkeit der Arbeitsgerichte ergibt sich aus § 2 Abs. 1 Nr. 3 lit. b ArbGG; sie entscheiden nach §§ 2 Abs. 5, 46 Abs. 1 ArbGG im *Urteilsverfahren*. Das Feststellungsinteresse nach § 256 Abs. 1 ZPO besteht bei einem Kündigungsstreit schon wegen §§ 4, 7, 13 Abs. 1 Satz 2 KSchG.

2. Teil: Begründetheit der Klage

I. Kündigung — ordentliche oder außerordentliche Kündigung?

Bevor man in eine materiell-rechtliche Würdigung der Frage eintritt, ob die Klage begründet ist, muß geklärt werden, ob überhaupt eine *Kündigung* vorliegt. Vor allem wenn die Entlassung vom Arbeitgeber in Zusammenhang mit einem Streik ausgesprochen wird, kann es sich um eine *Aussperrung* handeln (vgl. dazu Fall 11 — S. 125 ff.) Auch eine Aussperrung streikender Arbeitnehmer hat zunächst grundsätzlich nur *suspendierende Wirkung* (System der abgestuften Kampfmaßnahmen nach dem Gebot der Verhältnismäßigkeit). Soweit eine Aussperrung mit *lösender Wirkung* zulässig ist, besteht ein Anspruch auf Wiedereinstellung nach billigem Ermessen. Betriebsratsmitglieder, Personalratsmitglieder, Arbeitnehmervertreter im Aufsichtsrat, soweit sie aus dem Unternehmen kommen, Schwerbehinderte und Frauen, die unter den Schutz des § 9 Abs. 1 MuSchG fallen, können nur mit suspendierender Wirkung ausgesperrt werden.

Die Kündigung ist eine *ordentliche* oder *außerordentliche*. Eine außerordentliche Kündigung kann fristlos erfolgen, setzt aber voraus, daß ein *wichtiger Grund* sie rechtfertigt (vgl. § 626 BGB). Es genügt nicht, daß die außerordentliche Kündigung sozial gerechtfertigt ist (§ 1 KSchG), sondern die Fortsetzung des Arbeitsverhältnisses muß dem Kündigenden bis zum Ablauf der Kündigungsfrist oder bis zu der vereinbarten Beendigung des Arbeitsverhältnisses nicht zugemutet werden können (§ 626 Abs. 1 BGB). Liegt ein wichtiger Grund nicht vor, so ist die außerordentliche Kündigung rechtsunwirksam. Daraus erklärt sich, daß das Recht zur außerordentlichen Kündigung eines Arbeitsverhältnisses durch das KSchG, das den allgemeinen Kündigungsschutz für Arbeitnehmer regelt, nicht berührt wird (§ 13 Abs. 1 Satz 1 KSchG).

II. Rechtswirksamkeit der außerordentlichen Kündigung

Bei der außerordentlichen Kündigung sind folgende rechtliche Gesichtspunkte zu beachten:

A. Besonderer Kündigungsschutz

1. *Kündigungsschutz im Rahmen der Betriebsverfassung und Personalvertretung;* vgl. § 15 Abs. 1 – 3 KSchG:

a) Während des Amtes bzw. bei Wahlbewerbern während der Kandidatur ist die *Zustimmung des Betriebsrats* bzw. Personalrats erforderlich (§ 103 BetrVG bzw. §§ 47 Abs. 1, 108 Abs. 1 BPersVG). Die Zustimmung kann nicht nachträglich erteilt werden (so BAGE 26, 219 und 27, 93 = AP Nr. 1 und 2 zu § 103 BetrVG 1972; BAGE 28, 233 [237ff.] = AP Nr. 8 zu § 103 BetrVG 1972). Die fehlende Zustimmung des Betriebsrats kann, wenn sie nicht durch Beschluß des Arbeitsgerichts bzw. des Verwaltungsgerichts ersetzt wird, jederzeit geltend gemacht werden (§ 13 Abs. 3 KSchG) — also lediglich Rechtsinstitut der Verwirkung!

b) Nachwirkungszeitraum; hier keine Zustimmung des Betriebsrats oder Personalrats erforderlich, sondern nur wie bei allen Arbeitnehmern Anhörung des Betriebsrats nach § 102 BetrVG (für den Bereich des öffentlichen Dienstes: § 79 BPersVG bzw. die entsprechende Bestimmung der Landespersonalvertretungsgesetze, z.B. Art. 77 BayPVG). Beachte § 13 Abs. 1 Satz 2 KSchG (vgl. dazu Fall 9 — S. 105f.)!

2. *Weiblichen Arbeitnehmern*, die unter § 9 MuSchG fallen, kann nicht aus wichtigem Grund gekündigt werden; das Kündigungsverbot kann jederzeit geltend gemacht werden (§ 13 Abs. 3 KSchG). Die zuständige Behörde kann aber in besonderen Fällen die Kündigung ausnahmsweise für zulässig erklären (§ 9 Abs. 3 MuSchG) — *Wirksamkeitsvoraussetzung*!

3. *Schwerbehinderte:* Die Kündigung bedarf der *vorherigen Zustimmung* der Hauptfürsorgestelle (§§ 12, 18 SchwbG).

B. Massenentlassungen

Massenentlassungen berühren nicht das Recht zur außerordentlichen Kündigung (§ 17 Abs. 2 KSchG).

C. Betriebsverfassungsrechtlicher Kündigungsschutz

1. *Anhörung des Betriebsrats* vor der Kündigung gemäß § 102 Abs. 1 und Abs. 2 BetrVG, soweit nicht die Zustimmung des Betriebsrats erforderlich ist

(vgl. § 102 Abs. 6 und § 103 BetrVG). Die Anhörung des Betriebsrats ist *Wirksamkeitsvoraussetzung* (§ 102 Abs. 1 Satz 3 BetrVG); ihr Fehlen kann jederzeit geltend gemacht werden, also keine Bindung an die Dreiwochenfrist, aber Rechtsinstitut der Verwirkung!

2. Für den Bereich des *öffentlichen Dienstes: Mitwirkung des Personalrats* vor der Kündigungserklärung gemäß § 79 Abs. 3 BPersVG bzw. der entsprechenden Bestimmung der Landespersonalvertretungsgesetze, z. B. Art. 77 Abs. 3 BayPVG, soweit nicht die Zustimmung des Personalrats erforderlich ist (vgl. §§ 47 Abs. 1, 108 Abs. 1 BPersVG). Die Beteiligung des Personalrats ist *Wirksamkeitsvoraussetzung* (§§ 79 Abs. 4, 108 Abs. 2 BPersVG); ihr Fehlen kann jederzeit geltend gemacht werden, also keine Bindung an die Dreiwochenfrist, aber Rechtsinstitut der Verwirkung!

3. Die Beteiligungspflicht bezieht sich auf die Kündigung eines bestimmten Arbeitnehmers. Der Arbeitgeber hat deshalb dessen Person so konkret zu bestimmen, daß der Betriebsrat bzw. Personalrat weiß, um wen es sich handelt. Er muß die Art der Kündigung angeben, also darauf hinweisen, ob er eine ordentliche oder eine außerordentliche Kündigung aussprechen will, und er muß dem Betriebsrat die Gründe mitteilen, die für seinen Kündigungsentschluß maßgebend sind. Verlangt wird nicht, daß er *alle Gründe* mitteilt, auf die er die Kündigung stützen *kann*, sondern er braucht nur die Gründe anzugeben, die für seinen *Kündigungsentschluß* maßgebend sind. Der Arbeitgeber verletzt also nicht die Anhörungspflicht, wenn er die Unterrichtung auf bestimmte Gründe beschränkt. Er ist aber im Kündigungsrechtsstreit an die von ihm getroffene Auswahl gebunden, kann also keine Kündigungsgründe nachschieben, über die er den Betriebsrat nicht informiert hat (vgl. BAGE 34, 309 und 35, 190 = AP Nr. 22 und 23 zu § 102 BetrVG 1972).

D. Vorliegen eines wichtigen Grundes

1. Dreiwochenfrist hinsichtlich des Vorliegens des wichtigen Grundes, § 13 Abs. 1 Satz 2 i. V. mit §§ 4, 7 KSchG:

a) Nicht beachtlich, wenn § 23 KSchG vorliegt.
b) Beachtlich auch für leitende Angestellte; vgl. § 14 Abs. 2 KSchG.
c) Strittig ist die Anwendbarkeit für Personen, die nach § 1 Abs. 1 KSchG keinen allgemeinen Kündigungsschutz für ihr Arbeitsverhältnis genießen (vgl. dazu Fall 8 — S. 90).

2. Liegt ein *wichtiger Grund* i. S. des § 626 BGB vor? — Sämtliche Gründe sind zu würdigen.

3. *Kündigungserklärungsfrist:* Kündigung innerhalb von zwei Wochen nach Kenntnis des wichtigen Grundes, § 626 Abs. 2 BGB. Die Kündigungserklärung muß vor Fristablauf zugegangen sein (§ 130 BGB).

Beim Kündigungsschutz im Rahmen der Betriebsverfassung und Personalvertretung gilt folgende Besonderheit: Wenn der Betriebsrat bzw. Personalrat die

Zustimmung ablehnt oder sich nicht äußert, muß der Arbeitgeber innerhalb der Ausschlußfrist das Beschlußverfahren einleiten, um die Zustimmung ersetzen zu lassen (vgl. BAGE 29, 270 = AP Nr. 10 zu § 103 BetrVG 1972). Wird die Zustimmung ersetzt, so hat der Arbeitgeber die Kündigung unverzüglich nach Rechtskraft des Beschlusses auszusprechen (so in entsprechender Anwendung des § 18 Abs. 6 SchwbG BAGE 27, 113 [125f.] = AP Nr. 3 zu § 103 BetrVG 1972).

E. Umdeutung der außerordentlichen Kündigung in eine ordentliche Kündigung

Beachte, daß wegen § 102 BetrVG bzw. § 79 BPersVG oder der entsprechenden Bestimmung der Landespersonalvertretungsgesetze, z. B. Art. 77 BayPVG, eine Umdeutung nur in Betracht kommt, wenn der Betriebsrat oder Personalrat auch hinsichtlich der ordentlichen Kündigung beteiligt wurde (vgl. dazu *Dietz-Richardi*, BetrVG, § 102 RdNr. 50)!

III. Rechtswirksamkeit der ordentlichen Kündigung

Bei der ordentlichen Kündigung sollte man die folgenden rechtlichen Gesichtspunkte nicht ungeprüft lassen:

A. Besonderer Kündigungsschutz

1. *Kündigungsschutz im Rahmen der Betriebsverfassung und Personalvertretung;* vgl. § 15 Abs. 4 und Abs. 5 KSchG. Die Unzulässigkeit der ordentlichen Kündigung kann jederzeit geltend gemacht werden (§ 13 Abs. 3 KSchG). Eine Zustimmung des Betriebsrats bzw. Personalrats ist dagegen nicht erforderlich, sondern es genügt, daß der Betriebsrat nach § 102 BetrVG bzw. der Personalrat nach § 79 BPersVG oder der entsprechenden Bestimmung der Landespersonalvertretungsgesetze, z. B. Art. 77 BayPVG, beteiligt wurde.

2. *Kündigungsverbot nach § 9 MuSchG* — Ausspruch der Kündigung in der Schutzfrist verboten; Zulassung der Behörde gemäß § 9 Abs. 3 MuSchG — *Wirksamkeitsvoraussetzung*!

3. *Schwerbehindertenschutz*, §§ 12ff. SchwbG — Zustimmung der Hauptfürsorgestelle muß *vorher* erteilt sein — *Wirksamkeitsvoraussetzung*!

B. Massenentlassungen

Anzeigepflicht des Arbeitgebers: § 17 KSchG

1. Rechtswirkungen bei erfolgter Anzeige: § 18 KSchG.
2. Rechtswirkungen bei unterlassener Anzeige — *relative Unwirksamkeit;* der Arbeitnehmer braucht sich auf die Unwirksamkeit seiner Entlassung nicht zu berufen. Beachte hier aber: Nur die *Entlassung*, nicht die Kündigung ist unwirksam!

C. Betriebsverfassungsrechtlicher Kündigungsschutz

1. Anhörung des Betriebsrats ist *Wirksamkeitsvoraussetzung;* vgl. § 102 Abs. 1 Satz 3 BetrVG. Gleiches gilt für die Mitwirkung des Personalrats; vgl. §§ 79 Abs. 4, 108 Abs. 2 BPersVG. Die Nichtbeteiligung kann jederzeit geltend gemacht werden, also keine Bindung an die Dreiwochenfrist, aber Rechtsinstitut der Verwirkung! — Vgl. zu Inhalt und Umfang der Unterrichtungspflicht des Arbeitgebers oben II C3.

2. Der Betriebsrat hat nach § 102 Abs. 3 BetrVG, der Personalrat nach § 79 Abs. 1 BPersVG bzw. der entsprechenden Bestimmung der Landespersonalvertretungsgesetze, z. B. Art. 77 Abs. 1 BayPVG, ein *Widerspruchs-* bzw. *Einwendungsrecht.* Der Widerspruch bzw. die Einwendungen haben aber nicht zur Folge, daß die ordentliche Kündigung unterbleiben muß; es treten vielmehr nur die folgenden Rechtswirkungen ein: *Weiterbeschäftigungspflicht* nach § 102 Abs. 5 BetrVG bzw. § 79 Abs. 2 BPersVG oder der entsprechenden Bestimmung der Landespersonalvertretungsgesetze, z. B. Art. 77 Abs. 2 BayPVG, und *kündigungsschutzrechtliche Wirkung* gemäß § 1 Abs. 2 Satz 2 und 3 KSchG.

D. Rechtswirksamkeit nach bürgerlichem Recht

Wenn die *Frist* nicht gewahrt ist, in der Regel Kündigung zum nächstzulässigen Termin:

1. Angestellte, § 622 Abs. 1 BGB und Gesetz über die Fristen für die Kündigung von Angestellten vom 9. 7. 1926 (Schönfelder Nr. 84a).
2. Arbeiter, § 622 Abs. 2 BGB.

E. Allgemeiner Kündigungsschutz

1. Geltung des allgemeinen Kündigungsschutzes

a) Geltungsbereich: § 23 KSchG.
b) Geschützter Personenkreis: § 1 Abs. 1 KSchG.

2. Dreiwochenfrist: § 4 KSchG.

3. Ist die Kündigung *sozial gerechtfertigt?* — § 1 KSchG.

a) Die drei *allgemeinen Gründe,* die eine Kündigung sozial rechtfertigen können (§ 1 Abs. 2 Satz 1 KSchG):

— Gründe in der *Person* oder im *Verhalten des Arbeitsnehmers*
  Beweislast: § 1 Abs. 2 Satz 4 KSchG.
— *Dringende betriebliche Erfordernisse,* die einer Weiterbeschäftigung entgegenstehen
  Beweislast: § 1 Abs. 2 Satz 4 KSchG.
  Ist die Kündigung betriebsbedingt, so ist sie trotzdem sozial ungerechtfertigt, wenn der Arbeitgeber bei der Auswahl des Arbeitnehmers soziale

Gesichtspunkte nicht oder nicht ausreichend berücksichtigt hat (§ 1 Abs. 3 Satz 1 KSchG); bei einem Verstoß gegen die soziale Auswahlpflicht hat aber der Arbeitnehmer die Beweislast (§ 1 Abs. 3 Satz 3 KSchG).

Kann der Arbeitgeber nachweisen, daß der Arbeitnehmer aus personen- oder betriebsbedingten Gründen nicht mehr auf seinem bisherigen Arbeitsplatz beschäftigt werden kann, so hat der Arbeitnehmer darzulegen, wie er sich eine anderweitige Beschäftigung vorstellt; er hat insoweit aber nicht eine *Gegenteilsbeweislast*, sondern trägt nur eine *Gegenbeweislast,* weil der Arbeitgeber darzulegen und zu beweisen hat, daß die vom Arbeitnehmer vorgeschlagene anderweitige Beschäftigung nicht möglich oder nicht zumutbar ist.

b) *Absolute Gründe* der Sozialwidrigkeit: § 1 Abs. 2 Satz 2 und Satz 3 KSchG. Notwendig ist hier aber, daß der Betriebsrat gegen die Kündigung frist- und formgerecht Widerspruch eingelegt hat bzw. im öffentlichen Dienst der Personalrat fristgerecht Einwendungen erhoben hat (vgl. dazu aber auch BAGE 25, 278 = AP Nr. 1 zu § 1 KSchG 1969).

c) Die Nichtangabe von Gründen in der Kündigungserklärung berührt nicht die Wirksamkeit der Kündigung. Bei Beteiligungsnotwendigkeit kann der Arbeitgeber die soziale Rechtfertigung der Kündigung aber nur auf Gründe stützen, die er dem Betriebsrat bzw. Personalrat im Anhörungs- bzw. Mitwirkungsverfahren mitgeteilt hat (vgl. BAGE 34, 309 und 35, 190 = AP Nr. 22 und 23 zu § 102 BetrVG 1972).

IV. Probleme bei einer Änderungskündigung

Die Änderungskündigung kann in zweierlei Gestalt vorkommen: Die Kündigung wird unter der Bedingung erklärt, daß der Vertragsgegner die vorgeschlagene Änderung der Arbeitsbedingungen ablehnt, oder sie erfolgt unbedingt, verbunden mit dem Angebot, das Arbeitsverhältnis zu geänderten Arbeitsbedingungen fortzusetzen. Der Arbeitgeber bezweckt durch sie also eine *Änderung des Vertragsinhalts.* Da sie aber zur Auflösung des Arbeitsverhältnisses führt, wenn der Arbeitnehmer das Vertragsangebot nicht annimmt, ist sie eine echte Kündigung. Deshalb sind dieselben rechtlichen Gesichtspunkte zu berücksichtigen wie bei einer Kündigung, deren Zweck die Beendigung des Arbeitsverhältnisses ist.

Außerdem ergeben sich *folgende Besonderheiten:*

1. a) Wenn das Vertragsangebot eine *Versetzung* oder *Herabgruppierung* enthält, hat der Betriebsrat neben dem Anhörungs- und Widerspruchsrecht nach § 102 BetrVG ein *Mitbestimmungsrecht* nach § 99 BetrVG (vgl. *Dietz-Richardi*, BetrVG, § 102 RdNr. 276ff.). Verweigert der Betriebsrat frist- und formgerecht seine Zustimmung, so kann die Maßnahme nur unter den Voraussetzungen des § 100 BetrVG vorläufig durchgeführt werden.

b) Ist der Arbeitnehmer im *öffentlichen Dienst* tätig, so hat der Personalrat neben dem *Mitwirkungsrecht,* das bei Kündigungen besteht, ebenfalls ein *Mitbestimmungsrecht,* weil der Personalrat bei der Übertragung einer höher oder niedriger zu bewertenden Tätigkeit, Höher- oder Rückgruppierungen sowie Versetzungen und Abordnungen für eine Dauer von mehr als drei Monaten mitzubestimmen hat (§ 75 Abs. 1 Nr. 2, 3 und 4 BPersVG sowie die entsprechenden Bestimmungen in den Landespersonalvertretungsgesetzen, z.B. Art. 75 Abs. 1 Nr. 3 – 7 BayPVG). Der Leiter der Dienststelle ist jedoch berechtigt, bis zur endgültigen Entscheidung eine vorläufige Regelung zu treffen, wenn die Maßnahme keinen Aufschub duldet (§ 69 Abs. 5 BPersVG bzw. die entsprechende Bestimmung in den Landespersonalvertretungsgesetzen, z.B. Art. 70 Abs. 6 BayPVG).

2. Der Arbeitnehmer kann sich darauf beschränken, lediglich gegen die *Kündigung* vorzugehen. Dies ist aber problematisch, wenn für seinen Arbeitsplatz nur der allgemeine Kündigungsschutz besteht. Kommt nämlich das Arbeitsgericht zu dem Ergebnis, daß die Kündigung sozial gerechtfertigt ist, so steht damit zugleich fest, daß das Arbeitsverhältnis durch die Kündigung aufgelöst ist. Geht es deshalb dem Arbeitnehmer lediglich um die soziale Rechtfertigung der *Inhaltsänderung*, so muß er nach § 2 Satz 1 KSchG das Vertragsangebot des Arbeitgebers unter dem *Vorbehalt* annehmen, daß die Änderung der Arbeitsbedingungen nicht sozial ungerechtfertigt ist.

Der Arbeitnehmer kann wählen, ob er die Kündigungsschutzklage erhebt oder lediglich gegen die Änderung der Arbeitsbedingungen vorgeht. Aus § 2 Satz 2 KSchG ergibt sich aber eine zeitliche Begrenzung insoweit, als der Arbeitnehmer den Vorbehalt *innerhalb der Kündigungsfrist,* spätestens jedoch innerhalb von drei Wochen nach Zugang der Kündigung erklären muß.

Bei rechtzeitiger Erklärung der Annahme des Vertragsangebots unter Vorbehalt beschränkt sich der Rechtsstreit auf die *Änderung der Arbeitsbedingungen.* Der Arbeitnehmer muß jedoch auch in diesem Fall innerhalb von drei Wochen nach Zugang der Kündigung Klage auf Feststellung erheben, daß die Änderung der Arbeitsbedingungen sozial ungerechtfertigt ist (§ 4 Satz 2 KSchG). Versäumt er es, die *Änderungsschutzklage* rechtzeitig zu erheben, so erlischt der von ihm erklärte Vorbehalt (§ 7 KSchG).

3. a) Der Arbeitgeber ist bei einer Änderungskündigung auch für den Fall, daß der Betriebsrat nach § 102 Abs. 3 BetrVG widersprochen hat, nur zu einer Weiterbeschäftigung zu den von ihm vorgeschlagenen *neuen* Arbeitsbedingungen verpflichtet, wenn der Arbeitnehmer die neuen Arbeitsbedingungen nach § 2 KSchG unter Vorbehalt angenommen hat; die Bestimmung über die Weiterbeschäftigungspflicht bei *unveränderten* Arbeitsbedingungen gemäß § 102 Abs. 5 BetrVG gilt also für eine Änderungskündigung nur dann, wenn der Arbeitnehmer das Änderungsangebot nicht nach § 2 KSchG angenommen hat, so daß Gegenstand des Rechtsstreits die *Beendigung* des Arbeitsverhältnisses ist (vgl. *Dietz-Richardi,* BetrVG, § 102 RdNr. 284f.).

b) Ist der Arbeitnehmer im *öffentlichen Dienst* tätig, so gilt das gleiche; denn auch hier geht die Anordnung der Weiterbeschäftigungspflicht bei aus bestimmten Gründen erhobenen Einwendungen des Personalrats davon aus, daß Gegenstand des Rechtsstreits die Beendigung des Arbeitsverhältnisses ist (vgl. § 79 Abs. 2 BPersVG bzw. die entsprechende Bestimmung der Landespersonalvertretungsgesetze, z.B. Art. 77 Abs. 2 BayPVG).

Paragraphenregister

(Die Zahlen verweisen auf die Seiten des Buches)

Sachregister

(Die Zahlen verweisen auf die Seiten des Buches)